新時代的宗教

周慶華／著

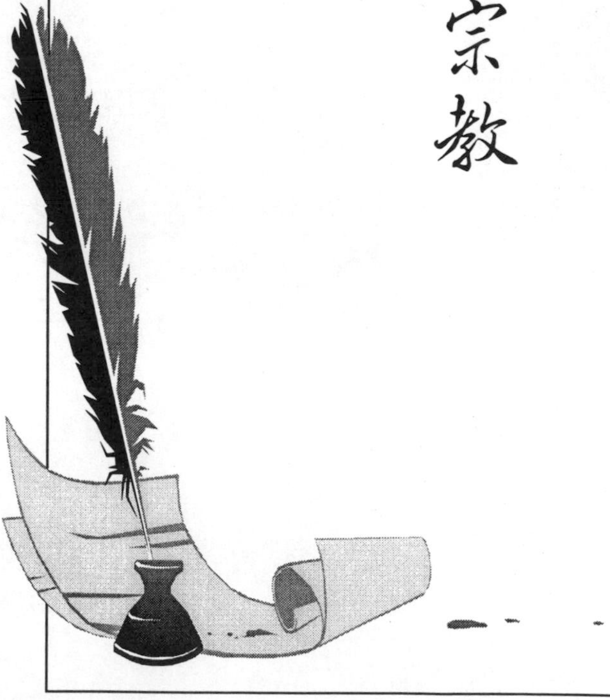

序

宗教的衰落和復興，在歷史上似乎不斷循環往復著，也留給世人莫名的哀嘆和驚異！但實際上，所謂的衰落並不是眞正的衰落，而是較多人淡忘它罷了；而所謂的復興也不是眞正的復興，只是較多人關注它而已。因爲宗教本是人生命中有的成分，它的存亡是跟生命一起的，只要生命依舊在地球上延續著，宗教就不會從人的眼前消失，於是也就無所謂宗教要在新時代中被寄望成什麼特別的樣子了。

不過，當宗教越來越脫離人生命內在的感應而被制式化的時刻，實在不得不重新予以召喚或另加期待，而有所謂「應興應革」事要由新時代的宗教來承擔了。稍早，自己只感覺生命中朦朦朧朧有一股不可去除的宗教性，卻常困惑於世上偌多宗教的派別要作何選擇；而稍後，自己夤緣際會搭上學界研究宗教的列車，開始對宗教有較明晰的概念，但仍常被質疑沒有「宗教信仰」如何了解宗教並進而研究宗教。宗教界的人習慣問我：「你信某某教嗎？」「你有修行的經驗嗎？」似乎不信教或缺乏修行的經驗，就是「外道」，也就沒有資格研究宗教。對於這樣的「邏輯」，原禁不起一駁的，但基於自己對被制式化後的種種宗教形式的「陌生」，也不便當下數落他們存有宗教教條和儀式必然存在的迷思，只漸漸養成一種讓對方無從再追問下去的回應方式：「我是個泛宗教信仰者！」不知道這是否一併了卻了彼此的「心結」，對我來說卻可以免除被誘引進入某一特定教派而終身受其「桎梏」的麻煩。從此這些經驗也激起我對宗教有多一點的思考，而陸陸續續寫下一些期待宗教再出「轉機」的文章。

這本書，也沒有略去人生命都帶有宗教性這一基調，對於人在深層次上無不要體認或關懷人生的歸趨總是預留最大的空間，但在論述過程中卻多出一分涉及各教派合力淑世或獨力發展的關心，並代爲擬議一些必要而可行的方案。我覺得，各教派的存在多少都有一點合理性，藉由外力加以壓抑或讓彼此相互傾軋，都不是合適的作法。但這並不代表各教派在面對新時代的考驗而不需調整作法，就可以含糊或鄉愿的「放它過去」。

在我看來，新時代的宗教終究要一改日漸流於世俗化而重拾它原先所強調的神祕性或玄奇性，才有辦法喚起人內在的至誠和悸動；同時也得聯合起來抗拒科技文明所帶來的夢魘或彌合人間相互征伐所引起的傷痛。至於各教派之間所存在的怨隙或因利益衝突所導至的「聖戰」，自然也在期待它去除或改善之列。

能促成本書面世的，除了大環境帶給我勉力思索宗教種種課題的動力而寫下它，還有揚智文化公司葉忠賢先生、孟樊總編輯的挹注玉成，都讓我衷心銘感！這段宗教因緣，也盼望能獲得讀者的雅爲品賞。

周慶華

目次

分論篇　079

總論篇

第一章　展望新時代的宗教

一、宗教的質變與量變

亙古以來，宗教所標榜的某些必須或可以信仰的終極實體①，一直不斷地穿越時空而停駐在對它有感應或有渴望者的心靈裏。即使在近代曾遭遇「科學」的挑戰②和「世俗的神權宗教」（類宗教）的威脅③，它依然沒有挫敗或全面潰散過。因此，到現在儘管還有人仍在迷戀科學或世俗的神權宗教④，那些能示人以終極實體的既有宗教或繼起宗教，並沒有受其影響而消滅它的光芒或隱沒它的姿態：

那些曾在過去某個時候預言二十世紀後期宗教將不再存在的人，也許會對他們在今天所看到的世界的情形感到非常驚奇。因為不僅許多傳統的宗教跡象仍然隨處可見，而且新的表現幾乎天天都在出現。在美國，人們不僅依然可以看見許多廣告張貼者在宣傳耶穌的拯救；政治候選人在使用宗教的陳詞濫調；比利．格拉哈姆這樣的福音派宣傳家「還幹得很有勁」；經過重新修繕的教堂塔尖在鄉村和城市隨處可見，而且人們還驚奇地看到，新宗教的形影和聲音每天都在灌輸到人們的意識中。人們看到頭髮梳得整整齊齊的年輕人，穿著藏紅色長袍，在街上游蕩，嘴裏唱著「哈爾．克里席那……」，而爵士樂和搖擺舞的禮拜形式也在傳統教堂中舉行，東方的神祕膜拜在擴散，主要的新教教堂中在嚴肅地進行關於「上帝死亡問題」的學院式討論，所謂「道德多數派」的佈道者和平信徒影響了選舉，並鼓動議會成員把自己的宗教說服力運用於關於流產、對教區學校的補助、死刑和國防開支等問題的爭論上。換句話說，還存在著大量的宗教活動，宗教還有一定發展⑤。

這是當今普遍存在的事實⑥，而它勢必也會延續到新的世紀。理由是人永遠對宗教有需求（包括「宇宙何時開始」、「人生的目的何在」、「人為何會有痛苦和缺陷」、「人死後往那裏去」等等問題，都有賴宗教提供解答⑦），而相對的科學所帶來的一些禍害（如核彈擴散、能源枯竭、空氣汚染、水質汚染、環境汚染、臭氧層破壞、生態失衡等等）和世俗的神權宗教所引發的一些爭端（如共產主義和資本主義的對抗、封建權威和民主自由的衝突之類），也會不停地讓人感到憤恨和厭倦！

雖然如此，宗教在當代的傳播，並沒有想像中的順利。爲了爭取繼續發展的機會，宗教不得不「降格以求」的世俗化起來。這要上溯到基督新教的宗教改革，「宗教改革剝去了教廷神聖的面紗，教皇不再是上帝在人間的代言人，教會也不再稟有完全的神聖性」；既然新教「把宗教儀式減少到了最低的程度，天主教所具有的神祕、奇蹟和魔力統統被摒棄。神聖的權威既然已經被打倒，救贖的權柄就掌握在人的手中了」⑧。爾後有解放神學家大力倡導教會的工作要從僅限於屬靈的層面拓廣到世俗的層面。他們指出歷史是一個統一而不可分割的過程，人類於其中要麼就是達成自我實現，不然就是未能自我實現；正因爲歷史是這樣一種統一的過程，所以沒有社會／經濟和政治層面的解放，心靈的救贖是不可能的。因此，當心靈救贖的整個概念，被建構成跟社會和政治解放的條件不可分離時，它已經是被徹底歷史化了。這一重新詮釋的其中一項重要結果，是基督教的「原罪」概念也被歷史化了。這一概念不再限於指稱人之未能遵守《聖經》的律法，它還包括「起於人類不以兄弟相互對待，起於爲少數人的利益，以及爲剝削某些民族、種族與社會階級而設的壓迫性結構。罪是最根本性的異化，但正因如此，它本身無法展現出來；它只有在具體的、歷史的情境中，以特定形態的異化而發生」⑨。在這種以歷史化的方式來詮釋罪這一觀念的情況下，隨之而來的是，自罪中解脫也必然同樣是歷史性的過程。結果是「解脫」不僅須包括心靈救贖的方案，同時也須包含社會／歷史性的方案。在這一救贖方案所提出來的替代性社會秩序中，其社會結構不會系統性地割裂人和上帝，以及人和其兄弟姊妹的關係⑩。這顯現了「神聖」和「世俗」的二元區別在基督教（「超越型」宗教的代表）內部已經逐漸解消。類似的情況，一些原先重視「出世」和「入世」的二元區別的宗教（如佛教，「神祕型」宗教的代表），也有將兩者界線予以泯除的趨勢⑪。就在這一世俗化的變革中，宗教多少發生了本質上的變化，它的「神聖性」或「神祕性」終將因貼近世俗生活而日漸淡薄。

除了傳統宗教為求生存而不斷調整策略以迎合世俗需求外，還有就是一些新興宗教的出現。這些新興宗教，有的是在既有的民間信仰基礎上醞釀而生，有的是從傳統（正統）的宗教中分裂出來⑫；而在數量上，教派可能「多如牛毛」⑬。這類宗教出現的原因，有人把它歸結為對世俗的神權宗教的反動和對舊有的各種宗教的不滿，為「尋求新的靈性指望」，以便「解脫人生苦難」⑭；有人把它歸結為受到世俗的同化，但以宗教服務為流通內容，宛如「一種外來的消費項目」和「個人風格的裝飾品」⑮。這應該各有局部的解釋力（畢竟新興宗教太複雜了，不是一種解釋就能應付）。如果不嚴格區分新興宗教和傳統宗教的異同，而只就「宗教」來說，突然多出了這麼多教派⑯，毋寧也是一種奇特的現象，使得宗教在當代又兼有數量上的變化。而這種在數量上激增的變化，也可以看成宗教本身遇到了生存困難而不得不移位「變形」或「化身」。以至表面的繁富景象，終究掩蓋不住內在的危機或窘境。這對關心宗教發展的人來說，的確是一個值得注意的問題。

二、對社會的不確定影響

宗教在人的觀感裏，向來就有兩種極端的面貌：「宗教是人所憑著的一種信念、方法與力量藉以創造羣體幸福的生活與環境，以磨鍊或塑造圓滿與高尚的人格，使人對生命的眞諦及其價值的認識、肯定和追求」⑰、「證諸歷史，宗教或作爲封建制度的理論提供者、壓迫者的幫兇，或作爲殖民主義的先遣部隊、人民的鴉片，其原因爲宗教利用人對政治的恐懼，以及對生老病死的懼怕，以怪力亂神的方式控制人民的心靈，於是政治與宗教互爲狼狽，形成強而有力的共犯結構，政治束縛人民外在的自由，宗教則控制了人民心中的自由」⑱。這兩種面貌固然也經常在相互交涉或輪替（並不是存在人心裏有截然的分野），但有關宗教向來就兼有這兩種正負效應卻是可以肯定的。這就讓我們意識到，宗教對社會的不確定影響；尤其在當前這一宗教日益多元的時代，更難以評估宗教和社會究竟存在著什麼樣的關係。

我們是否可以設想，宗教的多元化，顯示的正是社會對宗教有不同的需求所致。同樣的，社會對宗教也可以有不同的反應：如多數基督徒很快就得出結論說，所有其他的宗教體系都是錯誤的，是走入歧途和愚昧無知的，而只有基督教才是上帝賜予的唯一正確的宗教。因此，他們企圖使那些信奉其他宗教的人改信基督教，並阻止那些他們認爲是錯誤的宗教體系擴散。對新興宗教的另一種反應，是主張一切宗教都應作爲跟複雜的人類問題作鬥爭的種種眞誠努力來理解。因此，每一種宗教都應被看成跟其他宗教一樣善美，只要其信徒表示滿意。也就是說，儘管各種宗教有如此這般的差異，但宗教的本質是一切宗教所共同的。第三種反應從本質上來說是跟前一種反映正好相反的，它認爲關於宗教眞理的各種主張都是相互排斥、相互對立的。因此，它們全都是錯誤的；如果可能，可以予以拋棄。在這個問題上，有一種不同的觀點，它預言隨著科學的進步和迷信的取消，人們會日益拒斥宗教，使宗教最後成爲前科學時期的遺跡。第四種反應，是認爲每一種宗教都有其有價值的成分，它們中沒有一種是完全的。因此，我們需要從每一種宗教中選擇出最好的質素，爲我們生活於其中的特殊社會和特殊時代服務⑲。既然社會存有各種對宗教不同的看法，那麼宗教能否爲個人所掌握並對它發出某些預期，就得再審愼評比了。姑且以宗教日益符應世俗需求一點來說，有人把它看成是一種「有關於超自然的信仰以及和這種信仰的實踐有關的實踐已經失去權威，而宗教的制度也失去社會影響力的過程」⑳；相反的，有人卻認為「宗教觀念的這場深刻變革並不意味著宗教在文化中地位的下降甚至消失。毋寧說，宗教正在尋求以一種新的更為直接的方式，在文化中發揮它應有的作用（宗教要以一種嶄新的、世俗的面目出現在現代社會中，因而它甚至比以往任何一個時代都更加貼近人們每天的生活）」㉑。在這種情況下，任何一種給予宗教一致的肯定或否定的評價，就不可能獲得理論和實際充分的支持。這也使得宗教不免要及早自我意識，可能會遭到世人的排斥或冷落而有礙於它的生存發展。

很顯然，有這種自覺的宗教，已經積極的在爭取發展的空間或鋪妥前進的道路。當中有的嘗試跟政治結盟：「各派宗教信仰會變得越來越水平化，受著地方的、國家的、社會的環境包圍，並且與政治勢力結盟」，如「美國的基本教義派可以算是這樣發展的一個例子。至於波蘭的天主教，雖然條件不很相同，恐怕已經具有朝同樣方向發展的許多成分了。另外我們也可以觀察一下拉丁美洲，或看看愛爾蘭，或預測神道會不會成為日本國教」㉒，這無疑有助於本身地位的鞏固以及提升跟其他宗教的競爭力。還有就是調整舊有的傳播策略而改以行銷導向：「受到非主流派新興教會的威脅，一向堅持傳統的古老宗派也不得不急起直追。它們敞開胸懷，接納靈恩派的作法，運用媒體宣傳，成立禱告會、查經班、退修會等組織……一位宗教顧問便說：『教會如果想吸引戰後的一代來上教堂，一定得改變，要行銷導向。』名叫席姆斯的這位神職人員說：『我相信教會只要做三項簡單的改變，一個月內一定能尋回五百萬到一千萬戰後一代的信徒。』他所說的三項改變是：㈠做廣告，讓大家知道教會在那裏；㈡強調產品利益，例如教會是很好的社交場合，附設托兒所等；㈢要善待新教友，做好顧客關係」㉓，這在相當程度上也是求生存的不二法門（跟政治結盟的教派，要擴大它的影響力，一樣得依賴行銷）。此外，爲了減少掣肘且能跟其他宗教共存共榮或取得和諧關係，有些教派主動出面邀集其他教派一起「對話」，如普世教會所經常主辦的宗教對話就是。這類對話所積極推動的對話夥伴，包括「猶太教、回教、佛教、印度教、錫克教及（其他）傳統宗教等」，而「對話的方式依地區情勢的不同而分爲雙邊與多邊對話。一般而言，各宗教對話的報告都強調促進彼此了解，建立和諧的關係，以達成增進社會的公義與和平」㉔，這也無慮是宗教要在社會站穩脚跟的另類作法（結合同夥，聲氣相通，彼此奧援，以達到共榮發展的目的）。然而，面對一個越來越變幻不定或阢隉不安的環境，宗教的種種努力總還有缺漏或不盡理想的遺憾。

三、新時代對宗教的可能需求

這個遺憾，主要體現在宗教日漸隨順流俗後，原來支撐它的神聖性或神祕性也跟著急速的剝離幻散，導至宗教不再擁有自己獨特的面貌（而跟世俗中其他團體沒有兩樣）。這是宗教自我迷失的一大關鍵；而當它越想「抑制」原有的神聖性或神祕性，它對世俗的「匡正」或「引領」功能也就越不顯著。最後即使不墮落到跟世俗「同流合汚」的地步，也無從再去彰明或發揮它所能「矯俗」的一面。

宗教所以爲宗教，還是它保有某種神聖性或神祕性有別於世俗的東西；而它所強調的對這種神聖性或神祕性的體驗，也正是它能夠吸引或驅策世俗人改變生活向度的一大指標。這種情況，在當代的環境中特別有存在的意義或價值。它正如一位宗教哲學家所觀察到的「西方文化長久以來一直想掙脫宗教組織的掣肘，以求得完全的自主權；影響所及，今日社會已經把宗教摒除在大衆生活之外了（按：這是從宗教既有對社會的支配力逐漸瓦解而說的）。我認爲，這種對峙張力是西方歷史中無可避免的發展結果。但是我們今天所面對的問題又有不同。我們的社會曾經全心全意認同一種偏重現世的實用主義的文化，現在卻越來越覺得不安。人們感覺到生命的深度與品質已經爲了技術成就與物質享受而被犧牲了。自從上一次世界大戰驚人的科技表現之後，人們對科學化世界的烏托邦幻想已經破滅了。像集中營的科學化整肅、原子彈爆炸的徹底毀滅、生態環境的肆意污染等等，無不令人痛心。人類再度感受到：文化假使沒有另一層向度，是不可能眞正合乎人性的。我們渴求許多失落的事物。在這些渴求裏，宗教（至少就其最原始的意義而言）似乎佔有核心的地位。於是，追求神祕經驗、退隱荒山野地、分享世間財物、歸回素樸的田園生活等，再度成為可敬的、甚至時髦的行為」㉕。因此，當宗教要調整步伐走上世俗化道路的同時，它可能也失落了可以成為人心主要依憑或可以挽回世界沈淪危機的優勢。這一點，已經有人無意中「具體」的把它勾勒出來了：

我們從文學和藝術上看得出來，人類的個別生命存在是被視為荒誕而毫無道理可言的事。因為生命存在已不再是神聖天意，只是純粹的偶然。現在共產主義烏托邦崩潰了，我們可以預期的是，精神寄託完全落空，加上不知饜足的物質消費。處在這種困境裏的人，也許會向宗教信仰求救。宗教信仰可以提供道德秩序，就這方面而言，羅馬天主教教會轉移了教會的側重點，是意義重大的作法。一、二百年前的教會講道，都離不開靈魂如何得救的主題。近幾十年來，如何參與社會的題目越來越常聽見了。甚而至於，神職人員的熱忱大都投向各種不同的社會「行動」，如消弭貧窮、扶助國家獨立，以及幾近走火入魔的反墮胎運動。以往一向垂直運作的宗教系統，現在變成水平式了。這也許是因為，莫立基督教玄學的那些意象本身的條件不足。但是水平走向卻常常使神職人員的講道顯得不著邊際，因為他們個個社會運動色彩十足，令人難以想像他們原本是潛心修行的教徒㉖。

倘若宗教不再以教人潛心修行爲號召而一逕投入社會運動（行動），表面上好像在從事信仰模式的轉換或宗教實體服務方向的革新，實際上是在進行自我的「放逐」或自我的「戕害」。因爲它藉來吸引人的再也不是原有的神聖性或神祕性，而是趨俗後所表現出來的對社會運動的熱衷；到頭來不是把自己架空了，就是隨人在塵世中浮沈。這並不表示宗教不該從事社會運動，宗教的最終目的還是有相當成分是要帶領社會朝向某一有利途徑發展，只是它所憑的是宗教的手段而不是世俗的手段。宗教的手段是以潛心修行的方式來對治世俗的盲目躁進和奢靡浮華；而世俗的手段是以先耗費幾乎等量的精力和財力（用來宣傳和造勢）而後才來懲治自我的盲目躁進和奢靡浮華，兩者的結果自然不可同日而語。也許有人會認爲宗教如果不透過世俗的手段，就無法擴大它的影響面。這顯然是倒果爲因的說法，宗教所以無法擴大它的影響面而改採世俗的手段，正是它失落了潛心修行的指標或無力形塑潛心修行的典範。後者才是宗教帶領不了社會「向上」的主因（而不是宗教缺乏世俗的手段）。

如果從這個角度來看，我們可能會發現新時代對宗教的需求，也許不是它極力要展現的世俗化的這一面，而是對於它日漸流失的神聖性或神祕性的重新召回。召回宗教的神聖性或神祕性，才有本錢對治世俗一切不合理的作爲，以及確保宗教自己的獨特性（不會被世俗所淹沒——即使有部分宗教不幸被「淘汰」，它在人心目中還是會留下它是個「宗教」的印象）。假使還有問題，那可能就是如何使宗教原有的神聖性或神祕性眞能有益於社會人心。這點對宗教本身以及關心宗教的人來說，都是一大考驗。

四、混沌理論與複雜理論的啟示

現在大家所能想到的辦法，大概就是「對話」了。換句話說，透過宗教間的對話或宗教跟外界的對話，理出宗教所能影響或所能貢獻的層面，然後齊力去推廣。問題是對話本身也是一個複雜的課題，所謂「『對話』是『傳播』典範最爲人文性的表現形式，『傳播』的一個主要涵意就是『溝通』……批判理論大師哈伯瑪斯提出『溝通行動理論』，即是以『對話』爲模型企圖爲『傳播』主導的當代社會提供一個整全理性的人文判準。理想的對話情境預設了對話的兩造並立於對等的發言位置，在一個沒有扭曲壓迫的溝通脈絡中透過符號互動達到彼此的相互理解，進而形成『共識』。然而，詮釋學大師伽達瑪揭示出『對話』更深一層的『精神』，對話的『主體』不是兩造的對話者，而是對話本身所欲展現的『主題』或『眞理』，一個黑格爾式的『理念』。對話的重點不是對話雙方彼此的溝通交流、相互理解，而是一個黑格爾理念式的『主題』透過對話雙方的正反立場進行自我辯證的戲劇性獨白。這是自柏拉圖對話錄以降，主宰整個西方思考模式的『辯證法』。所有的『對話』都是一種『辯證』的獨白，通過相對差異的發言位置而到達普遍絕對的理念。法國科學哲學家瑟赫指出：『辯證法使得對話的雙方站在同一邊進行，他們共同戰鬥以產生他們所能同意的眞理，那就是說，產生成功的溝通。』『這樣的溝通是兩個對話者所玩的一種遊戲，他們聯合起來抵制干擾和混淆，抵制那些貿然中斷溝通的個體。』凡是在溝通傳播的過程中造成干擾阻礙的現象，瑟赫稱之爲『雜音』，中斷溝通傳播的個體，則稱之爲『第三者』。對話作爲一種辯證的遊戲，其最終旨趣就是要抵消『雜音』，排除『第三者』；唯有設置一個『第三者』作爲共同敵人，兩造的對話者才能並立於同一陣線，成爲秉持同一『共識』的『我們』」㉗。不論對話是不是一種自我辯證的戲劇性獨白，它都預設著參與對話者必須發出權益共享承諾，否則難保對話不會「無疾而終」或「白費力氣」。因此，在權益共享承諾不易成形的情況下（一般宗教在進行對話過程中都還沒有這種自覺，所以對話的成效也微乎其微㉘），宗教所要藉來矯俗的神聖面或神祕面，也就不可能普遍化。理由是各宗教都會標榜自己所有的才是眞正的神聖或神祕，而淆亂了世人的雙眼（不知如何取捨）。最後權宜的辦法，也許是把對話用於其他層面上，而讓各宗教各自保留它所認定的神聖面或神祕面，然後各自去發揮它的影響力。這就使得宗教在走向新時代過程中不免要考慮到所可以努力的兩件事：一件是跟其他宗教或外界對話關係衆人的事物；一件是自我強化既有的神聖性或神祕性以「自我定位」並「徵人信賴」。而這一點，頗能從當代所流行的混沌理論和複雜理論得著啓示。

混沌理論，是繼相對論、量子力學後興起的新物理學理論（屬於非線性系統理論的一種㉙），它指出整個世界並不像過去科學家所說的那麼井然有序，而是處於變動不定的混沌狀態。這透過對流動的大氣、蕩漾的海洋、裊繞上升的炊煙、浴缸內冷熱水的對流，（擴大開來）以至於野生動物的突兀增減及人體心臟的跳動和腦部的變化等現象的觀察，就可以得到證實。因此，不論以什麼作爲介質，所有的行爲幾乎都遵循著混沌這條新發現的法則。而這種體會也開始改變企業家對保險的決策、天文學家觀測太陽系及政治學者討論武裝衝突壓力的方式㉚。近來有關混沌現象的研究，已經涉及數學、物理、力學、天文、氣象、生態、生理，甚至社會、經濟、政治等多個學科領域，使得混沌一時間成了各種系統的宏觀共相㉛。而它最明顯的特徵是「對初始條件的敏感依賴」。論者曾有過這樣的描述和比喻：開始於六〇年代的混沌理論的近時研究逐漸地領悟到，相當簡單的數學方程式可以形容像瀑布一樣粗暴難料的系統，只要在開頭輸入小小差異，很快就會造成南轅北轍的結果。例如在天氣現象裏，這可以半開玩笑地解釋爲衆所皆知的「蝴蝶效應」（美國麻薩諸塞州的一隻蝴蝶撲搧一下翅膀，可能引起遠在印度次大陸的一次氣象大變化）㉜。至於複雜理論，則是在混沌理論的基礎上或超越混沌理論而發展出來的新興科學，它所彰顯的特點是「走在秩序和混沌邊緣」。論者認爲「事實上，所有的複雜系統都有一種能力，能使秩序及混亂達到這種特別的平衡。在這個我們稱之爲『混沌邊緣』的平衡點上，系統的組成分子從來不會眞正鎖定在一個位置上，但也從來不會分解開來，融入混亂之中。在混沌邊緣，生命正好有足夠的穩定性來維繫生命力，而也正好有足夠的創造力，使其不負生命之名。在混沌邊緣，嶄新的想法及創新的遺傳形態永遠在攻擊現狀，儘管是最警衛森嚴的舊勢力都終將瓦解。在混沌邊緣，美國長達數世紀的奴隸制度和種族隔離，突然就在一九六〇和七〇年代向民權運動豎起白旗；七〇年代紅透半邊天的蘇聯共產政權，一夕之間在政治騷動中崩潰。也在混沌邊緣，在無數世代中循序漸進的物種演化，也突然出現大規模的物換星移」㉝。這門新學問，打破了從牛頓以來的科學觀念，也吸引了包括諾貝爾獎物理大師、離經叛道的經濟學家、紮馬尾的電腦天才等在內的許多人才「盡瘁於斯」的窮爲鑽研；他們的革命性作爲，預料將改變經濟、生物、數學、認知科學、人類學等各種學門的面貌㉞。特別有啓發性的是，複雜理論應用在經濟學上，改變了舊經濟理論一貫主張的「負回饋」或「報酬遞減」觀念㉟，而提出「正回饋」或「報酬遞增」的新說法。論者認爲正回饋或報酬遞增「能把一些微不足道的偶發意外（例如某人在走廊上剛好撞到誰，篷車隊恰好在某個地方停留一個晚上，某處正好設立了商棧，或義大利鞋匠恰好移民到某個地方），擴大成不可扭轉的歷史命運。年輕的女演員純粹因爲天分而成爲超級巨星嗎？很少如此，卻往往只是因爲演了一部熱門的片子，使她知名度暴漲，事業扶搖直上，而其他才藝相當的女演員卻仍在原地踏步。英國殖民者羣集於寒冷、多風暴、且多岩石的麻薩諸塞灣沿岸，是因爲新英格蘭的農地最肥沃嗎？不，只不過是因爲麻薩諸塞灣是淸教徒當初下船的地方，而淸教徒選擇在這裏下船是因爲五月花號迷路了，找不到維吉尼亞作爲落腳處。結果就是如此。而他們一旦建立起殖民地，就不會再走回頭路了。沒有人打算把波士頓再搬到其他地方去」；而這顯現在經濟領域的，就是「充滿了演化、動亂與意外的」市場不穩定狀態㊱。現在宗教想在新時代再度一領風騷，它正要從混沌理論獲得啓示，不斷透過對話跟教內教外共謀公共問題的解決，以冀望能擴大效應；同時它也得從複雜理論獲得啓示，不能疏於彰顯既有的神聖性或神祕性，以等待有心人雅爲接納，匯聚爲社會中的一股淸流。

五、因應策略在混沌與複雜的變合體

理論上是這樣說，實際上卻可能出現透過對話解決公共問題後反而得到負面效應（應了複雜理論），而彰顯既有的神聖性或神祕性時卻嚇跑了想親近宗教的人（應了混沌理論——從有序走向混沌）。這種情況如果以超比例出現，那麼宗教不但本身岌岌可危，而且還會成爲社會的一個亂源。這眞是我們所擔心的，也是應該盡力去防患的。

有個例子提到：一九七五年，世界重量級拳擊冠軍阿里把轉播他拳擊賽的阿依達霍爾劇場的門票提高一美元作爲捐款，將這些捐款獻給了在非洲的鑽井工程。因爲當時非洲的中西部連年乾旱，許多遊牧民都爲飢餓和乾渴而困擾。在西非獅子山中部挖掘的一口井，的確爲保護迫於乾旱南下而來的幾千名牧民和他們的家畜發揮了很大的作用。當然，阿里的善意也受到了人們的讚揚。但幾年以後卻發生了意想不到的問題，很多遊牧民定居在水井周圍，並飼養家畜，於是水井方圓三十公里內的草木都被吃得精光。因此，在被綠蔭覆蓋的獅子山中部出現了一塊圓圓光禿禿的地方，形成了來自撒哈拉大沙漠的熱風吹向大海的通道。通道兩側原本濕潤茂密的樹林也變得乾枯稀疏，北部本來就稀疏的樹林地帶竟成了沙漠。阿里本想拯救爲飢餓、乾渴而痛苦的人們，結果卻事與願違，造成了更爲嚴重的自然破壞㊲。這無疑是一個類宗教家的作爲，但意外地卻出現這樣無可彌補的後遺症，豈不抵消了原有的善心？宗教透過對話以解決公共的問題，難保不會得到類似的下場。同樣的，宗教彰顯既有的神聖性或神祕性後，也有可能反遭人的排斥或唾棄。這又該怎麼辦？

個人覺得因應的策略，不外是使宗教自身成爲一個混沌和複雜的變合體。也就是說，在從事對話的過程中，對於對話的議題應有反覆的論辯或多方的諮詢，以減少可能的錯誤或大意，這樣就能夠邀得大家的響應而時時有讓人驚喜的效果出現。至於在彰顯既有的神聖性或神祕性方面，也不妨借鑑不同宗教的作法，把自己調整到最有利的位置，讓該神聖性或神祕性發揮它的作用到極致。其實，這已經有人嘗試在勾繪該一藍圖了。如有位論者論及基督教的傳統教示：塵世的歷史是有其確切的起始和結束的，眞正有價值的東西，僅存於上帝所在的天國。這種強調「他世」（指超脫人間現世而進入天國極樂境地）的說法，往往導至人們對今世物質世界的罔顧或甚至無度的榨取，而助長生態的破壞和物質的消耗。基督教學說的其他缺點，就是有關「支配萬物」的概念，它一直被人們利用來作爲殘酷地操縱及榨取自然的理據。然而，當今基督教學說的「再型構」已開始要成形了；基督教學者紛紛在重新界定「支配萬物」的意義，他們主張任何剝削或殘害上帝創物的舉動都是有罪的，而且也是叛逆上帝意旨的一種褻瀆行動；同樣的，任何破壞所賦予自然世界的固定意旨和秩序，也是一種罪行和叛逆。因此，許多新宗教學者指出，所謂「支配萬物」並不意味著人類有權剝削大自然，它的眞意乃是指管理大自然。有人認爲當這種新的管理教義及熱力學定律跟更爲正統的神學結合之後，它就能爲一種新的、再型構的基督教義和誓約奠定了健全的基礎，使其配合於能趨疲（entropy）世界觀的「生態急務」。而這老早就在講究修鍊冥想、瑜伽術及其他身心冶鍊的東方宗教中獲得了實踐（把消耗能量降到最低限度），無形中增強了我們尋求一種新的宗教融合以順應正行邁入的新時代的信心㊳。不知道基督教新神學是否從東方宗教專注於神祕經驗處得到靈感而改變對大自然的態度，但可以看出以東方宗教所講究的修鍊冥想等，跟基督教所信奉的神聖上帝作個聯結時，的確有可能產生內在質性的變化；而這種變化，就是重新吸引人前往皈依的一大誘因。這正是把混沌帶入複雜而成爲兩者的變合體的一個「實例」。相同的，把複雜帶入混沌，也可以讓宗教的對話更容易形成一種典範，隨時都有可能留下清晰而曼妙的踪跡。宗教未來要走的路，恐怕再也沒有比這更寬廣的了，無妨大家一起來期待。

註釋

①這些終極實體（實在），可以歸結為兩大類：一類是指被實存地經驗到的作為另一個人格存在的終極大全的實體，這個人格傳統上被稱為上帝；一類是指被實存地經驗到的作為自我或個人的更大的或內在的認同而存在的終極大全的實體（這跟上一類型的主要區別在於該終極大全的實體並非以個人內心認同的方式作為一個異己的對象而被經驗到）。參見湯一介主編，《中國宗教：過去與現在》（臺北，淑馨，一九九四年），頁二六〇～二六三。

②近代天文學、地質學、醫學、生物學、太空科學的快速發展，在在都挑戰著宗教的權威性。參見林天民，《基督教與現代世界》（臺北，商務，一九九四年），頁七～九；張志剛，《走向神聖——現代宗教學的問題與方法》（北京，人民，一九九五年），頁五五～六五。

③世俗的神權宗教，主要是把「領袖」、「人民之父」、「政權」、「民族」及「社會主義者的祖國」等等當作敬佩崇拜的對象。這如果盛行開來，既有宗教的生存空間必然會遭受威脅。參見弗羅門（E. Fromm），《心理分析與宗教》（林錦譯，臺北，慧炬，一九九二年），頁二三～六六。

④這種迷戀，基本上也是一種（另類）宗教行為，正如底下這段話所說的「共產主義（及其他類似的主義）有其『宗教』因素——它的先知，它對正統信仰的強調，它的禮儀，它的聖殿，其信奉者的傳道

熱情和無條件信服。而那些認為科學主義也夠資格作為一種宗教的人則發現了相似的模式：關於科學研究的有用性的信仰體系，一套實踐（科學方法），老一代的先知（現代科學的創始者），聖地（實驗室、計算機房），其追隨者最高的忠誠和信奉，如果你願意的話，還有其支持者企圖用以使其他人同意他們的科學信念的傳道熱情」〔見約翰斯通（R. L. Johnstone），《社會中的宗教》（尹今黎等譯，成都，四川人民，一九九一年），頁二五〕。只是對一個只肯定「正信」宗教的人來說，是不會把這種行為「等同看待」的。

⑤同上，頁三九二～三九三。

⑥根據學者或趨勢專家的考察，戰後嬰兒潮時期出生的美國人，在七〇年代成了反宗教的一羣，但同樣的這羣人卻在九〇年代採取了跟以往信念背道而馳的行動，有的攜老偕幼重回教堂，有的則接受新紀元運動思潮的洗禮；過去，改革宗猶太教徒曾大肆刪改《聖經》中缺乏科學根據的內容，如今他們卻重拾有關神蹟奇事、神話、彌賽亞的說法；日本神道又開始他們的節慶活動，信徒陸續回到地方寺廟，舉行象徵輪迴的各種儀式，一位號稱是「日本奇人」的得道高僧，在日本、美國、巴西各地擁有五百萬名信徒；基督教的靈恩運動浪潮，從八〇年代以來已席捲了三億人，其中還包括幾百萬羅馬天主教徒；青年歸主協會在歐洲各地成立青少年活動中心，為青少年公益及福音事業打下良好基礎；宗教在中國及蘇聯解體後各國也風靡了不少年輕人；回教基本教義派的政治勢力早已遍布伊朗、阿富汗和整

個阿拉伯世界，而這股銳不可當的宗教力量，在土耳其、埃及接受西式教育的中產階級間也有復起的趨勢。參見奈思比（J. Naisbitt）等，《二〇〇〇年大趨勢》（尹萍譯，臺北，天下，一九九二年），頁二七七～二七八；林本炫編譯，《宗教與社會變遷》（臺北，巨流，一九九三年），頁九九～四〇〇。

⑦參見陳郁夫，《人類的終極關懷》（臺北，幼獅，一九九五年）；莫里斯（B. Morris），《宗教人類學導讀》（張慧端譯，臺北，國立編譯館，一九九六年）；釋淨心等，《宗教論述專輯㈡》（臺北，內政部，一九九五年）等書。

⑧見劉宗坤，《等待上帝，還是等待戈多？——後現代主義與當代宗教》（北京，中國社會，一九九六年），頁三二。

⑨詳見註⑥所引林本炫編譯書，頁八六。

⑩同上，頁八六～八七。

⑪參見傅偉勳，《從西方哲學到禪佛教——「哲學與宗教」一集》（臺北，東大，一九八六年），頁三九五～三九六；周慶華，《佛學新視野》（臺北，東大，一九九七年），頁二〇六～二〇七。

⑫參見註⑥所引林本炫編譯書；註⑧所引劉宗坤書。

⑬同上。按：這些教派究竟在做些什麼，多半不好掌握。而根據學者的研究，「宗教在外型上可分成各

種類型，如蒲拉特按個人心理將宗教分為傳統的、理情的、神秘的和道德的，布樂恩根據社會心理將宗教分為專制式的、個人主義的和民治主義，其他如以宗教性質可分為先知的、啟示的；以傳播而分有向外和不向外；以程度來分有鬼靈的、自心的和天神的等等」（見阮昌銳，《中國民間宗教之研究》（臺北，臺灣省立博物館，一九九〇年），頁三八三）。想進一步了解新興宗教的人，也許可以按照上述這些既有宗教類型的劃分（本章依所信仰對象或性質的不同而簡單分為「超越型」和「神秘型」也算數），將它們一一「對號入座」。

⑭見董芳苑，《原始宗教》（臺北，久大，一九九一年），頁六～七。

⑮見註⑥所引林本炫編譯書，頁一一～一七。

⑯以臺灣一地為例，現有宗教，「如果加以歸類，有國民黨政府主導祭孔大典之『國家儒教』，有以儒教道德倫理為教條之『教派儒教』，（或『民間儒教』——鸞堂、一貫道、天德教、紅卍字會道院、天帝教等教團）；有依賴民間廟宇及祭典而存在的正乙派『道教』（天師道）；有大乘佛教系統之『淨土宗』、『禪宗』、『喇嘛教』（藏密），及『民間佛教』（阿彌陀佛崇拜、觀音崇拜、地藏王崇拜）；有十九世紀中葉傳入臺灣的『基督宗教』（基督教及天主教），更有二次世界大戰終戰以後傳來臺灣的『新興宗教』（伊斯蘭教、天理教、生長之家、創價學會、摩門教、耶和華見證人、統一教、超覺靜坐、阿蘭達瑪加瑜珈等教團），委實熱鬧之至」（見董芳苑，《探討臺灣民間信仰》（臺

北，常民，一九九六年），頁四～五）。這對新興宗教的歸類，容或有爭議（如伊斯蘭教——回教——只是晚傳來而已，它在原國度並非新興），但也不難看出新教派增加的快速。另參見宋光宇，《宗教與社會》（臺北，東大，一九九五年）；鄭志明，《臺灣的宗教與祕密教派》（臺北，臺原，一九九三年）等書。

⑰見曾仰如，《宗教哲學》（臺北，商務，一九九三年），頁四。

⑱見連福隆，〈宗教的對話．對話的宗教〉，於《曠野》第二期（一九九七年），頁一七。

⑲見註④所引約翰斯通書，頁三一～三二。

⑳見史美舍（N. J. Smelser），《社會學》（陳光中等譯，臺北，桂冠，一九九一年），頁五〇九～五一一。

㉑見註⑧所引劉宗坤書，頁四九。

㉒見嘉戴爾斯（N. P. Gardels）編，《世紀末》（薛絢譯，臺北，立緒，一九九七年），頁二五。

㉓見註⑥所引奈思比等書，頁二九六～二九七。

㉔見黃伯和，《宗教與自決——臺灣本土宣教初探》（臺北，稻鄉，一九九〇年），頁一九三～一九五。

㉕見杜普瑞（L. Dupré），《人的宗教向度》（傅佩榮譯，臺北，幼獅，一九九六年），頁五。

㉖見註㉒所引嘉戴爾斯編書，頁二三～二四。

㉗見路況，《虛無主義書簡——歷史終結的遊牧思考》（臺北，唐山，一九九三年），頁三二。

㉘參見註⑪所引周慶華書，頁六一～七五。

㉙參見顏澤賢，《現代系統理論》（臺北，遠流，一九九三年），頁一一四～一二八。

㉚參見葛雷易克（J. Gleick），《混沌——不測風雲的背後》（林和譯，臺北，天下，一九九一年）；布瑞格（J. Briggs）等，《混沌魔鏡》（王彥文譯，臺北，牛頓，一九九四年）等書。

㉛參見普里戈金（I. Prigogine），《混沌中的秩序》（沈力譯，臺北，結構羣，一九九〇年）；梁美靈等，《童心與發現——混沌與均衡縱橫談》（北京，三聯，一九九六年）；劉華傑，《混沌之旅》（濟南，山東教育，一九九六年）等書。

㉜一首古老的民謠也唱出了這一深刻道理：釘子缺，蹄鐵卸；蹄鐵卸，戰馬蹶；戰馬蹶，騎士絕；騎士絕，戰事折；戰事折，國家滅。參見註㉚所引葛雷易克書，頁一二～一三；註㉙所引顏澤賢書，頁一二二～一二三。

㉝見沃德羅普（M. M. Waldrop），《複雜——走在秩序與混沌邊緣》（齊若蘭譯，臺北，天下，一九九五年），頁七。

㉞相對的，混沌理論就顯得有點不足；它被認為不夠深入，「混沌理論告訴你簡單的行為規則能產生極其複雜的變化；但是儘管碎形的圖案美麗非凡，混沌理論事實上對生命體系或演化的基本原則談得不

多，也沒有解釋從散亂的初始狀態如何自我組織成複雜的整體。更重要的是，混沌理論沒有回答它念念不忘的老問題：宇宙中為何不斷形成結構與秩序」（同上，頁三八九）。雖然如此，混沌理論還是擁有它的特殊處。理由正如一位論者所說的「其他的系統理論，如一般系統論、耗散結構理論、協同論、突變論、超循理理論等，它們所描述的是一幅系統從無序到有序、從一種有序到另一種有序的演化圖景。這就給人們形成某種片面見解，彷彿世界上一切系統不論條件如何都是沿著這一條單行道在演化著。同時把有序理解為有組織、有秩序的進化過程，而把無序視為無組織、混亂和退化的代名詞。混沌理論的研究從根本上動搖了這種觀念。它首先使人們認識到，現實世界還存在另外一種演化方向，即從通常理解的『有序』向通常理解的『無序』的演化。混沌來自有序，又可產生新的有序；有序來自混沌，又可以產生混沌。以往我們對有序、無序的理解或多或少有些絕對化。有序不是絕對的有序，其中也包含有『無序』的種子，包含有產生混沌的條件和根據；混沌也不是絕對的無序，更不是單純的雜亂，它包含有複雜的有序因素。正因為有序與無序的相對性就決定了兩者可以互相貫通，並在一定條件下相互轉化。因此，有序並不存在於無序化過程之外，而『有序化』的過程，還是對於無序化過程的組織和控制」（見注㉙所引顏澤賢書，頁一二九～一三〇）。混沌理論有這個功能，應該是不容否認的。

㉟負回饋或報酬遞減的經濟學教條，無異暗示著「第二塊糖的味道一定沒有第一塊好，兩倍的肥料不見

得會得到兩倍收成；無論任何事情，只要你做得愈多，就會愈來愈沒有效，愈來愈無利可圖，或愈來愈不好玩」；而最後的結果都是一樣的，「負回饋使小的混亂不至於失控而瓦解物理系統，報酬遞減也確保沒有一家公司或一個產品會大到霸佔整個市場。當人們厭倦了吃糖，他們就改吃蘋果或其他東西。當所有最好的水力發電的地點都已充分利用，電力公司就開始建造火力發電廠。當肥料用得不能再用了，農夫開始不用肥料……」（見註㉝所引沃德羅普書，頁三九）。

㊱同上，頁一一～六二。

㊲見堺屋太一，《世紀末啟示》（王彥花等譯，臺北，宏觀，一九九六年），頁二〇〇。

㊳見雷夫金（J. Rifkin），《能趨疲：新世界觀——二十一世紀人類文明的新曙光》（蔡伸章譯，臺北，志文，一九八八年），頁三五五～三六一。

第二章　宗教對話的新向度

一、宗教對話的時代意義

舉世人心正在經歷一場空前的擾動，其中有對舊時代某些創傷的緬懷和恚怒，也有對新時代不確定局面的怵惕和憂憫，無形中逼出或縱容了宗教的活躍；不但舊有的宗教紛紛在世人面前重新昂立，一些新興的宗教也趁機如雨後春筍般的冒出①。它們都以救世或淑世的姿態跟人覿面；尤其後者，宛如是緩和反科技宰制的「安全瓣」，並對社會體系具有「整合的功能」，而這類團體也被認爲具有「吸納社會中的偏差者，或者是使他們較易適應大社會」並對其信徒進行各種治療和解決問題的功能②。當然，實際的情況不會這麼單純。在新興教派方面，大多旋起旋滅，對整體社會的正面或負面衝擊，並沒有想像中的嚴重；而在傳統的教派方面，不論是神祕型的（如佛教③），還是超越型的（如基督教、猶太教、回教④），也都因社會生活形態的改變和世界局勢的詭譎不定而面臨了生存上的困難，以至當今蓬勃的宗教活動，難免要被歸爲另類的浮華現象⑤。

從某種角度來看，宗教這種浮華現象在短期內是不可能沈潛或平靜下來的。原因是宗教內部的變動幅度過大，不但教派林立、信仰紛歧，而且同一教派裏面還存在異質的聲音（以基督教爲例，所信仰的上帝原先是以創造者且帶有男性白種人形象出現的，但現在已遭到解放神學、女權神學、黑人神學的重新解釋，而有所謂上帝是解放者、上帝是女人、上帝是黑人等等說法⑥），這遠超過人所能想像的範圍，自然也沒有那個人有能耐「迫使」它變換方向。還有外在環境所施加給宗教的壓力（如政經力量對宗教的干涉和挑戰，以及後現代反對信仰、反對理性、反對秩序等文化氛圍對宗教的威脅和批判），使得宗教本身難免要陷入無法妥善因應而跟蹌前行的境況；雖然有人認爲「現今各種特異團體的大量出現，應該看成是『對於世俗化過程的一項確認，它們顯示了宗教在近代社會中不受重視之程度』」⑦而「今天，科學的世界圖景與宗教的現實方向、政治干預與宗教思想，至少是在西方的進步社團中，已不再被認爲是對立物了」⑧，但不可否認的宗教至今仍疲於化解那些有形無形的壓力⑨，只好隨順流俗的「過一天算一天」。此外，人心對宗教有著近於全方位解脫或全方位救贖的新需求，而宗教也急於回應，卻因根基不夠穩固或不能提供有效的方案，導至造成教派激增而信徒依然不知所措的下場；就以宗教經驗來說，固然「新興宗教的信徒在皈依過程中多有著悸動的宗教經驗。例如，各種不同的靜坐所獲致的特殊心理經驗乃是不少新興宗教發展的重要基礎。禁食祈禱也使部分基督徒經歷了非凡的狀況。扶鸞與製作鸞書使得一貫道、慈惠堂和儒宗神教的信徒感應強烈。西藏密宗流行的灌頂也促成信徒的感動。這種悸動的感受在許多宗教中都會有，但是在新興宗教裏特別流行，也特別重要。悸動性通常也和靈驗性相伴而生，但有許多新興宗教特別強調靈驗性，有時由於過度強調而較缺乏具深度的宗教經驗。例如，各種私人神壇因靈驗性而興，更多的陰神因能幫助人中獎而香火極盛。至於新約教會的神蹟、西藏密宗的神通也都以靈驗取勝」⑩，但別忘了這種悸動性或靈驗性只在個體能感受才算數，所謂「宗教是個人與他自己的孤獨相處的東西……因此，宗教就是孤獨；如果你從未孤獨，你就從未是宗教的。集體的熱情、信仰復興、機構、教會、儀式、聖經、行爲的準則等等都是宗教的裝飾和過渡形式」⑪，於是沒有一種宗教能保證可以完全滿足信徒悸動或靈驗一類的需求，以至宗教勤於「動員」，結果仍難有實際或特別的成果。

宗教所面臨或所經歷的這些狀況，有的涉及宗教內部各教派的相互競爭，有的涉及宗教跟外在環境的矛盾衝突，有的涉及宗教對信徒直接的妥協承諾；而這在越來越分化多元的社會中，大多是以「對話」作爲調和或潤滑的媒介。換句話說，宗教要改善自己內外處境的不利，勢必要透過對話來取得「自我調適」和「因應變局」的共識。由於宗教所要對話的夥伴無所不包（含括教內教外各個階層、團體和個人），而有關宗教內部各教派的相互對話又具有關鍵地位（可避免各自「盲目」發展或自我削弱影響力），於是爲了方便論述，就有權爲選擇後者略加探討的考慮。而這也跟日漸備有雛形的實際的宗教對話或宗教對話的論述，形成一個相互勗勉或相互對諍的態勢。

大致說來，宗教對話，在理論上屬於宗教社會學範疇，在實際上兼涉及宗教人類學和比較宗教學⑫，爲當代相當熱門的一個課題。但到今天爲止，宗教間的對話效果並不顯著，主要是該對話所預設的「純化」的一元眞理或「超越」的終極眞理，始終無法「普遍化」而成爲各教派所追求的目標，這也減低了宗教所能給社會的貢獻或對社會所有的指引功能。爲了宗教本身的發展和社會的和諧進步，宗教對話還是要持續下去；只是對話策略得大幅調整，以「公共事務」或「人類前途」爲議題，彼此發出權益共享承諾，一以消除宗教間的猜疑氣氛，二以累積宗教本身的效益，或許才有助於世界的長治久安。可見宗教繼續尋求有效的對話，在當代就特別具有意義（可以進而對治社會風氣的浮靡和末世人心的虛無）。而本章正要提供一個必要且可能的對話途徑，以便宗教界參考。

二、現有宗教對話所隱藏的問題

這不妨先來考察一下既有宗教對話的情況。基本上，這類對話都由傳統宗教（特別是單一神教）所帶動，新興宗教反而顯得較爲「自閉」。傳統宗教的對話，以現代爲例，最大規模的是普世教會運動所進行的。普世教會起源於二十世紀初，而發展於第二次世界大戰以後。最初是爲了協調基督教新教各派別的差會在第三世界國家的傳教活動，它包括三個並行的運動：傳教運動、生活和服務運動、信仰和體制運動；漸漸地轉爲倡導各教派和各差會之間消除紛歧、共同合作，甚至開始重視跟其他宗教以及跟馬克思主義之間的對話，強調要平等地對待不同宗教的信徒，相互尊重，相互學習，在平等的基礎上求同存異、共同發展⑬。此外，小規模的特定宗教之間的對話⑭，也不計其數。

綜觀這一波（或一大波及數小波）的宗教對話，很明顯有一個主要的蘄嚮，就是尋求宗教的統一性。當中不外預設有這樣的目標：㈠促使各種不同宗教傳統的信徒彼此之間有更好的了解；㈡強調「普遍存在於各種宗教中的成分」；㈢試圖使所有宗教「深信，爲了世界範圍的道德水準的提高，有一項偉大的工作要它們一起去做」⑮。而它的前提，正如一位比較宗教學者所說的：

宗教是一種「普遍的現象」，是「人的心靈天生就有的」，是「人性的組成部分」，在全部宗教表述後面存在著「同一個意向，同一個努力，同一個信仰」⑯。這種普世神學的希求，即使到了後現代，也仍不免要被排上對話的議程：

神學——無論是天主教的、新教的，還是正教的——都處於這樣一種面臨重大任務的局面。透過對拉丁美洲、非洲和亞洲的解放神學、美國的道德神學和性倫理學以及歐洲的教義信仰問題（永無謬誤、職務結構、基督學）的討論情況，下面這點變得更爲公開而明確：在今天的社會現實條件下，對《聖經》和基督教傳統的討論絕對不是無害的智慧沙堡遊戲，而是具有高度實際成果的反思。我深信，神學只有擺脫自宗教改革時期以來一直盛行的「古典衝突」，才能在理論上和實踐上發展「前景」，並且從基督教的普世出發「開闢世界宗教的神學」⑰。

差別只在後者是帶批判性的普世神學而已，並不影響到它原先的旨意。因此，對於有人不斷發出「如何發展一種後現代範式中的批判的普世神學，應成當成『生存論上的抉擇』」的呼籲⑱，也就不足爲怪了。

然而，把宗教對話定位在尋求宗教的統一性（不論是教義的統一，還是某些信念的統一），它立刻就會面臨「混合主義」的困難，而混合主義相對的就是「相對主義」。如果宗教對話棄守混合主義，它就得陷入相對主義的泥淖，眞是兩難！這在宗教界中人，已經發覺和反省到了：「在對『對話神學』的批評中，最爲值得一提的，同時也是對話神學所需面對與克服的最大困難，乃是『相對主義』及『混合主義』的兩難與雙重危險。一方面如果因尊重對方而主張各宗教有不同眞理與救贖，有其獨特性，則眞理的普遍性乃受挑戰，基督教宣教、見證的動機與理由乃面對質疑。另一方面如果因尊重對方是因爲假設每個宗教都具有相同的眞理與救贖，則不免陷於混合主義、斷章取義，既誤解他人也妥協自己，而致扭曲了各宗教之特性與內容」⑲。此外，向來的宗教對話，「不是把宗教視爲客觀的學科研究，就是把對話工作專注於教義異同的辯證。這種把宗教從人的心靈拉開的神學導向，實是宗教神學的致命傷」⑳，這也在宗教界既有的自我省察範圍之內。雖然這只觸及單一神教所主導的大規模的宗教對話，但也不難想像其他非單一神教（如佛教）所主導的小規模的宗教對話，一樣會遭遇類似的問題。

似乎宗教對話所會遇到的問題就是這樣了，卻又不然。因爲陷於混合主義和相對主義的兩難困境以及忽略人和神或某一神祕境界的關係，幾乎是意料中或一開始就註定會發生的。倘若要說有問題，那應該是上述難題本來要避免卻沒有盡力去避免。而以理來衡量，參與對話者只能找一個可能動搖自己所信守的眞理或教條而最終又不會妥協的議題（宗教的「頑固性」是可以好好領教的，以至所謂「對話」往往只是個幌子），顯然討論是不會有結果的。後出的宗教對話，假使再「依樣畫葫蘆」下去，那麼對話也就不再有什麼意義。換句話說，明知類似的對話「無效」，而還要強爲進行對話，這才是眞正的問題所在。因此，像宗教界內部的那些反省，如果「自我回饋」，大概只有停止對話一途，此外沒有多少可以「迴旋」的空間。這樣一來，宗教對話假設還要持續下去，勢必要改變對話的對象，才有可能出現轉機。

三、一元真理與多元真理的無謂糾葛

更換一個角度來看，既有宗教對話所尋求的宗教統一性，最後難免會出現「主觀」的統一性和「客觀」的統一性的路線之爭。前者，無異是在提倡一種排他的一元眞理，所謂「只是論及宗教信仰對待眞理問題的態度，不管我們從『史』入手還是由『論』展開，恐怕都繞不開『排他論』。因爲這種理論傾向不但是各種宗教信仰共有的一種傳統立場，同時又是後來的一些主要觀點得以相互區別的『坐標系』，也就是說，其他觀點主要是相對於傳統的『排他論』而言的」，而「所謂的排他論就是認爲，信仰之眞諦繫於某一種特定的宗教。因而，人通過宗教信仰所追求的終極目的，諸如超越、救贖、生存意義、存在根據、宇宙本原等等，只有委身於某一種特定的宗教信仰方可完全達到。宗教信仰是多種多樣的。儘管不能說其他宗教信仰不包括眞理的成分或因素，但相比之下只有這種特定的宗教傳統才稱得上是絕對眞實的」㉑。因此，參與宗教對話者都可以聲稱眞理在他的宗教這邊，相對的其他宗教所抱持的眞理就只有相對性或次要性。而從旁觀者的立場來說，這種自我肯定是絕對眞理的擁有者而冀望經由對話過程加以推銷的作法，所期待得到的自然是一種「主觀」的統一性。至於後者，是二十世紀下半葉以來一批基督教自由派神學家、哲學家爲擺脫傳統的排他論觀念，爲適應當代社會和思想觀念的多元化趨向而積極採取的一種對話立場㉒。這種對話立場，主要是基於「世界各大宗教都相信一位神或絕對的實體，神本身是絕對的、無限的、不可形容的，是超越人的知識的。《道德經》說：『道可道，非常道』，宋儒家的太極是無始無終無聲無臭的，佛教的絕對的實體叫『眞體』或『空』。印度教分別兩種的梵天：無屬性的梵天和有屬性的梵天，無屬性的梵天是超越人的思想和言語，而有屬性的梵天是人所能經驗和描寫的梵天。回教的神學家亞拉米（I. Arabi）分別實體和神的具體觀念。基督教的神學家田立克認爲絕對的神是『超越有神論之神的神』。由此可見世界各大宗教都相信或敬拜同一位絕對、超越的神或實體，這是世界各大宗教的基本共同性」㉓。但這種共同性是超越於各種宗教之上的，各種宗教實際持有的只是相對的眞理，用當代神學家希克（J. Hick）的話說

「世界上的諸多偉大的宗教傳統所體現的是，人類對同一無限的、神聖的實在的不同感知與回應」㉔。而所指向該客觀實在的，或稱「上帝」，或稱「眞主」，或稱「法」，或稱「道」，或稱「空」。這就形成了包容異己的宗教的多元眞理。而從旁觀者的立場來說，這種以自我中心轉向實體中心而試圖透過對話予以確立的多元論作法，所期待得到的無非是一種「客觀」的統一性。

顯然上述兩種路線是不可能同時並存的：要嘛「實體只有一個名字」，要嘛「實體有許多名字」，不會「實體既有一個名字又有許多名字」（不然就會相矛盾）。而從許多跡象來看，宗教多元論似乎越來越討人喜歡，也爲宗教對話開啓了一個新的紀元。但我們別疏忽了，到目前爲止，宗教各派別幾乎還是「各行其是」，可見當中有些東西依舊不會被放棄。所謂「每一個宗教傳統都根據自己的認知模式對人生、社會、世界和終極實在作出自己的回答，但只要我們對它們的認知內容稍作比較，就可以發現其差異之大令人難以想像。不同宗教傳統都自信自己是絕對的，對其他宗教不是全盤否定，就是將其包容進來，認爲自己的宗教傳統優越於其他的宗教傳統。例如傳統基督教認爲自己優越於其他任何宗教，它的基礎固如磐石，因爲它是上帝親自創建的。同樣，傳統佛教認爲佛陀把握到了宇宙之法，也稱其他宗教爲外道。傳統伊斯蘭教（回教）認爲自己是最好的，穆罕默德是神的最後一位先知，將完成其偉大的使命。儒教也認爲自己是最好的，有的新儒家強調儒教務實精神，而看不起其他宗教的虛幻性的一面」㉕，說的就是這個意思。這在希克那裏，嘗試以「從實踐上看，每一種宗教都是善惡的混合體。因此，對每一種宗教傳統都應持批判態度。根據多元論假設，我們首先承認每一種宗教傳統都是把人引向更完美生命境界的方式、道路，即承認每一種宗教傳統都是把人從自我中心轉向實在中心的可行空間、通道。但人們是以不同方式來表現這空間、通道的，有的形式可能已脫離特定歷史時期的語境，也即通道堵塞。由於當今交通、通訊、科學之發展，人類的存在處境發生了根本性的轉變，傳統宗教的許多表達形式已對當今的人沒有吸引力，因而也就不能實現其宗旨，即把人類生命提高到更高的境界。不同宗教之間的矛盾與衝突已向我們展示傳統宗教的眞理觀需要重新反思」㉖一套說詞來加以「緩衝」。而根據希克的宗教多元論假設，不同宗教之間需要對話：眞正了解各自宗教的宗旨，弄清宗教的形式和內容的關係，克服不同宗教之間眞理主張的界線，使宗教服務於最基本的救贖論要求和倫理準則；只有這樣，才能避免宗教之間無謂的爭執和衝突㉗。問題是希克所假定的終極實在（實體）究竟是什麼？他自己講不清楚，別人也無法想像㉘，這教各教派如何去對話？何況各教派還有某些特定的歷史信念和形上學信念上的差異㉙，勉強去對話又能有什麼結果？

由此可見，預設多元眞理的宗教對話和預設一元眞理的宗教對話，在實質效果上幾乎是一樣的。換句話說，預設多元眞理的宗教對話在沒有實質成效下，最後各教派仍然會堅持各自所信守的一元眞理，導至多元論預設沒有理由排斥一元論預設；更何況該多元論預設背後還預設著一個超越性的終極眞理（也就是終極實在），彼此只有幾步距離罷了。因此，往後宗教對話的考慮或設計，如果還是依違在一元眞理或多元眞理的理論範域中，一定會受到侷限，甚至沒有開展的可能性。這也使得前面所提及要轉移對話對象（不在一元眞理或多元眞理這類對象上）的信念更需要給予肯定，否則繼起的宗教對話依舊會深陷在一元論預設或多元論預設的無謂糾葛之中。

四、對話本身的世俗訴求與宗教訴求

既然一元論預設和多元論預設都不是問題所在，那麼宗教對話還有什麼可以考慮的？這也許得先了解一下對話本身的可能訴求。按照字面來看，「對話」是指人和人的交談（有時也包括人和自己的交談），它「是開放性的，沒有固定程式的談話，它包括開放性的新問題與開放的談話者」㉚。對話的開放性，用巴赫汀（M. Bakhtin）的說法，就是「衆聲喧嘩」：

> 衆聲喧嘩存在於社會交流、價值交換和傳播的過程中，凝聚於個別言談的生動活潑、千姿百態的音調和語氣之內。衆聲喧嘩是文化的基本形態……換言之，衆聲喧嘩是各種社會利益、價值體系的話語所形成的離心力量，向語言單一的中心神話、中心意識形態的向心力量提出

強有力的挑戰。在這樣衆聲喧嘩、百家爭鳴的局面中，文化呈現著勃勃生機和創造性。這是因爲，只有在衆聲喧嘩的局面中，各種話語才最深刻地意識到了其自我的價值和他者的價值，把中心話語霸權所掩飾的文化衝突與緊張的本質予以還原。在話語與話語的相互對話、交流中，化解矛盾與衝突㉛。

由於是衆聲喧嘩，裏面蘊涵著無窮的可能，以至有人在設想或尋找一種理想的對話情境，它是「將談話者的整個身心融進去，在談話後使人如同得到一次脫胎換骨的變化的交談」，而這種交談「是一種平等、開放、自由、民主、協調、富有情趣和美感、時時激發出新意和遐想的交談」；凡是抱著這種觀念的，自然就會形成一種全新的意識或哲學，「這種全新的意識或哲學，一方面與非對話式的形而上學徹底決裂，另一方面與解釋學和解構學相對應。它與形而上學的根本不同點在於，『形而上學的基本信仰，就是對對立價値的信仰』，對話意識和對話哲學則是要將這種『對立』打破，追求一種開放和自由的境地……在對話中相互作用，產生出某種既與二者有關，又與二者不同的全新的東西，而這也就是解釋學的眞理」㉜。此外，當然也有可能基於不同的立場而來選擇對話的方式，如托多洛夫（T. Todorov）爲了批判教條論批評家、印象主義批評家、歷史批評家、內在論批評家、結構主義批評家等禁止跟文學作品對話、拒絕評判文學作品所闡述的眞理而倡導一種「探索眞理式的對話」㉝；又如曼紐什（H. Mainusch）爲了對抗系統美學的僵化形式或獨斷式眞理觀而提倡一種「懷疑論式的對話」㉞。這多少都源於古希臘時代所見的爲某一眞理反覆論辯的對話傳統㉟。有人曾將這一對話方式，細分爲「辯證式的對話」和「互補式的對話」兩種類型：前者是採取辯論的方式去認識眞理，從而挖掘事物中潛在的可能性，並達到其各自的對立面（眞理）；後者是參與對話者圍繞著一個共同的話題，共同貢獻出自己的智慧，逐步接近眞理㊱。

不論是辯證式的對話或互補式的對話（上述曼紐什所提倡懷疑論式的對話所預設的多元眞理觀，嚴格說是屬於互補式的對話，正如希克宗教多元論主張所要趨近的終極實在一樣，懷疑論式的對話最後也是要超越多元眞理而進入一個絕對境域），都可以在各個場合或情境中進行，成爲各種世俗訴求藉以達成訴求目的的手段。但如果要放在宗教上，可能得作一些調整。也就是對話的對象（話題），應該從原有的辯證教義異同或較量正信與否一類的議題中超脫出來，否則就會出現上述白使力氣的弊病。換句話說，對話本身在世俗訴求上可以不受對話對象的限制，而在宗教訴求上卻得勉力避開某些涉及教義或信念差異的議題。因此，爾後的宗教對話，就不宜再躑躅在「宗教是由宗教意識、宗教組織、宗教活動和宗教器物這四大要素構成的……因此，有了宗教意識不同的認知形式體系，就會有不同的宗教語言、音樂和造型的宗教藝術形式。佛教、基督教、伊斯蘭教、印度教、猶太教、道教、神道教都各有其獨特的宗教體驗、宗教情感的心理形式和獨特的多樣的宗教藝術形式……」㊲、「在世界各大宗教中，具有下列四種共同精神。這四種精神都表現人類的生命意義，也同時是表示人類精神的理性的要求……這四種共同點是：一、人性的規範。二、自我的犧牲。三、痛苦的解脫。四、生命的永恆……」㊳這類課題的「分疏溝通」或「籲請重視」上。甚至也不必爲「馬克思主義可以被冠上『俗世宗教』的頭銜，他們堅定信仰歷史意義即將完成，相信人的天國將在歷史中實現；他們的教義是人是世界歷史核心，他們宣揚新世界的曙光即將出現（也就是喚醒無產階級和無產階級的奮起）；馬克思主義的教條，以爲壓榨就是原罪在現代顯現的形式，以及人類必須從疏離的狀況中被解放出來」㊴這種另類信仰而轉移矛頭「力拚到底」。畢竟它還有更有意義（價值）的對話對象擺在前頭，可以重新「一展身手」。

五、一個不可或缺的對話模式

過去的宗教對話，大多關注跟宗教有關的眞理問題，這已經可以從理論或實際層面證明它不會有多大效果；今後宗教對話如果還是不免要探索眞理，那勢必得轉移到跟宗教沒有直接關係的眞理對象上。其實，這一點在後現代社會中已經有部分宗教團體在做了，如「在過去的幾十年中，聯合會（基督教世界聯合會）特別注重參與國際事務，它在維護世界和平，保護人權，反對戰爭，反對種族歧視和社會壓迫方面做了大量的工作。聯合會曾大力支持第三世界人民反殖民主義的獨立運動，以及南非黑人反對白人種族主義的鬥爭。在東西方冷戰時期，聯合會呼籲超級大國停止軍備競賽，全面銷毀核武器，並對美國入侵越南以及蘇聯出兵捷克提出抗議。隨著東西方冷戰的結束，聯合會關注的重心越來越集中到一些全球性的問題上，諸如生態環境惡化、大氣汚染、社會發展不平衡、吸毒、愛滋病、貧困、難民，以及種族之間和男女之間的權力平等等問題。最近幾年，聯合會把和平、正義、平等等一系列政治理想納入了自己的章程之中」㊵，這一定會透過內部的對話而形成「共識」後才去執行的。問題是實際的成效怎樣？在內部的對話過程中有無反對聲音？是否試著邀集更多教派一起對話以解決這些大衆問題或推行這些公益事業？倘若實際成效不是很好，而內部有歧見也不受重視，以及只要自己「攬功」而不願其他教派插手，那這樣的主導者和所主導過程中「點綴」性的對話，也就沒有什麼存在的必要性。

此外，還有人盱衡時勢而未雨綢繆的爲未來的宗教對話擬出一些議題，包括「什麼是正確的世界觀及積極的人生觀」、「人生的意義爲何」、「如何共同實現社會正義」、「如何共同教育社會」、「如何防止迷信及宗教詐騙」、「如何防止政客禍國殃民、壓抑人權」、「如何共同保護生態環境」、「如何建立臺灣人的尊嚴」、「如何改革宗教教育」、「如何推動社會正義，促成全民福利」、「如何使全民合而爲一、全人類合而爲一？如何不以暴力戰爭，而以和平對話達成和平」、「如何幫助弱小族羣，保障生存權利」等㊶。這大體上也指出了宗教對話的新途徑（也就是以關係衆人或全世界問題爲對話對象，找出一些可以遵循的道理或眞理來，而不再耽溺在過去那種只關係自己地位或生存問題的討論中），只是它依然沒有說明這樣的對話如何才可能，終究無助於改善宗教對話的「體質」。

依理來衡量，任何的對話活動，凡是受邀參與對話的人，多少都會關心下列幾個問題：㈠爲何要參加對話？㈡參加對話時各自要付出什麼？㈢參加對話後各自該採取什麼行動？㈣整個過程彼此可以分享到什麼好處？後面這一項，往往是最重要的。也就是說，只有在彼此可以分享到什麼好處有了著落（確定）後，彼此才會認眞去思考對話的對象，以及所要付出的力量和所要採取的行動㊷。這一點，在現有的宗教對話中，似乎都沒有被排上「議程」，勉強對話的結果，自然也不甚理想。這正如一位宗教哲學家所說的「我們可以斷然聲言，人類的全部思想、社會機構和運動都最終地表示了物質利益衝突，或者，相反，和人類創造力之各種形式不無相似之處的各種利害衝突，都應該被看作是尋求與自己的最終和解之精神偉大努力的組成部分」㊸，倘若不把上述那一項列入宗教對話的設計中，如何能讓參與對話者「放心」的去參與對話？

整體說來，宗教的內部存在著不少問題有待解決㊹，還有外人對宗教所發出的批判也有待宗教去回應㊺，在這麼「忙碌」中宗教還要抽空「聯袂」對話以處理公共事務，顯然這是一種超重的負荷，也可以想見宗教對話的主導者會遭遇許多阻力。假使這種對話要持續下去或擴大它的規模，那麼主導者不在權益分享上作出明確的承諾以祛除參與對話者的疑慮（會懷疑自己可能被犧牲而對方盡在攬功或坐享暴利），試問它是怎麼可能的？因此，權益分享承諾只是在理論上加以強調或表明而已，實際上它原本就是大家所期盼的（只是不便說出口罷了）。以這點為基礎，然後將跟公共事務或人類前途有關的種種議題作爲對話的對象（必要時也可邀相關團體或政府單位參與對話，共謀問題的解決），這理當是今後一個必要的宗教對話模式了㊻。

註釋

①根據不完全的統計，美國在六〇和七〇年代共有三千多個各種各樣的新教派產生，而八〇年代在日本合法登記的宗教組織竟然高達十八萬五千多個。至於其他地區（如巴西、韓國、臺灣、西歐和非洲的部分國家），也一樣出現新教派林立的景象。這些新教派的大量湧現，改變了傳統宗教的分布格局，也加劇了宗教團體的非主流化。以美國為例，六〇年代以後興起的非主流教派，大致可以分為三類：㈠從基督教母體中演化出來的新教派，如「統一教會」、「上帝之子會」、「國際之路會」、「愛的以色列」、「阿拉漢基金會」、「上帝聖殿教派」等，這些教派多半致力於把《聖經》的福音主義和流行於六、七〇年代反傳統的「嬉皮士」生活方式結合起來；㈡受東方宗教影響的神祕主義教派，如「國際黑天覺悟會」、「神光會」、「先驗沈思派」、「幸福健康神聖會」等，這些教派的基本思想分別源於東方的印度教、佛教、錫克教、道教等，它們主要提倡透過參禪靜悟，禁欲苦行來獲得肉體的解脫；㈢把東方的宗教神祕主義跟現代心理學融合起來的各種準宗教派別，如「科學信仰教會」、「艾哈德訓練研究會」、「西維亞科學控制會」、「再生會」等，這些教派注重開發人的潛能，信仰宗教是為了治療身心的疾病。很明顯非主流教派的出現，除了吸收大量的信徒，還導至信仰和實踐體系的思想來源和哲學基礎發生變化。參見奈思比等，《二〇〇〇年大趨勢》（尹萍譯，臺北，天下，

一九九二年），頁二七七～二七八；劉宗坤，《等待上帝，還是等待戈多？——後現代主義與當代宗教》（北京，中國社會，一九九六年），頁二二四～二二七。

②參見林本炫編譯，《宗教與社會變遷》（臺北，巨流，一九九三年），頁一三～一四。

③所謂神秘型，這是相對於對某一超越實體的信仰來說的，特別講究身心冶鍊或修鍊冥想（其實修行所達到的境界，也有超越凡俗性）。參見秦家懿等，《中國宗教與西方神學》（吳華主譯，臺北，聯經，一九九三年），頁一九五～二二二；曾仰如，《宗教哲學》（臺北，商務，一九九三年），頁一五一～一五二。

④所謂超越型，這也是相對於對某一神祕境界的體驗來說的，特別以一絕對性的超越實體為信仰對象（事實上在信仰的過程中，也有一些神祕的體驗）。參見韋伯（M. Weber），《宗教與世界：韋伯選集（II）》（康樂等譯，臺北，遠流，一九九二年），頁一〇三～一五〇；杜普瑞，《人的宗教向度》（傅佩榮譯，臺北，幼獅，一九九六年），頁一一～六〇。

⑤也就是有別於其他層面或其他領域的浮華現象。但這還沒有包括宗教內部的「相互排斥」而自我抵消了對社會可能的「大貢獻」。因此，像「與民間信仰、佛教、猶太教、回教比較起來，基督宗教的世界觀有最圓滿與整全的解釋體系」（見蔡國山，〈什麼是正信的宗教〉，於《曠野》第二期（一九九七年四月），頁三九）、「人文宗教的最高哲學基礎，我想還是華嚴的『互入』和『互即』的哲學」

〔見弗羅門，《心理分析與宗教》（林錦譯，臺北，慧炬，一九九二年），張澄基序，頁九〕、「回教是一個崇尚和平、博愛的宗教……最近有許多對宗教有興趣的人，經研究各宗教後，大多皈依回教，就是因為回教是一個合理、合情、合法的宗教」（見金玉泉，〈回教與生命禮俗〉，靈鷲山般若文教基金會所屬國際佛學研究中心主辦「宗教與生命禮俗學術研討會」論文，一九九四年九月）、「新紀元運動賦予個人的肉體、心智、靈魂全新的視野，甚至包括身體所需營養的新知、生態環境的認識、企業經營的新觀念等」〔見註①所引奈思比等書，頁二九一引懷特（R. White）說〕這類說法如果真的存在，那宗教間的「心結」，就如同世俗人相互猜忌的那般模樣，顯現在表面的自然是一種誇大的救世英雄形象（各宗教難免都會這樣自我標榜），根本無益於社會的改革或世界的發展。

⑥參見註①所引劉宗坤書，頁一七八～二一八。

⑦參見註②所引林本炫編譯書，頁一一。

⑧見註①所引劉宗坤書，頁二五。

⑨大家幾乎普遍感受到宗教在當今社會多半持「短線操作」的態度〔參見周學信，〈解讀新紀元運動思潮〉，於《曠野》第二期（一九九七年四月），頁五二～五八；李亦園，《文化的圖像（下）》（臺北，允晨，一九九二年），頁一一七～一三五；宋光宇，《宗教與社會》（臺北，東大，一九九五年），頁一六五～二一六〕；而短線操作的態度（包括忙亂吸取社會資源和急於求售等），正是為可能「沒

有明天」而無奈採行的，這顯然不是能化解壓力者正常有的作為。

⑩見註②所引林本炫編譯書，頁三九六～三九七。

⑪見懷德海（A. N. Whitehead），《宗教的創生》（蔡坤鴻譯，臺北，桂冠，一九九七年），頁三。

⑫參見韋伯，《宗教社會學》（康樂等譯，臺北，遠流，一九九三年）；莫里斯，《宗教人類學導讀》（張慧端譯，臺北，國立編譯館，一九九六年）；釋聖嚴，《比較宗教學》（臺北，東初，一九九三年）等書。

⑬參見註①所引劉宗坤書，頁二六一～二六五。

⑭如佛教和基督教的對話。以日本佛教為例，它跟西方基督教有過多次的對話交流。據說在彼此衝擊、相互激盪之後，已經造成世界宗教發展的新局面，也讓佛教、基督教雙方傳統各別吸納對方的優點，當作繼續充實本身的外在資源；其中日本佛教所吸納於基督教神學的地方特別多，包括基督教神學所強調的宗教時間性、社會倫理、歷史理念等等。參見傅偉勳，《佛教思想的現代探索——「哲學與宗教」五集》（臺北，東大，一九九五年），頁一七～一八。後面這些說法，也許需要保留（如佛教吸收基督教神學的那些東西可能只是「個案」；而基督教並不太採納佛教的東西，顯見兩造的對話效果有限），但有關小規模的宗教對話，由這裏可見一斑。

⑮參見夏普（E. J. Sharpe），《比較宗教學——一個歷史的考察》（呂大吉等譯，臺北，久大、桂冠，

一九九一年），頁三六三。
⑯同上，頁三四二引拉達克里希南（S. Radhakrishnan）說。
⑰見王岳川等編，《後現代主義文化與美學》（北京，北京大學，一九九三年），頁一六六～一六七。
⑱同上，〈代序〉，頁三八。
⑲見黃伯和，《宗教與自決——臺灣本土宣教初探》（臺北，稻鄉，一九九〇年），頁一九六～一九七。
⑳同上，頁一九七。
㉑見張志剛，《走向神聖——現代宗教學的問題與方法》（北京，人民，一九九五年），頁二二六。
㉒同上，頁二四一。
㉓見林天民，《基督教與現代世界》（臺北，商務，一九九四年），頁四六。
㉔見註㉑所引張志剛書，頁二四七引。
㉕見王志成，《解釋與拯救——宗教多元哲學論》（上海，學林，一九九六年），頁二一～二二。
㉖同上，頁二二。
㉗同上。
㉘希克的宗教多元論還遭到不少的挑戰，諸如「多元論和苦難誰優先」、「尋求真理還是遵循現代生活規則」、「應該朝向後自由神學發展」等輿論議題，都曾經出現過。同上，頁二六〇～二八二。

㉙在歷史信念方面，如佛教徒相信佛陀從印度飛往斯里蘭卡又回到印度；穆斯林（回教徒）相信穆罕默德能在麥加和耶路撒冷之間自由自在地飛行；猶太教徒相信，由於約書亞的要求，日月停止過一天；基督徒相信耶穌死後三日肉體升天等等，這些都記載在各自的經典裏，互不相關。但有些歷史信念，不同宗教有不同的記載，甚至針鋒相對、互不妥協，即使兩種宗教有很深的淵源關係，區別反而更加明顯。如基督徒相信耶穌死在十字架上，而《可蘭經》的教諭卻不同：「他們沒有殺死他，也沒有把他釘死在十字架上⋯⋯他們對這種事，毫無認識，不過根據猜想罷了。他們沒能確實地殺死他。」而阿赫默底亞教派的信徒則相信耶穌在十字架上受難後倖存下來，老死之後葬於喀什米爾。又如《托拉》上記載亞伯拉罕在摩利亞山幾乎已把他的兒子以撒獻祭了，《可蘭經》卻說幾乎被獻祭的不是以撒而是另一個孩子實瑪利。此外，在同一宗教傳統內部也同樣存在歷史信念的差異，如基督徒相信耶穌沒有人性的父親，但也有一些不相信。不少基督徒相信耶穌的復活包括肉身，但是有一些不相信。又如在伊斯蘭教中，先知穆罕默德是否任命阿里為他的繼承人，這是一個一直以來懸而未決的問題，其差異性植根於什葉派和遜尼派的分裂。而在形上學信念方面，如印度傳統相信世界不是被創造的，而是處於自然緣起的進程之中，無始無終，堅持時間的永恆循環，反對線性時間觀念，並且相信再生和化身觀念；而閃族傳統相信世界從虛無中創造出來，有始也有終，不相信再生和化身的觀念。又如印度教相信主在不同時期有不同的化身；而基督教相信上帝道成肉身只是體現在耶穌身上。參見林曦，《希

克》（臺北，生智，一九九七年），頁一八六～一八九。

㉚見孟樊等主編，《後現代學科與理論》（臺北，生智，一九九七年），頁二一五。

㉛見劉康，《對話的喧聲——巴赫汀文化理論述評》（臺北，麥田，一九九五年），頁一四～一六。

㉜見滕守堯，《對話理論》（臺北，揚智，一九九五年），頁二二～二四。

㉝詳見托多洛夫，《批評的批評——教育小說》（王東亮等譯，臺北，久大、桂冠，一九九〇年），頁一八四～一八五。

㉞詳見曼紐什，《懷疑論美學》（古城里譯，臺北，商鼎，一九九二年），頁三六。

㉟有關該對話情況，可參見柏拉圖（Plato），《柏拉圖理想國》（侯健譯，臺北，聯經，一九八九年）及《柏拉圖文藝對話集》（朱光潛選譯，臺北，蒲公英，一九八六年）二書。

㊱詳見蔣原倫等，《歷史描述與邏輯演繹——文學批評文體論》（昆明，雲南人民，一九九四年），頁一九九～二〇五。

㊲見陳麟書，《宗教學基本理論》（成都，四川大學，一九九四年），頁一九九～二〇二。

㊳見張曼濤，《思想·宗教·信仰》（臺北，大乘，一九七九年），頁一一四～一二八。

㊴見孫志文主編，《人與宗教》（臺北，聯經，一九八四年），頁八九。

㊵見註①所引劉宗坤書，頁二六五～二六六。

㊶見連福隆，〈宗教的對話・對話的宗教〉，刊於《曠野》第二期（一九九七年四月），頁二一。

㊷參見周慶華，《佛學新視野》（臺北，東大，一九九七年），頁七〇～七二。

㊸見柯拉柯夫斯基（L. Kolakowski），《宗教：如果沒有上帝……》（楊德友譯，北京，三聯，一九九七年），頁一九九。

㊹如「上帝怎麼既是絕對的存在，又有位格；神的恩典和自然的盲目規律如何共存並且共同構成正義的法則；為什麼自然法則製造出不是為明顯目的服務的如此繁多的惡與痛苦等等」（見註㊸所引柯拉柯夫斯基書，頁二〇四）、「佛教——從積極地反抗儀式、臆測、恩典、神祕，和神的人格化開始，最後又規模宏大地恢復這些原素——是一個具有若干表面矛盾的宗教」〔見史密斯（H. Smith），《人類的宗教——佛學篇》（舒吉譯，臺北，慧炬，一九九一年），頁一二〇〕、「佛教寺院產業因為沒有分遺產這件事，所以資產日積雄厚，可以用作資本龐大的生產事業……矛盾的關係站在這一點上：一個由棄世者組成的團體，竟然變成了資本主義誕生的溫床」〔見黃紹倫編，《中國宗教倫理與現代化》（臺北，商務，一九九二年），頁二四四〕等，這不論是針對超越型宗教而發或針對神祕型宗教（這裏特指佛教）而發，我們都可意會宗教內部不可能沒有問題；而這大都要靠宗教自己去解決，別人無法多所「置喙」（即使置喙，對方也多半聽不進去）。

㊺如「宗教就在彼岸世界為生命尋找新的意義，以慰撫的方式給生命的繼續存在提供勇氣，保持心理上

的平衡。從這點上說，雖是麻醉人的鴉片，供作嗜好者吸食是毒品，用於治療疾病卻是藥劑」（見嚴耀中，《中國宗教與生存哲學》（上海，學林，一九九六年），頁二）、「雖然宗教的本質是人類精神的最高體現，但從歷史的角度來觀察，宗教卻又常常成為壓抑精神的工具」（見註㊶所引連福隆文，頁一七）等，這不論是從正面或反面來批判宗教，宗教也都有必要作點回應，才能讓人對它更有信心。

㊻也許有人會認為「權益分享承諾」似乎轉移了對話所要解決的關係公共事務或人類前途的問題重點。事實不然，問題本來就是要解決，但通常都解決不了（無法或難以付諸行動），主要還是各教派之間的互相猜忌（權益沒有得到合理的分配承諾）所造成的。

第三章　宗教「現代」化的社會福利事業方向

一、一個關懷點

當代宗教藉來吸引信衆以及贏得社會地位的，除了它的教義（在某種程度上可以對治科技文明所帶來的危機和不確定感），還有就是它所從事的社會福利事業①。尤其是後者，使得宗教日益傾向世俗化的改變更添一分「俗化」的質素（這稍爲有別於日漸淡化「神聖性」或淪爲「消費項目」的世俗化作爲②）。宗教俗化的結果，就是它的「影響面」擴大了，而它的聲譽也隨著「水漲船高」，成爲大家不得不矚目的對象。

然而宗教並非生產單位，所須資源全來自社會，一旦經濟力衰退或其他阻礙性因素出現，宗教所從事的社會福利事業立刻會面臨考驗。一般都認爲宗教有參與改造社會的必要性，所謂「宗教共同之貢獻，是帶給人們精神慰藉與臨終關懷；雖分別地，物質生活可藉經濟手段達成，社會生活可藉文化、思想、藝術等中獲得，但唯有臨終關懷、心靈之拯救仍有賴宗教才能達成」③、「人類未來要拯救人心，建立新的理想正義社會，仍然必須依賴宗教的教化與啓迪，而宗教的關懷入世精神，犧牲自我救贖衆生的作法，必能喚醒世人的覺悟與支持。宗教絕對是人類社會的希望，透過宗教入世精神的闡揚努力，興辦社會福利，安定社會人心，未來才有社會正義實踐的可能」④、「地方上有很多亟需待辦的公益、社會服務事業，各宗教組織能在敬神之餘，本著取之於信徒，用之於社會的原則來協助地方建設、興辦慈善公益事業，並推廣文化建設，啓迪民智，一定能夠更加的合於所弘揚之教義，且對社會之和諧安樂有更多貢獻」⑤等等，說的都是同一件事。可是在基本層次上卻又認爲宗教只能隨順社會的變化而變化，所謂「宗教歷來都是適應著社會的經濟、政治和文化的發展而變化的。初民的原始宗教，經過古代和中世紀農牧業文明社會的古典神學宗教，一直到近現代工業文明社會宗教世俗化趨勢發展的變化，宗教的這種基本歷史形態的變化，就是宗教不斷適應社會經濟、政治、文化發展而變化的必然結果」⑥、「面對經濟和科技的高速發展，社會文化水準的提高，擺在各個宗教和宗教團體面前的重要任務是應籌集和花費巨大的人力和財力興辦宗教文教事業，培養能夠適應不斷變化的社會形勢開展傳教活動和給民眾帶來福利的社會事業的人才」⑦等等，說的都是同一件事。這明顯有相互矛盾的地方。也就是宗教假使只能隨順社會的變化而變化，那麼宗教就無力改造社會；反過來說，宗教所以能改造社會，它就不是被社會所牽制。這究竟是那裏出了問題？

我個人認為問題就出在大家把社會福利事業看成是宗教參與社會改造的重要憑藉，而該社會福利事業的資源又全來自社會（宗教並非生產單位），所以才會出現這樣「沒有顯示什麼」的矛盾現象。換句話說，如果社會已經有相關的資源（包括人力、物力和財力），那麼所謂的取它來從事社會福利事業，就是一種「障眼法」（別有企圖在）或「沒有什麼益處的舉動」。而從這一點也可以看出來，倘若宗教執意要走社會福利事業的路線，那麼它永遠只能在社會中「隨波逐流」（一方面依賴著社會，一方面也受社會的趨迫），談不上所謂的「自主性」，也談不上所謂的「發展遠景」。個人實在不願意看到宗教被「誤導」（不論是自導或他導）到這條路上去，在這裏勉為發出幾許諍言，提供一點比較不一樣的構想，希望對宗教和社會都有好處。

二、「現代」化與「現代化」的差異

這得先處理一個本論題中的「現代」化和一般所謂的「現代化」的差異問題。一般所謂的

「現代化」，相當於「工業化」；而工業化是以西方從近代以來環繞著機械論所精心塑造的科技模式爲導向所進行的變革過程（現代化所涉及的是一個社會的經濟、政治、教育、傳統和宗教的持續變革，而它又是相應著科技的發展所進行的。但這是就非西方國家來說的——西方國家從近代以來締造的現代社會規模，早已成爲衆所矚目的標竿，而無所謂現代化的問題——於是有人就給現代化做了這樣的定義：「開發程度較低的社會爲達到與開發程度較高的社會相同的水準，而發生的變革過程」⑧）。它的目的在於締造高度昌盛的物質文明。這雖然已經卓有成效，但相對的也造成能源短缺、環境惡化、生態危機及核子恐怖等後遺症，人類到現在仍然束手無策。而從哲學的角度來看，所謂現代化中的「現代性」，它所預設的「人爲主體」而發展出來的「權力宰制」還在肆無忌憚的繼續擴張中（以集體性的權力宰制來說，過去有帝國主義以軍事的優勢去殖民別人，現在則有文化霸權以經濟、文化的優勢去支配別人⑨），同時它所建構的「表象文化」（一套套相應現實世界的理論體系）早已失去所指而淪爲「假象文化」，還有它所帶動的「工具理性」所促成的統合機制也在快速的瓦解或分化；這一切都在「後現代」思想家的細究下無所遁形⑩，並且讓人意識到「現代性」確是開發到了盡頭而必須另謀出路⑪。

如果縮小範圍，將「現代化」僅限於宗教方面，也有人倡議以「要有一個自力成長的經濟結構」、「要有一個公衆參與的政治體系」、「要有一個流動的社會形態」、「要具有世俗的和科學的思想觀念」和「要具有能夠適應不斷變遷的人格」等五個條件作為宗教現代化所要遵循的模式⑫或分別從借重現代的傳播科技、從事教會組織的重建和傳統教義的革新等途徑嘗試為宗教現代化構設藍圖⑬。這在當代的宗教，也已有全部或局部相應的作為。此外，另有一種以「解放神學」的為主調的現代化，也同時在流行著。它反對基督教傳統教義所示教會的工作僅限於屬靈的層面（世俗層面的事物則留給世俗的權威），而指出歷史是一個統一而不可分割的過程，人類於其中要麼就是達成自我實現，不然就是未能自我實現；正因為歷史是這樣一種統一的過程，所以沒有社會經濟和政治的解放，心靈的救贖是不可能的⑭。本來這也可以看作是一種教義的革新而將它歸入前面所述現代化的行列，但因為它所衝擊的層面遍及社會經濟、政治、文化各領域，不得不另眼相看而單獨提出討論。雖然如此，宗教現代化也跟社會現代化或國家現代化一樣要承擔「自縛手腳」和「不確定未來」等危機；同時它也無助於人世間相互疏離、剝削、壓迫等慘劇的徹底化解（因為人類所以不能和睦相處，關鍵在於「權力」和「利益」的衝突，而有所謂「軍事戰爭」、「經濟戰爭」甚至「宗教戰爭」的發生；倘若解決不了「權力」和「利益」的衝突，人世間也勢必繼續不得安寧）⑮。因此，再談這類的現代化，也就沒有多大意義了。

反觀「現代」化，就大為不同。它是現代或當下進行式的；這種現代或當下進行式，可以超越「現代化」或逆反「現代化」而行（當然它也可能隨「現代化」墮落下去，只是這裏不會考慮這種情況），成爲一種新的典範。從企業的角度來看，人類社會已經歷了幾次的波動：第一波是農業革命，基本上早已結束了；第二波是工業革命的工業化，已遍及全球各地，並持續擴展著；第三波是後工業革命的後工業化，正在現代工業國家裏集結全力前進。而當今在某些「後現代」地區的生活模式，在某些尖端產業和先進企業，甚至一些「前衛人士」的世界觀裏，又隱約地看到第四波的來臨。所謂「『第二波』係根據『物質主義』與人的『優越性』建立起來。根據這個基礎，我們所強調的是競爭、自我保護與消耗，而導至了目前諸如污染、固體廢物處理、犯罪、家庭暴力和國際恐怖主義等問題。『第三波』則表現出對平衡與持久性的日益關切。當第三波展現威力時，我們對存續的問題、生活的尊嚴與合作，會變得更爲敏感。到了『第四波』時，整合所有的生活層面，以及對全體負責，成爲社會的中心焦點。這種對所有活的系統的共同認知，將提升人類和非人類之間的關係和交互作用，並培育出新的方向」⑯，這第四波顯然超越了現代化（第三波）的階段，可能將「全面」影響人類未來的生活。而這裏所說的「現代」化，無疑也包含這種情況在內。不過，這只是企業爲了未來的「發展」所找到的途徑，未必眞正有益人類在地球上長久的生存（因爲它還是沒有把能趨疲（entropy）問題列爲優先考慮的對象，可預見的危機仍不會因而減少。詳後）。因此，就宗教來說，它所能夠或需要的「現代」化作爲，就是設法阻止人類因無知或大意所種下的種種危機。

三、宗教「現代化」的社會福利事業的一些盲點

宗教「現代化」本身，除了爲強化宗教適應現代社會的能耐，還有就是爲擴大影響社會人心的功能。前者已見上面所述，後者則主要顯現在社會福利事業的推動上：「宗教在社會中所完成的最後一個非常重要的功能是，它作爲一種福利機構爲社會提供服務。在十九世紀，宗教羣體建立了孤兒院和聾啞人、盲人、低能兒的學校，收養兒童，爲家庭提供服務以及開辦各種醫院和福利機構等。凱恩斯（E. E. Cairns）指出，各基督教派在推進監獄改革、取消奴隸制、人道主義地處理各種心理疾病、以及在工業革命初期改善工廠工人的勞動條件等方面都發揮了重要的作用。直到今天，許多聯合基金會、包括許多組織的聯合機構，都還保持著前宗教的名稱，或者依然由宗教機構來管理」⑰、「從整個宗教的功能來看，在靜態的方面，它從事的是人類心靈的改造工作；在動態方面，則是宗教組織集合羣衆的力量，對社會所作的一種回饋，這種動態的作爲通常表現在對社會服務的積極參與上，也就是說宗教人士已經從寺廟教會內的清修或禱告等純宗教性活動中走出來，他們基於宗教教義的啓示與犧牲奉獻的精神，來關愛這個社會，因此在選擇對社會衆生的救贖或渡化的神聖使命時，社會服務往往就是他們具體實踐的主要方式」⑱。這種

社會福利事業，往往搭配著教義的宣揚、信徒的招攬和宗教聲望的籲求等動機及作爲，並非純粹爲了「福利衆生」而已。而問題也就出在這裏。

首先，這終將演變成宗教內部不同教派的相互競爭：一方面爭社會資源，一方面爭社會地位。而所爭的社會資源和社會地位又成正比，也就是誰能吸取較多的社會資源，誰就擁有較高的社會地位；倒過來說，誰擁有較高的社會地位，誰就能吸取較多的社會資源。導至宗教內部各教派始終在明爭暗鬥，彼此都不願意「放下身段」來協商合作或進取的方案。這樣一來，社會只是宗教中各教派「相互較勁」的場域，表面所從事的社會福利事業的「善行」，終於抵不過內裏彼此相互爭鬥所帶來的「憂患」。

其次，宗教從事社會福利事業所需的資源全來自社會，它跟政府從事社會福利事業所需的資源也全來自社會是一樣的，以至經常形成「重疊」而雙重浪費的現象。換句話說，整體官僚的設計，原就是要他們從事相關的社會福利事業，現在大家的稅金照繳而官僚卻少做事了（或做了效率不彰），卻讓宗教再度吸取資金（變相的稅收）而部分支付工作人員的費用、部分用來造福社會。顯然原先期待於官僚去做事所付出的金錢「白花」了，又加上多支付了宗教所委託的工作人員的費用，這豈不是財力上的雙重浪費？至於在整個過程中所投入的人力和物力，也跟財力相似都加倍的虛擲了。

再次，宗教所以要從事社會福利事業，在相當程度上是要走「信徒取向」的傳教方式，也就是信徒需要什麼，宗教就提供什麼，讓信徒直接或間接感受到該社會福利事業的可欣賞或溫馨面。可是它卻忽略了信徒所以要贊助宗教（讓它可以從事社會福利事業），大都只是為了宗教所提供的某些「福佑」或「赦罪」的保障，而無法顧及信徒在贊助的過程中是如何的得到他用來贊助的財物，使得宗教所取得的很可能是「不義之財」，而它無意中縱容或暗示信徒可以「不擇手段」的賺取財物以為奉獻，也將無從免除一場信徒奔競於搜尋財物的「惡性循環」劫難。

當越來越多人發現有些教派以「老鼠會」的方式經營它的社會福利事業而飲譽國內外（相對的它也搶走了其他教派的鋒芒），卻無法譴責那些帶頭污染環境、破壞生態而有大筆捐款的企業主；或者只能連帶呼籲或進行廣造樹林或資源回收而不敢力勸相關業界或大家少製造、使用非必須的傢具、紙張以及大量減去非必要的食品（不然就會遭受業界或相關人士的抗議而蒙受「妨礙經濟發展」的罪名）等等⑲，就知道上面所說的不假。還有政府日漸加強「宣導」宗教要對社會負起利生的責任，卻缺乏於檢討本身所該負起的利生工作是否確實，有意轉移目標且無心改善資源重複浪費的企圖也很明顯，這就不需多說了。

從以上這點來看，有人所作的這類論述就顯得過於簡化問題了：「宗教組織興辦社會福利事業，如義診、賑災、救難、濟貧等已有幾千年歷史，其出發點無非在於發揚並實踐行善、助人、服務、奉獻之教義。但是其作爲也同時引發教徒、信衆爲積德、祈福、贖罪、求永生、贊助寺廟教會做善事之回應，相輔相成，得以持續從事公益慈善手工藝品，不斷反哺社會」⑳、「社會捐獻給宗教，宗教或再捐獻給公益團體、或辦教育、社會事業，爲促進社會進步、繁榮之樞紐」㉑。這對於宗教內部各教派的爭鬥、官僚的偷懶和信徒的奔競心等全未涉及，顯然略去了許多環節。

由於有上述一些盲點的存在，以至所衍生的像「大凡正信的宗教，其教義莫不在勸人爲善向上，因此這麼多宗教的教徒或信徒（按：以臺灣爲例，經內政部核准立案或登記有案的宗教團體，主要有佛、道、基督、天主、回、理、一貫道、軒轅、天德、天理、天帝、巴哈伊等教派，教徒或信徒合起來約有一千餘萬人，幾乎每二人中就有一人具有宗教信仰），及寺廟、教會或教堂提供人們心靈淸修及聚會的場所，在當今的社會中確爲一股莫大的淸流，挽回了日趨惡化的社會治安與風氣，紓解了現代人煩躁與苦悶不安的心靈，宗教適時的扮演了潤滑、教化、約束、啓迪、美化人生的各項功能」㉒這類講法，也頗屬「淺見」。畢竟擾亂社會治安和破壞善良風氣的人，幾乎跟宗教信徒是不同類人。前者，宗教通常無力去感化；後者，即使沒有宗教安撫也未必會去作奸犯科。可見宗教「現代化」的社會福利事業以及大家對宗教的看法和期待，都露出了「不切實際」的弊病。

四、宗教「現代」化的社會福利事業的轉機

換個角度來看，宗教「現代化」的社會福利事業要經營得完善，勢必得藉助企業管理或走上企業營運的道路。問題是企業的發展總是循著「精密化」的途徑在前進，不斷地調整企業組織、更新營運策略和強化督導機制㉓，而它所耗費的物質和能源也越來越可觀。雖然這不啻締造了一個昌盛的科技文明，但也把人類日益的推向絕滅的邊緣。

理由就在它漠視了能趨疲法則的警世意義，也就是現代科技固然可以開發出鉅大的能量（由企業體在推動），卻消耗了鉅量的能源（不可逆）；科技文明縱然造就了空前的富裕生活，但也相對的造成了空前的高能趨疲社會。它的危機，正如有人所勾勒出來的這樣：隨著科技引擎的加速化前進，我們的工業社會益形往上升級，而相對的我們的工業產品、製造流程、食品生產、農業耕作、運輸系統、都市結構、軍事裝備、育樂環境、醫療保健，甚至我們的社會構造、政治系統、經濟模式等等，也益趨於精密和複雜。在這種高度複雜化的工業社會環境裏，人類生活必須仰賴輸入大量的物質和能源，才得以維持下去；一旦社會的質能基礎發生動搖、質能的供應後勁不繼時，整個社會生活便會出現混亂、甚至癱瘓㉔。因此，我們實在沒有足夠的理由可以為自己

正在進入一個被某些人不停聲稱的「數位革命」時代而慶幸：「（當今）『資訊處理』不再只和電腦有關，而和我們的生活息息相關。巨大的中央電腦——所謂的『大型主機』，幾乎在全球各地，都向個人電腦俯首稱臣。電腦離開了有空調的大房間，進駐書房、辦公桌，甚至跑到我們的膝上和口袋中。但是，電腦的發展並不是到此為止。未來，你可以用袖扣和耳環，透過環繞地球軌道的人造衛星，與其他人溝通，威力甚至遠勝過你目前的個人電腦。你的電話不再來者不拒，而會像一位訓練有素的英國管家一樣，接收、區分、甚至回覆來電。大衆傳播媒介的定義將會改寫，搖身一變為傳送和接收個人資訊和娛樂的系統。學校則變得更像博物館和遊樂場，能讓世界各地的孩童相互交流，集思廣益。可以說，數位科技把地球縮成只有一丁點大。我們經由電腦網路相互連結時，大大小小電子社羣的價值觀將會凌駕於國家的價值觀之上。在電子社交圈中，物理空間的大小無關緊要，時間所扮演的角色也不同於以往。二十年後，當你注視窗口外，你所見到的可能是距離五千英里和六個時區之外的景象。你或許看了一小時電視，節目內容卻是在一秒鐘內送達你的家中。當你閱讀有關南美洲巴塔哥尼亞（Patagonia）的資料時，同時也體會到身歷其境的感官經驗。你一邊欣賞巴克利（W. Buckley）的作品，作者可能一邊和你直接對話」㉕。先不要說人類是不是願意只活在這種電子社羣中，也不要說充分運用這種先進的傳播技術後資訊大量增加而轉變成能量的鉅量耗用（隨之而來的就是混亂的升高，愈趨集中化和專能化，以及伴隨著能趨疲加速化而來的種種「負成長」特徵），就說在地球這一封閉系統中還有多少物質和能源可以用來維持這樣高度資訊化的社會的運作？恐怕沒有人敢絕對樂觀的看待這件事。以至所謂的「數位革命」時代，對人類來說，就是一個烏托邦理想和無數潛在夢魘的結合。

同樣的，前面所提及有人所預期的企業第四波革命，依然有它明顯的難題在。因爲它所指引的只限於「具有遠見的企業人士目前已經了解，環境挑戰的長久性質，將使全球企業的方向重新定位，而使我們捨棄會造成嚴重污染或消耗有限資源的工業。取代它們的將是以『生態智慧』爲基礎的『四個R』：『再整修』（repair）、『再調整』（recondition）、『再使用』（reuse）以及『再製造』（recycle）。可以預見的是，以『四個R』爲基礎的工業將會大爲興盛。舉例來說，我們將可看到未來二十一世紀，企業界將致力於污染控制、再製造與資源替代、能源效率，以及適合生態的能量供應。這些工業（按：包括資訊技術和生物技術），已被稱爲『日升七大新興工業』。所有這些工業都具有明顯的『創造財富』潛力：它們具有長期的『生存力』；它們符合生態學的自然定律；而且它們更適合耐久的經濟制度，而這些將使我們邁入『第四波』世界」㉖。這雖然能顧及生態環境，可說是個好現象，但它仍植基於「利用厚生」的前提（轉利用替代性質能或再利用舊有質能的耗餘部分），對於減緩地球趨於死寂（能趨疲達到臨界點）並沒有實質的貢獻㉗。要使地球免於快速趨向死寂的唯一「有效」的辦法，就是降低再降低對物質和能源的利用。而所有企業在「永續生存」的優先前提下，是不可能期待它們不繼續耗用物質和能源的；以至現代企業所走的就是一條「不歸路」。

在這種情況下，宗教還要仿效企業經營去從事社會福利事業，豈不是自尋短路而對人類沒有實質或長久的好處？不過，危機的另一面，也就是轉機。宗教值此混亂而不確定的時代，其實可以扮演更像中流砥柱的角色，朝如何減緩人類走向絕滅的邊緣方面去貢獻良策，這才是眞正的或可稱道的福利衆生的事業。因此，所謂的宗教「現代」化的社會福利事業的轉機，也就在這一點的明確把握上。

五、宗教「現代」化的社會福利事業的方向

大體上，個人相信宗教仍是人類不可或缺的生命歸趨所在。即使在「無神論」瀰漫的後現代社會，宗教依然不會退卻失勢。它正如有人考察到的這樣：「在後現代的社會中，現代社會的神話（按：包括發展、進步、理性等）失去了合理的地位。現代社會的神話正是世俗化的根源。這些根源使得宗教失去了合理性。在後現代社會中不再有集體信仰；不再有任何的價值是大多數人所共同分享的社會共識。在後現代社會的特徵是一切都是片斷拼湊的，缺乏共同價值，社會脫序

與社會病態叢生。由於後現代社會缺乏集體生活的基礎，因此『大衆無神論』成爲後現代的特徵。在現代化的社會中，傳統的宗教信仰被『進步』的信念所替代。而後現代社會去除了『進步』的意識形態，卻未提供替代品。因此，由於現代化興盛期所產生的無神論，成爲現代性衰退時的更嚴重的問題。正如同現代化社會中的宗教現象，學者們持正、反兩面的看法。同樣的，後現代社會的宗教現象，學者們也抱持二種心情。反世俗是在宗教領域中，表達出一種對現代意識形態的反建構的廣泛傾向。反世俗化造成傳統社會與現代社會之間的一個新的連接。現代性的社會分化造成的各種社會體系，在後現代社會中又有一種新的聯繫的機會。由於現代性的太過於分化的情形，到了後現代產生了一種反制的力量，將社會體系再連結在一起，對傳統價值產生了一種平衡的再建構的現象。在後現代社會中整個巨觀社會有反分化的傾向，同時也有一種不尋常的回到宗教傳統的反世俗化的傾向。宗教再被提出來，當作社會資源的供給者，或當作社會文化的負載者，或當作現代性所無法否定的價值的維護者。宗教似乎又成爲一個人類社會存在的重要因素」㉘。宗教的必要存在性，無疑的將延續到未來的每一個時代。

此外，個人也相信宗教的正常功能的發揮，有助於社會正義的形成。而這種由宗教的力量介入所帶動的社會正義，勢必也會比所謂的「直覺主義的社會正義」、「功利主義的社會正義」、「自由主義的社會正義」、「共產主義的社會正義」、「平等改革主義的社會正義」等㉙更爲可靠；因爲「社會正義是追求一種和諧的、幸福的生活方式，不論強調自由原則或是平等原則，均無法帶給人類的幸福生活希望，因此結合了（宗教的）愛與力量的正義目標，才是人類未來的眞正希望」㉚。

這麼一來，宗教的福利衆生（淑世），也就不可避免的要成爲大家繼續期待的事。而盱衡現實情境，宗教似乎只有改走超越現代化或逆反現代化的道路，對宗教本身和人類社會才有實質上的益處。它的較爲具體的方向，諸如裁撤本身所多攬的人力、物力和財力，走向精簡化的途徑，以免及早看到「日暮窮途」；又如設立不費資源的諮詢機構，協助各行各業精簡人事、合併同類型企業或汰除非必須的企業等。這樣不增加社會負擔（指節用自己得自社會的資源），又能幫助各行各業籌畫減少耗用資源的策略，才是值得稱讚的福利衆生的作法。至於目前所介入的慈善、教育、醫療、文化等社會福利事業，不妨一起督促政府落實來執行，以免重複浪費社會資源及給政府有卸責逃避的藉口。

註釋

①參見劉宗坤，《等待上帝，還是等待戈多？——後現代主義與當代宗教》（北京，中國社會，一九九〇年）；林本炫編譯，《宗教與社會變遷》（臺北，巨流，一九九三年）；宋光宇，《宗教與社會》（臺北，東大，一九九五年）；瞿海源，《臺灣宗教變遷的社會政治分析》（臺北：桂冠，一九九七年）等書。

②有關宗教世俗化的情況，可參見約翰斯通，《社會中的宗教》（尹今黎等譯，成都，四川人民，一九九一年），頁四一一～四一八；史美舍，《社會學》（陳光中等譯，臺北，桂冠，一九九一年），頁五〇九～五一一；周慶華，《佛學新視野》（臺北，東大，一九九七年），頁二〇六～二〇七。

③見李志夫，〈現代臺灣宗教與社會變遷之四果關係〉，佛光大學宗教文化研究中心等主辦「第一屆宗教文化國際學術會議」論文（一九九六年一月）。

④見巨克毅，〈論宗教的入世精神與社會正義〉，佛光大學宗教文化研究中心等主辦「第一屆宗教文化國際學術會議」論文（一九九六年一月）。

⑤見內政部編，《宗教論述專輯㈡：社會教化篇》（臺北，內政部，一九九五年），頁三四一。

⑥見陳麟書，〈現代宗教世俗化趨勢的革新意義〉，佛光大學宗教文化研究中心等主辦「第一屆宗教文

化國際學術會議」論文（一九九六年一月）。

⑦見楊曾文，〈當代宗教面臨的課題〉，佛光大學宗教文化研究中心等主辦「第一屆宗教文化國際學術會議」論文（一九九六年一月）。

⑧見註②所引史美舍書，頁六四八。有關現代化的來龍去脈，另參見陳秉璋等，《邁向現代化》（臺北，桂冠，一九八八年）；金耀基等，《中國現代化的歷程》（臺北，時報，一九九〇年）；黃紹倫編，《中國宗教倫理與現代化》（臺北，商務，一九九二年）等書。

⑨參見波寇克（R. Bocock），《文化霸權》（田心喻譯，臺北，遠流，一九九一年）；湯林森（J. Tomlinson），《文化帝國主義》（馮建三譯，臺北，時報，一九九四年）二書。

⑩參見沈清松，〈從現代到後現代〉，刊於《哲學雜誌》第四期（一九九三年四月），頁四～二四；王岳川，《後現代主義文化研究》（臺北，淑馨，一九九三年），頁一四四～一七二。

⑪參見註②所引周慶華書，頁二一～三七。

⑫見楊惠南，《當代學人談佛教》（臺北，東大，一九九〇年），頁二三～三一。

⑬見塞爾（E. Cell），《宗教與當代西方文化》（衣俊卿譯，臺北，桂冠，一九九五年）；王志成，《解釋與拯救——宗教多元哲學論》（上海，學林，一九九六年）；湯一介主編，《中國宗教：過去與現在》（臺北，淑馨，一九九四年）等書。

⑭参見武金正，《解放神學——脈絡中的詮釋》（臺北，光啟，一九九三年）一書。

⑮参見註②所引周慶華書，頁一九七～二一六。

⑯見梅納德（H. B. Maynard, Jr.）等，《第四波——二十一世紀企業大趨勢》（蔡伸章譯，臺北，牛頓，一九九四年），作者序二二～二三。

⑰見註②所引約翰斯通書，頁四一〇～四一一。

⑱見註⑤所引內政部編書，頁三四二。

⑲参見註⑤所引內政部編書，頁五七～七七；楊惠南，〈當代臺灣佛教環保理念的省思——以「預約人間淨土」和「心靈環保」為例〉，佛光大學籌備處主辦「佛教現代化學術研討會」論文（一九九四年十月）；林朝成，〈生態公道與宗教實踐——以佛教森林保育思想為核心的探討〉，佛光大學宗教文化研究中心等主辦「第一屆宗教文化國際學術會議」論文（一九九六年一月）等。

⑳見註⑤所引內政部編書，頁三四三。

㉑見註③所引李志夫文。

㉒見註⑤所引內政部編書，頁三三七。

㉓参見托佛勒（A. Toffler），《新企業報告》（潘祖銘譯，臺北，時報，一九九四年）；聖吉（P. Senge）等，《領導大未來》（王秀華譯，臺北，洪建全基金會，一九九六年）；韓默（M. Hammer）

等，《改造企業II——確保改造成功的指導原則》（林彩華譯，臺北，牛頓，一九九六年）；塔辛曼（M. L. Tushman）等，《勇於創新——組織的改造與重生》（周旭華譯，臺北，天下，一九九八年）；苗豐強，《雙贏策略——苗豐強策略聯盟的故事》（臺北，天下，一九九七年）；黃衡等，《創意經營》（臺北，新雨，一九九八年）；譚安傑，《中國企業新體制——督導機制與企業現代化》（香港，商務，一九九八年）；天下文化出版公司等編，《新競爭時代的經營策略》（臺北，天下，一九九六年）等書。

㉔詳見雷夫金，《能趨疲：新世界觀——二十一世紀人類文明的新曙光》（蔡伸章譯，臺北，志文，一九八八年）一書。

㉕見尼葛洛龐帝（N. Negroponte），《數位革命》（齊若蘭譯，臺北，天下，一九九八年），頁五～六。

㉖見註⑯所引梅納德等書，頁一四八。

㉗參見註②所引周慶華書，頁三九～五九。

㉘見吳寧遠，〈由批判理論早期宗教思想來解釋臺灣幾個現象〉，佛光大學宗教文化研究中心等主辦「第一屆宗教文化國際學術會議」論文（一九九六年一月）。

㉙見註④所引巨克毅文。

㉚同上。

分論篇

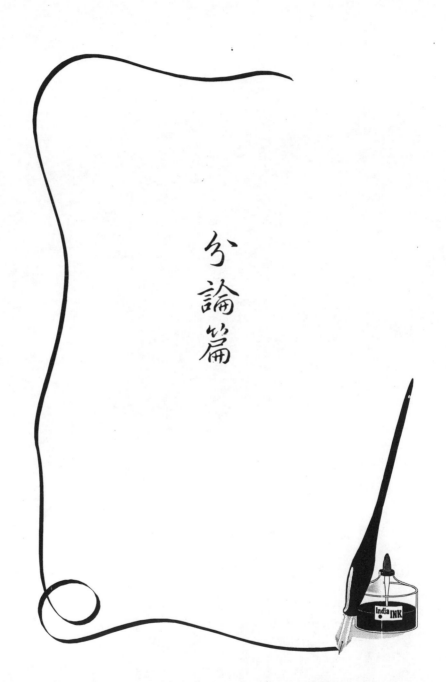

第四章　道教的反支配論述及其啓示

一、論題緣起

道教曾經爲世人鋪陳出一個於道爲高的神仙境界①。而這個境界是可以力致的：「若夫仙人，以藥物養身，以術數延命，使內疾不生，外患不入，雖久視不死，而舊身不改。苟有其道，無以爲難也。」（《抱朴子・論仙》）「仙人者，或竦身入雲，無翅而飛；或駕龍乘雲，上造天階；或化爲鳥獸，遊浮青雲；或潛行江海，翱翔名山；或食元氣；或茹芝草；或出入人間而人不識；或隱其身而莫之見。」（《神仙傳・彭祖傳》）這眞是曠古所未有。

所以說曠古所未有，是因爲以前人最多只說神仙的存在②，或說人死精氣（魂）變成神靈③，不像道教暢言人活著也可以成為神仙。這直把人肉體為天生所註定的「耗能結構」（由「能趨疲法則」所支配）④，轉換成「非耗能結構」，而且還更勝一著（能變化飛昇），從而改變了人有命限的論述形態。這一改變，可想而知會遭到怎樣的批評。《隋書．經籍志》說：「金丹玉液長生之事，歷代糜費，不可勝紀，竟無效焉。」《無仙子刪正黃庭經》說：「自古有道無仙，而後世之人知有道而不得其道，不知無仙而妄學仙，此我之所哀也。道者，自然之道也。生而必死，亦自然之理也。以自然之道養自然之生，不自戕賊夭閼而盡其天年，此自古聖智之所同也。」（《文獻通考．經籍考》引）方維甸〈校刊抱朴子內篇序〉說：「道家宗旨，清淨沖虛而已。其弊或流為權謀，或流為放誕，無所謂金丹仙藥、黃白玄素、吐納導引、禁咒符籙之術也。」這些都直接從神仙說荒誕不經（無從驗證）處加以批判⑤。至如有人從影響面批評神仙說助長了迷信風氣，或成為有心人藉以馭使（支配）他人的媒介⑥，這種種論調也是合該備有的。

不錯，人能變成神仙這個假定，很難禁得起事實的考驗，尤其在經過科學洗禮的現代人這裏，更不可能重複前人的方術（或代以其他技術）再作起長生的美夢。然而，這並不代表道教的說法就是「荒唐」的或「非理性」的。因為從各自的立場來看別人的說法，都難免會看出某些「荒唐」或「非理性」的成分，不能獨獨責怪道教。倒是道教辛苦建立起來的這個神仙世界，形成了一個反支配論述，隱含著甚多有啓發性的訊息，值得我們進一步去正視它。如果說道教的神仙思想對現代人（除了宗教信仰）還有意義的話，應該就在它所成就的這個反支配論述上。底下就來看看這個論述的性質和功能，以及給予現代人什麼樣的啓示。

二、道教反支配論述的概況

在討論道教的反支配論述前，不妨先爲反支配論述作個界定。一般所說的論述，約有三種形態：一是「事實式」的論述（或「描述」的論述），以實證的方法，將感官所吸收到的資料，加以歸納、演繹而成；二是「意識形態」的論述（或「規範」的論述），將現象加以研究、分析、歸納，然後成立「規矩」，以便作爲行爲的型範；三是「神話式」的論述（或「評價」的論述），併集個人、團體意識及潛意識的希望而組構成⑦。在三種論述形態中，原只有「意識形態」的論述，會被當作支配論述來行使，但事實上其他兩種論述也經常以支配的姿態出現。因爲「事實式」的論述表面上是純粹的指陳、述說現象，實際上卻暗含論述者想藉論述導至行動、踐履的動機和立場；而「神話式」的論述也有論述者要藉它滿足想像、影響行爲及作爲公共理想的企圖。因此，當我們要判斷一個支配論述是否能成立時，就只看他具不具有「正當性」⑧，而不再管它是那一種形態的論述。至於所謂支配論述的「支配」一詞，這裏暫時定義爲「一羣人會服從某些特定的

（或所有的）規範的可能性」⑨。而反支配論述，就是反對（抗拒）已成規範人心或行為的論述。

那麼道教所反對的支配論述是什麼？我們知道儒家（或常道）不信神仙，而道家（特指老莊）尙玄虛和齊生死，道教對它們都有所不滿。「淺識之徒，拘俗守常，咸曰世間不見仙人，便云天下必無此事。夫目之所曾見，當何足言哉？天地之間，無外之大，其中殊奇，豈遽有限？詣老戴天而無知其上，終身履地而莫識其下，形骸己所自有也，而莫知其心志之所以然焉；壽命在我者也，而莫知其脩短之能至焉；況乎神仙之遠理，道德之幽玄？仗其短淺之耳目，以斷微妙之有無，豈不悲哉！」（《抱朴子．論仙》）「又五千文雖出老子，然皆泛論較略耳……至於文子、莊子、關令尹喜之徒，其屬文筆，雖祖述黃老，憲章玄虛，但演其大旨，永無至言。或復齊死生，謂無異以存活為徭役，以殂歿為休息。其去神仙，已千億里矣，豈足耽玩哉？」（同上，〈釋滯〉）葛洪這兩段話，可說道出了道教一向不屑的立場。但這並不構成道教反支配論述相對的那個論述。原因就在道教所述神仙的能耐，相對的是常人的能耐，而不是儒道兩家的信仰；何況儒道兩家的論述是否已能支配人心，也還是個問題呢⑩！可見儒道兩家的論述，不可能是道教反支配論述相對的那個論述（至於儒道兩家的意見深為道教所不滿，那也只能說對方看著「礙眼」，必須擺脫才好言說，而跟整個反支配論述沒有關係）。

此外，有些「捨世」的論調⑪，在道教看來也是過猶不及，不值得提倡。「古之得仙者，或身生羽翼，變化飛行，失人之本，更受異形，有似雀之爲蛤，雉之爲蜃，非人道也。人道當食甘旨，服輕煖，通陰陽，處官秩，耳目聰明，骨節堅強，顏色悅懌，老而不衰，延年久視，出處任意，寒溫風濕不能傷，鬼神衆精不能犯，五兵百毒不能中，憂喜毀譽不爲累，乃爲貴耳。若委棄妻子，獨處山澤，邈然斷絕人理，塊然與木石爲鄰，不足多也。」（《抱朴子・對俗》）但這只是擔心變形昇天後要在天上補列仙官，再度受到拘束，而不復人間常樂⑫，也夠不上道教反支配論述相對的那個論述。要了解道教反支配論述相對的那個論述，還得從道教論述的反面來想。

大略可以這樣說，道教所期求的不論是「久視不死」「不憂內疾外患」或更進一層能「變化飛昇」「役使鬼物」，都不是常人所能辦到（只有他們所描述的神仙才能），而他們卻相信有方術可以改變這個事實，使人臻至神仙的境地。這就透露了眞正束縛人的是肉體（包含內疾）和環境（包含法制、道德和外患），而不是某一特定的觀念或命令。這個命限和境限本是人老早就意識到而無法抗拒的支配力，它儼然以一種「意識形態」存在人的腦海（其他生物不一定會有這樣的念頭）。現在道教就以它爲既定的支配論述，而試圖加以抗拒，建構了一個反支配論述。如果要說道教有什麼特殊，這個反支配論述正是。因爲從來沒有一家有過類似或相同的論述（如孔孟的「盡人事以聽天命」、楊朱的「不違自然所好」、老莊的「和光同塵」「委心任運」等，都是在「因應」命限和境限，而不是在「超越」命限和境限），道教在這裏自然顯得異幟獨樹了。

三、道教反支配論述的邏輯基礎

換個角度來看，道教所反對的這個論述，也正是大家所要抗拒的，只是大家多視它為不可改變的「事實式」的論述（實際上它已經變成「意識形態」的論述），而「安然」（以為命定）的接受它的支配；或再以一套「意識形態」的論述，來因應該支配論述，並且取得「妥協」（如前引儒道等家的論述就是）。這樣一來，人有種種限定的論述，就天經地義的範圍（支配）著人的思維和行動，而日久大家竟然也就淡忘了。直到道教出現，打破了這個論述，而聲稱人將不再有天生的種種限定，才又凸顯原先論述的可議性：我們為什麼要受它的支配？

道教以抗拒的姿態，橫掃古來加在人身上的各種「限制」。它所採取的論述策略，在一般人看來不外是「神話式」的或「意識形態」的，但在他們自己眼裏它毋寧是「事實式」的。這一點，底下會逐步加以證成。現在重要的是先展列道教所陳述的一些神仙事蹟，以便後面的談論。而在眾多可選擇的實例中，個人以為葛洪的《神仙傳》，幾乎備列了各種形態的神仙（再不然它至少也是道教反支配論述最初有力的佐證），很可採為支持這裏的證說，姑且就以它為討論的中心。《神仙傳》所載神仙的本領各有不同，但都超越常人所能。這裏不能遍舉，僅提出幾個比較特殊的例子：

△彭祖者……殷末已七百六十七歲而不衰老。少好恬靜，不卹世務，不營名譽，不飾車服，唯以養生治身爲事……少周遊，時還獨行，人莫知其所詣，伺候竟不見也。有車馬而常不乘。或數百日或數十日不持資糧，還家則衣食與人無異……（〈彭祖傳〉）。

△伯山甫者……入華山中精思服食，時時歸鄉里省親，如此二百年不老。到人家即數人先世以來善惡功過，有如目見。又知方來吉凶，言無不效……（〈伯山甫傳〉）。

△李仲甫者……少學道於王君，服水丹有效。兼行遁甲，能步訣隱形。年百餘歲轉少。初隱百日一年復見形，後遂長隱，但聞其聲。與人對語飲食如常，但不可見……（〈李仲甫傳〉）。

△漢淮南王劉安者……獨折節下士，篤好儒學，兼占候方術，養士數千人，皆天下俊士……乃天下道書及方術之士，不遠千里，卑辭重幣請致之。於是乃有八公詣門，皆鬚眉皓白……告王曰：「余雖復淺識，備爲先學。聞王好士，故來相從，未審王意有何所欲？吾一人能坐致風雨，立起雲霧，畫地爲江河，撮土爲山嶽；一人能崩高山，塞深泉，收束虎豹，召致蛟龍，使役鬼神；一人能分形易貌，坐存立亡，隱蔽六軍，白日爲暝；一人能乘雲步虛，

越海凌波，出入無間，呼吸千里；一人能入火不灼，入水不濡，刃射不中，冬凍不寒，夏曝不汗；一人能千變萬化，恣意所爲，禽獸草木，萬物立成，移山駐流，行宮易室；一人能煎泥成金，凝鉛爲銀，水鍊八石，飛騰流珠，乘雲駕龍，浮於太清之上。在王所欲。」安乃日夕朝拜，供進酒脯，各試其向所言，千變萬化，種種異術，無有不效……（〈劉安傳〉）。

△介象者……善度世禁氣之術。能於茅草燃火煮雞而不焦，令一里內人家炊不熟，雞犬三日不鳴不吠，令一市人皆坐不能起，隱形變化爲草木鳥獸……（〈介象傳〉）。

△黃盧子，姓葛名越。甚能治病，千里寄姓名與治之，皆愈，不必見病人身也。善氣禁之道，禁虎狼百蟲皆不得動，飛鳥不得去，水爲逆流一里。年二百八十歲，力舉千鈞，行及走馬，頭上常有五色氣高丈餘。天下大旱時，能到淵中召龍出，催促便升天，使作雨，數數如此。一旦與親故別，乘龍而去，遂不復還（〈葛越傳〉）。

這些神仙事蹟，與其簡單的說是道教神祕思想的徵象或流衍⑬，不如說是道教實際論述不可或缺的例證。理由在以往的神仙並非人力所能倖至，而這些神仙卻都經過一番學道過程，徹底改變了「神仙無有」或「神仙不可學」的論述。因此，這些神仙事蹟不論是敍述者無意的心理反映⑭，或是敍述者有意的幻想虛構⑮，我們都不能忽視它在道教論述中所佔的「標竿」地位。從此道教可以更方便的施展它的反支配策略。

如果個人的觀察沒錯，道教這個策略特別著重客觀的論證，使所作論述能被歷史化、納入適當的脈絡，儼然是不容置疑的事實。換句話說，道教在作的是一個「事實式」的論述。它以「現有」的神仙爲榜樣，反覆道出神仙可學及進程的一套說詞。現在就依個人所想到可能的理路，來鋪敍一段道教的論證概況：

首先，使道教以爲神仙可致的主要原因是：活著（生）的價值高於一切。所謂「生，道之別體也。」（《老子想爾注》）「長生之道，道之至也。」（《抱朴子・黃白》）「人死者乃盡滅，盡成灰土，將不復見。今人居天地之間，從天地開闢以來，人人各一生，不得再生也。自有名字爲人，人者乃中和萬物之長也，而尊且貴，與天地相似。今一死，乃終古窮天畢地，不得復見爲人也，不復起行也。」（《太平經・冤流災求奇方訣》）都充分表示活著是最可貴的。在這個前提下，凡有妨礙長生的東西，都該戒絕。所謂「但恨不能絕聲色，專心以學長生之道耳。」（《抱朴子・論仙》）「求長生修至道，訣在於志，不在於富貴也。苟非其人，則高位厚貨，乃所以爲重累耳。何者？學仙之法，欲得恬愉澹泊，滌除嗜欲，內視反聽，尸居無心……。」（同上）也都舉出必須戒絕的對象（聲色、富貴）⑯。當然，在人得以長生後，要昇天備列仙官，或要恆留人間享樂，就可各從所好了⑰。這一切都在活著是最高價值的條件限制下發生；如果活著不是最高價值，那道教宣稱神仙可致，也就沒有什麼特殊意義了（大家不一定會想追求神仙）。

其次，使道教以為神仙可致的邏輯基礎是：人為道所化生，道長在不滅，人也可以不死；同時人還有體道合道的智能，轉使生命久存於天地間。所謂「道起於一，其貴無偶，各居一處，以象天地人，故曰三一也。天得一以清，地得一以寧，人得一以生，神得一以靈。」（《抱朴子・地眞》）「道之生人，本皆精氣也，皆有神也，假相名為人。愚人不知還全其神氣，故失道也。能還反其神氣，即終其天年。」（《太平經・分別形容邪自消清身行法》）說的正是人稟道而生，具有不死的「潛能」。所謂「道者，虛無之至眞也。術者，變化之玄伎也。道無形，因術以濟人；人有靈，因修而會道。」（《雲笈七籤・祕要訣法・序事》）「陶冶造化，莫靈於人。故達其淺者，則能役用萬物；得其深者，則能長生久視。知上藥之延年，故服其藥以求仙；知龜鶴之遐壽，故效其引以增年。」（《抱朴子・對俗》）說的也正是人能契會至道而得仙壽。只是人有不死潛能而不盡不死，人能契會至道而不盡都得仙壽，這種「差異」（或矛盾）又是怎麼造成的？這點道教也有說明，如「眞人問曰：『凡人何故數有病乎？』神人答曰：『故肝神去出遊不時還，目無明也；心神去不在，其脣青白也；肺神去不在，其鼻不通也；腎神去不在，其耳聾也；脾神去不在，令人口不知甘也；頭神去不在，令人晦冥也；腦神去不在，令人腹中央甚不調，無所能化也；四肢神去，令人不能自移也。夫神精，其性常居空閑之處也，不居汚濁之處也。欲思還神，皆當齋戒香室中，百病消亡。不齋不戒，精神不肯還反人也，皆上天共訴人也。所以人病積多，死者不絕。」（《三洞珠囊》引《太平經》卷三十三）「人生本有定命……苟不受神仙之命，則必無好仙之心。未有心不好之而求其事者也；未有不求而得之者也。」（《抱朴子・辨問》）這是說人身中諸神出遊不還或生來沒有「仙命」，以至雖有不死潛能而不盡不死。又如「欲求仙者，要當以忠孝和順仁信爲本。若德行不修，而但務方術，皆不得長生也。行惡事，大者司命奪紀，小過奪算。隨所輕重，故所奪有多少也。凡人之受命得壽，自有本數。數本多者，則紀算難盡而遲死；若所稟本少而所犯者多，則紀算速盡而早死。」（同上，〈對俗〉）「（《丹經》曰）上士得道，昇爲天官；中士得道，棲集崑崙；下士得道，長生世間。民愚不信，謂爲虛言，從朝至暮，但作求死之事，了不求生，而天豈能強生之乎？」（同上，〈金丹〉）這是說人不修德行或不信長生，以至雖有智能（不知契會至道）而不盡都得仙壽。這些合而奠立了道教論述的邏輯基礎。

再次，使道教以爲神仙可致的具體例證是：累世盛傳有人得道成仙，經典所載及師眞所授更有成仙的途徑，甚至轉述者的親身所見實人實事。第一部分，在葛洪《神仙傳》中已經可以窺見一斑（另有劉向《列仙傳》、沈汾《續仙傳》、杜光庭《墉城集仙錄》、曾慥《集仙傳》等，可以併觀）。第二部分，所有道教典籍凡是涉及服食、鍊養、符籙、科敎等事，多少都能看出成仙的一些必要條件和可行的方案。第三部分，從某些含有「自傳」成分的道書（如葛洪《抱朴子》內篇、陶弘景《眞誥》、周子良《冥通記》、韓若雲《韓仙傳》、杜光庭《道敎靈驗記》等）內，也不難發現實際的案例，這裏就舉葛洪的「自敍」來看：「昔者幸遇明師鄭君，但恨弟子不慧，不足以鑽至堅，極彌高耳。於是雖充門人之灑掃，既才識短淺，又年尙少壯，意思不專，俗情未盡，不能大有所得，以爲巨恨耳。鄭君時年出八十，先髮鬢斑白，數年間又黑，顏色豐悅，能引強弩，射百步。步行日數百里，飲酒二斗不醉。每上山，體力輕便，登危越險，年少追之，多所不及。飲食與凡人不異，不見其絕穀。余問先隨之弟子黃章，言鄭君嘗從豫章還，於掘溝浦中，連値大風，又聞前多劫賊，同侶攀留，鄭君以須後伴。人人皆以糧少，鄭君推米以衈諸人，己不復食。五十日亦不飢，又不見其所施爲，不知以何事也。火下細書，過少年人。性解音律，善鼓琴閑坐，侍坐數人，口答諮問，言不輟響而耳並聽聽。左右操絃者，敎遣長短，無毫釐差過也。」（《抱朴子・遐覽》）類似這樣的例子越多，應該越有助於道敎論述所產生的說服力。不過，就論證所需的前提來說，有第一、第二部分就夠了（至於第一、第二部分誰先誰後，那就不關緊要了），第三部分（形同第一部分）可以不必提出。

根據以上所述，可以歸結道敎的推論形式如下：如果人有長生（成仙）的潛能和長生（成仙）的途徑，那麼人就可以採取行動去追求長生。從理論面來看，人爲道（精氣）所化生，理當跟道一樣永不絕滅；而從實際面來看，已經有人透過某些途徑得道成仙。所以我們也可以積極仿效而獲致長生。很明顯道教所構作的論述是「事實式」的；而它就以這個「事實式」的論述，去破解傳統人有種種限制的那個「事實式」的論述（在被利用時，其實已經變成「意識形態」的論述），從而取消對方所擁有的支配性。

雖然如此，道教還預設了長生是最可寶貴的（人應該追求長生），不免使它的論述又具有規範的效力；同時它所描繪的長生景象（免去世俗所受的各種限制，並有超強的能力），也很容易讓人把它跟「神話」聯想在一起。因此，道教的反支配論述，最終不得不是「神話式」的或「意識形態」的。這樣的論述，到底有沒有問題（或能不能成立），以及在抗拒支配上的效果如何，都是我們所要繼續考察的。

四、反支配論述的遠景在追求正當性

前面分析道教的論述，只是爲了知道該論述的性質，以及它所要「對治」的對象的一般情況，還沒有探討該論述可能發揮的功能問題。從該論述相對的論述來看，長期被多數人視爲一種「規範」而遵守（信仰）著，它所具有的支配「正當性」是不容懷疑的；但道教所提出的反支配論述，是否也能獲得同樣的「正當性」，轉而取代對方成為新的支配論述（任何反支配論述幾乎都會有這樣的企圖）？這就要看它能否給予原支配論述「致命」的威脅來決定。換句話說，它所能發揮使人信服的功能的多寡，將是它可否成為新的支配論述的最佳判準⑱。而這一點，我們無法經由某些（調查、統計）實證方法去觀察，只有從論述本身的合理與否來推斷。

大體上，道教以「世人未見神仙，並不代表神仙不存在」反駁俗見，是可以成立的；而以長生為最高價值（其餘可在這最高價值下列級），也沒有什麼好爭議的。但它所說的成仙條件和成仙途徑，卻有不少的疑點。如它認為人能否成仙，要看他個人的稟命（包含壽夭、智愚）和德行（包含得不得法）；前者寓含了先天有一種人不得長生（這跟它所說人為道化生而具有長生潛能相違背），後者寓含了後天有一種人不得長生。那誰才是有命（先天得以長生）、有德（後天可以長生）而得以成仙，就很難說了（這裏排除有命無德和有德無命兩種情況）。如果並世找不出一個長生的人，是否可以說並世的人都無命、無德（包含無命有德、無德有命）？而以後也找不到這樣的人，是不是也可以說「所有人」都無命、無德？顯然這是說不過去的。

又如道教以為學仙要有明師（得道者）指點，或求得祕方⑲。先不管明師如何可能成為明師，或祕方如何保證必定有效，就說萬一找（遇）不到明師，或求不得祕方（或有祕方而不見效用），那成仙說還有什麼意義？就以葛洪爲例，他自認深得明師傳授，了知玄旨，並著書暢言「神仙方藥、鬼怪變化、養生延年、禳邪卻禍之事」（《抱朴子·自敍》），最後卻留下這樣的話：「然余所以不能已於斯事，知其不入世人之聽而猶論著之者，誠見其效驗，又所承授之師，非妄言者。而余貧苦無財力，又遭多難之運，有不已之無賴，兼以道路梗塞，藥物不可得竟，不遑合作之。余今告人言，我曉作金銀而躬自飢寒，何異自不能行而賣治跛之藥，求人信之，誠不可得。然理有不如意，亦不可以一概斷也。所以勤勤綴之於翰墨者，欲令將來好奇賞眞之士，見余書而具論道之意耳。」（同上，〈黃白〉）他自己都不能（盡力）從此求得神仙，有誰會相信他的話而再去嘗試⑳？這豈不都是「白說」了嗎？

總括說來，道教在駁斥支配論述上是有一點成效的（雙方可以形成像西方有神論、無神論那樣的「對峙局面」㉑），但要就此實現作爲新支配論述的想望，就沒那麼容易了。全體道教在演變過程中，所遭到最大的質疑，應該就在這一點上（也就是長生確是可能的嗎）。而我們所看到道教內部不斷在「調整策略」（時而重燒鍊、服食，時而重符籙、科教），是否也有幾分在因應外界質疑的味道，這裏就不敢妄斷了。不過，道教如想繼續發展，勢必要在這方面深加考量，完密本身的論述（邏輯組織），才能廣受接納和採信。目前它還缺乏像支配論述那樣的「正當性」。

五、反支配論述所給世人的啟示

從純粹學理的立場來看，道教的論述所能發揮的功效（化解支配力量）實在有限。但從社會演化的經驗來看，道教的論述就成了一個相當耀眼的指標。這不只是它也提供了一種消弭人間禍害、達到社會和諧的方案（其他各家論說也多少都能提出類似的方案），可以作爲個己生活或團體生活的參考；更重要的是它的反支配特性，無意中備有了啓迪後人創新觀念的泉源。好比當今能趨疲世界觀對機械世界觀的挑戰、行爲科技學對心理分析學或實驗心理學的挑戰、言說理論對結構語言學的挑戰，以及後現代主義文化理論對現代主義文化理論的挑戰等㉒，所給予人改變觀念（世界觀、人生觀）、革新制度、開創生命境界（人生價值）的刺激一樣，都因爲它們成就了共有的反支配特性的論述。試想今人如果也從不死（長生）的觀點，來規畫人生、設立制度（不論人是否眞能不死），那又會是怎樣的一種景象？

可惜個人還看不到道教以外的人，願意來作這樣的嘗試。但這並不減損道教論述所具有的價值；畢竟它不是重複支配論述，也不是修正或補充支配論述（這是常見的兩種論述取向），而是抗拒支配論述，歷史會永遠保留它的光彩。遺憾的是，這一點到現在還少有人加以措意。倒是類似「儒畏天命，修身以俟；佛亦謂此身根塵幻合，業不可逃，壽終有盡。道教獨欲長生不老，變化飛昇，其不信天命，不信業果，力抗自然，勇猛何如耶。燒鍊黃白，起於方士，道流承之，鉛汞爐鼎，龍虎水火，勞勞千載，而金丹終於無功。然其術西傳大食，旋入歐洲，至十九世紀，化學始今。迄今進步一日千里……故道教之說，雖多虛誕，其思想非無可取……」㉓這樣「不痛不癢」的評斷（對現代人來說沒有多大意義），溢目盈耳，頗不值得。

註釋

①道教所謂神仙，多混天神、地祇、仙真等為說，而且名號等次也頗繁雜（詳見《太平經·九天消先王災法》、葛洪《枕中書》、陶弘景《真靈位業圖》等）。但大體上神仙是指能辟穀長生、變化飛昇者的專稱，得道的人就可以廁入該行列。《太平經·真道九首得失文訣》說：「人無道時，但人耳。得道則變易成神仙。」（按：《太平經》通說人得道就能變成神仙，這在葛洪《神仙傳·老子傳》中略有異見：「若謂老子是得道者（仙人），則人必勉力競慕。若謂是神靈異類，則非可學也。」葛洪判分神仙二類，以為後者可學，而前者不可學。但就一般的神人來說，本事也沒強過仙人多少，將二者等同看待也無妨。至於道教還有能開天闢地、掌養萬物的最高神一級，那又另當別論）因此，如非必要，本章也不細加分別，就以神仙連稱到底。

②如《莊子·逍遙遊》說：「藐姑射之山，有神人居焉。肌膚若冰雪，淖約若處子。不食五穀，吸風飲露。乘雲氣，御飛龍，而遊乎四海之外。」《史記·封禪書》說：「蓬萊、方丈、瀛洲，此三神山者，其傳在勃海中……諸仙人及不死之藥皆在焉。」

③如《禮記·祭義》說：「氣也者，神之盛也。魄也者，鬼之盛也。合鬼與神，教之至也。眾生必死，死必歸土，此之謂鬼。骨肉斃於下陰為野土，其氣發揚於上為昭明，焄蒿悽愴，此百物之精也，神之

著也。」《孔子家語．哀公問政》說：「人生有氣有魂。氣者，人之盛也。夫生必死，死必歸土，此謂鬼。魂氣歸天，此謂神。」

④有關人的生命組織為「耗能結構」問題，參見雷夫金，《能趨疲：新世界觀——二十一世紀人類文明的新曙光》（蔡伸章譯，臺北，志文，一九八八年），頁九四～一〇〇。

⑤先前《漢書．藝文志》在評論神仙家時，反而有比較「同情」的看法：「神仙者，所以保性命之真，而游求於其外者也。聊以盪意平心，同死生之域，而無怵惕於胸中。然而或者專以為務，則誕欺怪迂之文彌以益多，非聖王之所以教也。」這並沒有後人一味責怪的語氣。

⑥見傅勤家，《中國道教史》（臺北，商務，一九八八年），頁二四〇～二四二；陳榮捷，《現代中國的宗教趨勢》（廖世德譯，臺北，文殊，一九八七年），頁一八七～一九七；劉守華，《道教與中國民間文學》（臺北，文津，一九九一年），頁四三～四八；文史知識編輯部編，《道教與傳統文化》（北京，中華，一九九二年），頁一八三～一九〇。

⑦參見廖炳惠，《形式與意識形態》（臺北，聯經，一九九〇年），頁九二～九七。

⑧韋伯認為「正當性」是任何支配形式的基礎或判準〔見韋伯，《支配的類型：韋伯選集（III）》（康樂等編譯，臺北，遠流，一九九一年），頁二一～二七〕，頗為可取，這裏也以它為依據。

⑨這是從韋伯對支配的定義「一羣人會服從某些特定的（或所有的）命令的可能性」（同上，頁二

一），略作改變而來。

⑩先秦諸子百家蠭出並作不說（由孟子批評楊朱、墨翟看來，儒道兩家的影響力有限），就是漢初諸帝恪守黃老及武帝獨尊儒術時代，儒道兩家也未嘗取得支配地位（倒是陰陽五行、讖緯學說大為流行）。

⑪這裏所說的「捨世」，是指捨離世間一切作為，逍遙於方外，跟其他宗教某些「禁慾型」或「神祕型」的捨世方式有所不同。根據韋伯的研究，「禁慾型」的捨世方式，或斬斷一切家庭和社會的紐帶，棄絕一切個人的擁有及一切政治、藝術和愛情的關懷，全力侍奉上帝；或將一切個人的職務都當是上帝所命而敬謹奉行，以為榮耀上帝。而「神祕型」的捨世方式，則把自己當作上帝的容器，試圖背棄現世一切誘惑，虛空自身，以達類似於上帝的狀態。見韋伯，《宗教與世界：韋伯選集（II）》（康樂等譯，臺北，遠流，一九九二年），頁一〇一～一五〇。

⑫《神仙傳・白石先生傳》載：「白石先生者，中黃丈人弟子也，至彭祖時已二千歲餘矣。不肯修昇天之道，但取不死而已，不失人間之樂……彭祖問之曰：『何不服昇天之藥？』答曰：『天上復能樂比人間乎？但莫使老死耳。天上多至尊相奉，事更苦於人間。』故時人呼白石先生為隱遁仙人，以其不汲汲於昇天為仙官，亦猶不求聞達者也。」這可以作為旁證。

⑬像韋伯就以神祕主義比擬道教的信仰，道教的神仙衆相都是被神格化的人。見韋伯，《中國的宗教：儒教與道教》（簡惠美譯，臺北，遠流，一九八九年），頁二四五～二四七。

⑭人類學者認為宗教上的各種觀念（神、靈魂、精靈、鬼、妖怪、巫覡，以及它們所作的事），都是擬人化的。將人們的各種希望、恐懼、緊張、不安、好惡、能力等等，都反映到超自然現象上去。見宋光宇編譯，《人類學導論》（臺北，桂冠，一九九〇年），頁三六八。

⑮依葛洪自序說《神仙傳》是為弟子滕升問仙人有無而作，而後人有考證《神仙傳》多虛誕不實：「其中如黃帝之見廣成子，盧敖之遇若士，皆莊周之寓言，不過鴻濛雲將之類，未嘗實有其人。淮南王劉安謀反自殺，李少君病死，具載《史記》、《漢書》，亦實無登仙之事。洪一概登載，未免附會。至謂許由、巢父服箕山石流黃丹，今在中岳中山。若二人晉時尚存，洪目覩而記之者，尤為虛誕。」（《四庫全書總目提要．子部．道家類》）那麼這就是出於有意的幻想虛構了。

⑯《神仙傳．玉子傳》載：「玉子者……少好學衆經，周幽王徵之不出。乃歎曰：『人生世間，日失一日，去生轉遠，去死轉近，而但貪富貴，不知養性命。命盡氣絕則死，位為王侯，金玉如山，何益於灰土乎？獨有神仙度世，可以無窮耳。』」玉子則實際體現了這種想法（《神仙傳》中其他人也是）。

⑰話雖是這樣說，人如真能恆在人間享樂，他還是捨不得上天的。《抱朴子．對俗》說：「或曰：『得道之士，呼吸之術既備，服食之要又該，掩耳而聞千里，閉目而見將來，或委華駟而轡蛟龍；或棄神州而宅蓬瀛；或遲迴於流俗，逍遙於人間，不便絕跡以造玄虛。其所尚則同，其逝止或異，何也？』抱朴子答曰：『聞之先師云，仙人或昇天，或住地，要於俱長生住留，各從其所好耳。又服還丹金液

之法，若且欲留在世間者，但服半劑而錄其半；若後求昇天，便盡服之。不死之事已定，無復奄忽之慮，正復且遊地上，或入名山，亦何所復憂乎？彭祖言天上多尊官大神，新仙者位卑，所奉事者非一，但更勞苦，故不足汲汲於登天，而止人間八百餘年也……篤而論之，求長生者，正惜今日之所欲耳，本不汲汲於昇虛，以飛騰為勝於地上也。若幸可止家而不死者，亦何必求於速登天乎？若得仙無復任理者，復一事耳。彭祖之言，為附人情者也。』」這段話可說「深得」人心。

⑱基本上，我們研究任何已經存在的論述，都預設了以資（今人或後人）「取鏡」的立場，不純為（所謂）「歷史真相」爭辯，也不純為（所謂）「理論衍變」衡校（如是那樣，就只在為已經不存在的古人服務，或為不知對今人有何意義的論述對象費心）。所以這裏才使用「將是如何如何」的口吻，實有以備道教信衆借鏡的意思。

⑲道教所謂祕方，多來自「天書」。而明師所以能得道，也是受到「天書」的啟發。這段關係，前人有過簡明扼要的解說：「道經者，云有元始天尊，生於太元之先，稟自然之氣，沖虛凝遠，莫知其極……以為天尊之體常存不滅，每至天地初開，或在玉京之上，或在窮桑之野，授以祕道，謂之開劫度人。然其開劫非一度矣，故有延康、赤明、龍漢、開皇，是其年號。其間相去經四十一億萬載，所度皆諸天仙上品。有太上老君、太上丈人、天真皇人、五方天帝及諸仙官轉共承受，世人莫之豫也。所說之經，亦稟元一之氣，自然而有，非所造為，亦與天尊常在不滅。天地不壞，則蘊而莫傳。劫運若開，

其文自見。凡八字，盡道體之奧，謂之天書。字方一丈，八角垂芒，光輝照耀，驚心眩目。雖諸天仙，不能省視。天尊之開劫也，乃命天真皇人，改囀天音而辯析之。自天真以下，至於諸仙，展轉節級，以次相授。諸仙得之，始授世人。然以天尊經歷年載始一開劫，受法之人，得而寶祕，亦有年限，方始傳授……推其大旨，蓋亦歸於仁愛清靜，積而修習，漸致長生，自然神化；或白日登仙，與道合體……。」（《隋書・經籍志》）另參見龔鵬程，《道教新論》（臺北，學生，一九九一年），頁三九～四八。

⑳歷來有很多不信「邪」的人，都去嘗試燒鍊、服食，但結果就像古詩所說的「服食求神仙，多為藥所誤」（古詩十九首〈驅車上東門〉），很少有好下場的。

㉑參見曾仰如，《宗教哲學》（臺北，商務，一九九三年），頁三七五～四九二。按：曾書維護有神論的立場，我們並不一定要同意。但它列記有神論和無神論的爭辯關鍵：有驗無驗，卻很像道教和他人爭辯的情形，所以就近引為比照。

㉒見註④所引雷夫金書；史基納（B. F. Skinner），《行為主義的「烏托邦」》（文榮光譯，臺北，志文，一九九〇年）；麥克唐納（D. Macdonell），《言說的理論》（陳墇津譯，臺北，遠流，一九九〇年）；王岳川，《後現代主義文化研究》（臺北，淑馨，一九九三年）等書。

㉓見註⑥所引傅勤家書，頁二四一～二四二。

第五章　仙眞信仰在當代的式微及其問題

一、仙真信仰的特殊性

這世上大概除了虛無主義者，沒有人不對他的存在及行事有或深或淺的信仰。如果把信仰界定爲「對某一不能立刻試驗證實的對象加以判斷或肯定」，那就可以暫時區分信仰爲二類：一類是根源於知識，而且跟知識有邏輯上的關聯，如每一未經確立的科學上的假定；一類是根源於權威，未必跟知識有相統屬，如宗教上的信條或聖經①。儘管這二類信仰的形態互有不同②，但都表明了人對自己所以「這樣存在」及所以「這般行事」的理智的認定和抉擇③。

起源於我國古代的仙眞信仰，自然也是我國人面對生存的一種理智行爲。只不過這種信仰，既不合歸於科學上的信仰，也不合歸於宗教上的信仰，而或許要稱它兼有兩者部分特徵的中間性信仰④。爲了這仙眞的可能與否，古來國人曾有過相當多的論辯。其中反對的人，自然不會對它起信仰並以此來規畫人生；但贊同的人就不一樣了，他們不僅相信仙眞確屬可能，還對它有所回應而發展出多少有異於常人的生命形態。這種生命形態，理該有相當程度的需要繼續保存或深化發展，但在今天卻普遍的失落了。

假使說現代人沒有仙眞信仰而更有益於生活的經營，那也是挺好的一件事。問題是看不到大家在不信仰仙眞後，有更突出或値得稱道的表現（倒是有不少人在爲生命短暫惶惑不安而致使演出走樣）。這就讓個人聯想到恢復或回歸仙眞信仰，也許是改善今人生活唯一或必要的途徑。而事實上，仙眞信仰還有些重要的層面（面相），並沒有受到世人的關注。大家只知道長生不老是「夢想」，卻不知道前人爲長生不老所作的努力給了我們什麼「啓示」。如果有人願意在這方面多加考察，應該會有不同於世俗的感受和見解。

本章的論述，就是基於這樣的立場所作的一點嘗試。換句話說，本章主要是在闡發環繞仙眞信仰周圍各種作爲所具有的意義。而所以引起個人思考這個課題的動機，多半還是緣於仙眞信仰在臺灣當代的式微及其所隱含的問題的觀察。因此，整個論述就以它爲試驗或檢驗的對象，看看仙眞信仰的失落到底帶來了什麼「後果」。而爲了本章的撰述只是爲同一社羣中人提供可參考的信息（不為古人和不同社羣中人服務），所以這裏不管仙眞信仰是否有在某個時代或某個地區式微（或根本沒有發生這種信仰），一切都以在臺灣當代的所見所聞爲依據（只是爲求體例一致，標題仍不加「臺灣」二字）。

二、仙真信仰可能的起源

大體上說，探討仙眞信仰，未必要知道它確實起於何時何地，但對於仙眞到底是什麼，卻不能不勉力作點追溯。畢竟有這種信仰的人，不可能對他所信仰的對象一無所知⑤，而我們也可以含混過去而大談所謂的仙眞信仰（而不會遭人質疑）。換句話說，掌握不到仙眞的事實，也就無法了解仙眞信仰究竟是怎麼可能的。這點在既有的文獻中，還沒有發現有比較清晰的說明，不妨利用這個機會稍加爬梳，以便往後引以爲論說。

當我們看到仙眞或神仙一詞時，應該留意這是籠統的用法。實際上，仙是仙、眞是眞、神是神，彼此並不相同。在道教典籍大量出現以前，儼然已有兩個系統在併列著：一個是神祇鬼的系統，一個是聖眞仙的系統。《史記・五帝本紀》正義說：「天神曰神。」《後漢書・班彪傳》注說：「地神曰祇。」《論語・爲政》集解引鄭注說：「人神曰鬼。」《素問・天元紀大論》說：

「神用無方謂之聖。」《說文解字》說：「眞，僊（同仙）人變形而登天也。」又說：「僊，長生僊去。」照這樣看來，神祇鬼只是一物（因居所或職級不同而分別爲三）⑥，並不關涉到活人；而聖眞仙卻是緣活人得「道」後品列而成⑦，兩個系統界線分明，未嘗有混亂的現象。

雖然如此，兩個系統間卻有一些「內在理路」（或實質或精神）的繫聯，並不是全然無涉。理由是：古人把陰陽二氣中最精純的部分稱爲神靈（陽爲神，陰爲靈），又將萬物視作精氣所化（陰陽精氣交感而生），《大戴禮記・曾子天圓》說：「陽之精氣曰神，陰之精氣曰靈。神靈者，品物之本也。」《周易・咸卦》彖傳說：「二氣感應以相與……天地感而萬物化生。」⑧而人自己當然也是陰陽精氣的化生⑨。在人體內的陰陽精氣，古人又特別稱它爲魂魄，《呂氏春秋・禁塞》注說：「魂，人之陽精也。陽精爲魂，陰精爲魄。」人死後，魂魄消散，又恢復爲神靈。不過，魂氣固然還原爲「神」，魄氣卻又多出一個「鬼」名，《大戴禮記・曾子天圓》注說：「體魄下降於地爲鬼。」《左傳》昭公七年疏說：「存亡既異，別爲作名，改生之魂曰神，改生之魄曰鬼。」而這魄氣只能歸地（而不像魂氣可以昇天），從此跟魂氣分異。可見陰陽精氣本是流布於天地間（在天爲天神，在地爲地祇），「經過」人體而後再出去的，才有「鬼」號（其實神祇鬼全是沒有形體可見的精氣）。而進一層看，這些陰陽變化、鬼神遷貿，都是不假人力而在「自然」中進行。古人又姑且以「道」來指稱這無可名狀的事實，並認爲人能體道達道（不自戕賊物）」，就可以「與道合流」（同享道名）。而有關聖眞仙的名號，就是特許給有這種成就的人，《莊子・天下》說：「以天爲宗，以德爲本，以道爲門，兆於變化，謂之聖人。」⑩《淮南子・精神訓》說：「所謂眞人者，性合於道也。」《列子・黃帝》注說：「仙，壽考之跡（與道共長久）。」因此，聖眞仙就內蘊了「道」的實質或精神，而可以跟神祇鬼一樣「不朽」。換句話說，神祇鬼是「道」的化身或作用，而聖眞仙是人得「道」後的別名或榮銜。

後來道教就把聖眞仙理論化並列出等級。後者有所謂三清九宮分別爲聖眞仙及其僚屬所居，《雲笈七籤》卷三引《三洞宗元》說：「太清境有九仙，上清境有九眞，玉清境有九聖，三九二十七位也。」《太平御覽》卷六百六十二引《登眞隱訣》說：「三清九宮，並有僚屬，例左勝於右。其高總稱曰道君，次眞人、眞公、眞卿。其中有御史、玉郎、諸小號，官位甚多也。女眞則稱元君夫人，其名仙夫人之秩，比仙公也。夫人亦隨仙之大小男女，皆取所治處，以爲著號，並有左右。凡稱太上者，皆一宮之所尊。又有太清右仙公、蓬萊左仙公、太極仙侯、眞伯、仙監、仙郎、仙賓。」⑪其中聖眞都在天上備列官秩，只有部分仙才留在人間。這些仙，就是所謂的「地仙」，《抱朴子・論仙》說：「《仙經》云：上士舉形昇虛，謂之天仙；中士遊於名山，謂之地仙；下士先死後蛻，謂之尸解仙。」⑫由於聖、眞、天仙、尸解仙都在天上（尸解仙是人死後昇天），對一般人來說，不免會感到虛無縹緲（遠不如地仙那麼實在），於是地仙就成爲大家最大的蘄嚮了。《抱朴子・對俗》說：「（彭祖）又云：『古之得仙者，或身生羽翼，變化飛行，失人之本；更受異形，有似雀之爲蛤、雉之爲蜃，非人道也。人道當食甘旨，服輕煖，通陰陽，處官秩，耳目聰明，骨節堅強，顏色悅懌，老而不衰，延年久視，出處任意，寒溫風濕不能傷，鬼神衆精不能犯，五兵百毒不能中，憂喜毀譽不爲累，乃爲貴耳……篤而論之，求長生者，正惜今日之所欲耳，本不汲汲於昇虛，以飛騰爲勝於地上也。若幸可止家而不死者，亦何必求於速登天乎？若得仙無復任（住）理者，復一事耳。』彭祖之言，爲附人情者也。」而道教一致關心的就是如何使這在人間爲仙（長生久視）變成可能。

如果按照前面的分疏，道教立說只能勸人爲仙，而不當勸人爲神（因爲神是人死後才會變成），但個人卻看到道教典籍常合「神仙」爲用⑬，如《正一法文天師教戒科經》說：「大道含弘，乃愍人命短促，故教人修善：上備者神仙，中備者地仙，下備者增年。」《抱朴子・塞難》說：「至理之未易明，神仙之不見信，其來久矣，豈獨今哉！太上自然知之，其次告而後悟，若夫聞而大笑者則悠悠皆是矣。」《洞玄靈寶自然九天生神章經》卷一說：「能爰其形，保其神，貴其氣，固其根，終不死壞，而得神仙，骨肉同飛，上登三清。」這種情況，似乎只有兩種解釋：一種是神仙連用爲複詞偏義（存仙義），一種是神已質變而併入聖眞仙系統（且居最高級序）。前者，從葛洪撰《神仙傳》所敍盡是仙人而撰《抱朴子》內篇雖常合稱神仙卻只論仙，及上面所引幾則文獻，可以窺見一斑。後者，也可以藉《列子・黃帝》中一段敍述，來想像「理當合有」：「列姑射山在海河洲中，山上有神人焉，吸風飮露，不食五穀。心如淵泉，形如處女。不偎不愛，仙聖爲之臣……。」不論如何，在道教論說裏的神仙，都得當他們是可以「力致」的。倘若要嚴格一點，把論述的範圍限定在道教最感興趣的在人間爲仙部分，那神仙連用自然就是複詞偏義，而本章使用仙眞一詞也不例外（取仙義）。爲了這成仙理想的實現，道教不只有過漫長的嘗試歷程，還發展出一套獨特的理論體系。現在就繼續看跟仙眞信仰密切相關的一些作爲和論說。

三、仙真信仰的理論體系

首先看道教對仙眞特徵的敍述或斷定。在道教典籍中，我們不難發現「長生久視」是仙眞最基本或共有的特徵；然後依仙眞個別的能耐，而有高低不等的長處。其中《神仙傳・彭祖傳》所敍及的一段，大概可以稱得上窮盡了仙眞的所能：「僊人者，或竦身入雲，無翅而飛；或駕龍乘雲，上造天階；或化爲鳥獸，遊浮青雲；或潛行江海，翺翔名山；或食元氣；或茹芝草；或出入人間而人不識；或隱其身而莫之見。」這不管是否前有所本⑭，既然已經被提出來，就成了需要檢證或試驗的對象。在檢證方面，道教有許多仙眞傳記（如《神仙傳》、《墉城集仙錄》、《續仙傳》、《集仙傳》等），無形中提供了最好的證明⑮。而在試驗方面，道教也有不少文獻（如《抱朴子》內篇、《眞誥》、《冥通記》、《韓仙傳》、《道教靈驗記》等），展示了部分人士得道的成績。至於檢證或試驗過程中，還有那些變數存在，那就要看道教的理論說明了（這點後面會再討論）。

其次看道教仙眞信仰的實情或概況。大致上，相信仙眞的存在，並且信賴仙眞的德能，這應該就是仙眞信仰行動的基本結構。但這種信仰跟某些宗教信仰（爲獲得上帝的赦罪）⑯有截然的不同：後者信徒最多只能跟隨在上帝左右⑰，前者信徒卻可以完全變成仙眞（只要條件足夠），以至整個仙眞信仰行動旨在「驅使」自己成爲仙眞而別無其他。道教信徒爲了使自己也使別人變成仙眞，前後曾嘗試過不少作爲和提出不少方案。《文獻通考・經籍考》子部神僊家《道藏書目》按語說：「道家（敎）之術，雜而多端……蓋清淨一說也，鍊養一說也，服食又一說也，符籙又一說也，經典科敎又一說也。黃帝、老子、列禦寇、莊周之書所言者，清淨無爲而已，而略及鍊養之事，服食以下所不道也。至赤松子、魏伯陽之徒，則言鍊養而不言清靜。盧生、李少君、欒大之徒，則言服食而不言鍊養。張道陵、寇謙之之徒，則言符籙而俱不言鍊養服食。至杜光庭而下，以及近世黃冠師之徒，則專言經典科敎，所謂符籙者，特其敎中一事。」這大略已能概括道教信徒所作的一切努力⑱。

然而，道教又憑什麼說人可以成爲仙眞，以及如何保證成爲仙眞的方案確實可靠？這點道教也有一些科學性的說明：第一，道教承襲古來對人體結構的看法，認爲（假定）人是陰陽精氣所化，只要能保存體內精氣而不失散，就能長生久視。《太平經・分別形容邪自消清身行法》說：「道之生人，本皆精氣也，皆有神也，假相名爲人。愚人不知還全其神氣，故失道也。能還反其神氣，即終其天年。」《抱朴子・論仙》說：「不見仙人，不可謂世間無仙人也。人有賢愚，皆知己身之有魂魄。魂魄分去則人病，盡去則人死。故分去則術家有拘錄之法，盡去則禮典有招呼之義。」《參同契・養性立命章》說：「人所稟軀，體本一無。元精雲布，因氣託初。陰陽爲度，魂魄所居。陽神曰魂，陰神曰魄。魂之與魄，互爲室宅。性主處內，立置鄞鄂。情主營外，築垣城郭。城郭完全，人物乃安。爰斯之時，情合乾坤。」這些說的都是同一個道理。第二，對應人體的結構，道教想到可以用藥物和術數來護持精氣而達到長生久視的目的，《雲笈七籤》卷四十五引《祕要訣法》說：「道者，虛無之至眞也。術者，變化之玄伎也。道無形，因術以濟人；人有靈，因修而會道。」《抱朴子・論仙》說：「若夫仙人，以藥物養身，以術數延命，使內疾不生，外患不入，雖久視不死，而舊身不改。苟有其道，無以爲難也。」而這些藥物和術數是能夠經由試驗證明它的可靠與否（可靠就採用，不可靠就廢棄）。不過，道教又在這些成仙方案上，附加了一些條件，如有命有德有信有授的人，使用藥物或術數才會產生效果⑲，不免使它的科學性略打折扣（因爲這些條件多半無法確切知道如何才算具備）。

在不太計較道教論說是否具有科學性的情況下，《雲笈七籤》卷五十六所引《元氣論》的一段話，無疑可以作爲仙眞信仰各種作爲的總說或前提：「入眞道者，先須保道氣於體中，息元氣於臟內。然後輔之以藥物，助之以百行，則能內癒萬病，外安萬神。」⑳爲了這仙眞信仰在歷史上所引起的震撼（曾有無數人爲仙道瘋迷過），不論後人如何把它（仙眞信仰）解釋成爲「彌補現實的缺憾（命限和境限）」或爲「藉機謀取利益」或爲「解除個人乃至種族的生命危機」㉑，都不可否認人「不願死」是它（仙眞信仰）所以存在最堅強的理由。《太平經·冤流災求奇方訣》說：「人死者乃盡滅，盡成灰土，將不復見⋯⋯今一死，乃終古窮天畢地，不得復見爲人也，不復起行也。」《太平御覽》卷六百六十八引《集仙籙》說：「太玄女顓和常曰：『人之處世，一失不可復得，一死不可復生。況壽限之促，非修道不可延也。遂洗心求道而得其術。』」這豈不是道出了道教信徒或衆多生靈的心聲？

四、仙真信仰在當代的式微

當然，仙眞信仰並不是沒有受到詬病。在道教全力倡導仙眞信仰前，已經有人在對求仙行爲作全面性的批判，《漢書・郊祀志》載：

成帝末年頗好鬼神，亦以無繼嗣故，多上書言祭祀方術者，皆得待詔，祠祭上林苑中長安城旁，費用甚多，然無大貴盛者。谷永說上曰：「臣聞明於天地之性，不可惑以神怪；知萬物之情，不可罔以非類。諸背仁義之正道，不遵五經之法言，而盛稱奇怪鬼神，廣崇祭祀之方，求報無福之祠；及言世有僊人，服食不終之藥，遙興輕舉，登遐倒景，覽觀縣圃，浮游蓬萊，耕耘五德，朝種暮穫，與山石無極，黃冶變化，堅冰淖溺，化色五倉之術者，皆姦人惑衆，挾左道，懷詐僞，以欺罔世主。聽其言，洋洋滿耳，若將可遇；求之，盪盪如係風捕影，終不可得。是以明王距而不聽，聖人絶而不語……夫周秦之末，三五之隆，已嘗專意散財，厚爵祿，竦精神，舉天下以求之矣。曠日經年，靡有毫氂之驗，足以揆今……唯陛下距絶此類，毋令姦人有以窺朝者。」上善其言。

谷永所指摘的求仙行爲不切實際（包含奸人藉此惑衆欺主）、成仙時日遙遙無期（包含爲成仙所耗費的財物）和禁不起現實的檢驗（沒有人能找出一個還活著的仙人），其實也頗爲實在。後世所有對仙眞信仰不滿的言論，歸結起來也不過如此（數條）；而這跟擁護仙眞信仰的言論，似乎可以構成尖銳的對立。但爲長生久視「夢想」而努力的，在各代卻依然大有人在；他們未必要兼營詐僞，也未必要浪費財物㉒，所保有的還是那不死的信仰。至於不死是否能在自己身上應驗㉓，就不是那麼「急切」要放在心上了。畢竟在成仙路上，還有更優先要做的事。《抱朴子・對俗》引《玉鈐經》說：「爲道者，以救人危使免禍，護人疾病令不枉死，爲上功也；欲求仙者，要當以忠孝和順仁信爲本。」㉔《雲巢語錄》說：「酒色財氣四字一毫不犯，方可成道；浮名濁利，尤修仙的對頭。」類似這些雖然未必能保證自己可以成仙卻有助於增強自己成仙信心的事，有「遠見」的人，怎會輕易放過它而整天空想著成仙？

這種種有關仙眞信仰的作爲，在臺灣當代幾乎快要看不見了。首先，歷來信仰仙眞的人，不斷研究開發各種可以長生久視的方案，諸如齊醮祈禱、畫符念咒、辟穀服食、鍊丹導養、誦持經教、積德行善等等，在臺灣當代的民間已經沒有願力（或能力）從事這樣的「志業」。而眼前出現的，縱然道觀偏布（保守估計，全臺灣也在千所以上），也多僅爲了備人祈福祛禍求財㉕，而無所謂修道良方的提供或仙眞信仰的開新（這應是道觀設立的主要任務）。以至一般民衆對仙眞多不甚了了，更別說能參與尋思長生方案的精進或相關領域的拓展。其次，歷來研究仙眞的人，作了許多「勝人之口」（力辯仙眞的可能）和「勝人之心」（爲仙眞尋找事實和理論依據）的事，所勾繪的仙眞一副瀟灑浪漫又仁愛無憂的形象，不知引起多少人的歆羨和渴望（甚至起而仿效），而逐漸淡忘自己可能面臨的命限和境限㉖，這在臺灣當代的學術界也不再可見了。學者們不是凜於科學的權威而對仙道「避之唯恐不及」，就是追趕「臨終關懷」的時髦而大談死亡學㉗，致使大家不得不再喚起「人終究會死」這一無奈又尷尬的經驗或記憶，而根本無從體驗信仰仙眞時所擁有的自在恬靜的心境。再次，臺灣當代的政治措施，一切以發展經濟、科技而提昇在國際舞臺的競爭能力爲優先考慮，卻對全球因發展經濟、科技（包含軍事）而引發環境污染、空氣污染、水質污染、生態失衡、臭氧層破壞、核彈擴散危機等後遺症顯得極度無力加以改善；同時對內也提不出一套有效的保證民衆可以安居樂業而沒有危機（或死亡）威脅的對策，讓大家侷促在狹小的空間頻受「死亡的召喚」㉘，而對長生久視一事更不敢（或無暇）奢想。最後，臺灣當代的社會整體表現，顯出了競求短利和過激主義㉙，造成人人心中的不安全感及前途的不確定性。活在這樣一個隨時有事在暗示你「不得好活」（大家都在求「速死」）環境中的人，如何想像還有一個仙眞世界的「存在」而盡力去作一點企慕或追求的功夫？

有位哲學家曾帶著感性的口吻解釋神話背後的意義說：「在原始思維中，死亡絕沒有被看成是服從一般法則的一種自然現象。它的發生並不是必然的而是偶然的，是取決於個別的和偶然的原因，是巫術、魔法或其他人的不利影響所導至的……那種認爲人就其本性和本質而言是終有一死的概念，看來是與神話思維和原始宗教思想完全相斥的……在某種意義上，整個神話可以被解釋為就是對死亡現象的堅定而頑強的否定。由於對生命的不中斷的統一性和連續性的信念，神話必須清除這種現象。原始宗教或許是我們在人類文化中可以看到的最堅定最有力的對生命的肯定。」㉚這聽來多麼令人心動！即使仙眞世界終究只是個「神話」，那爲它保留一個空間來想像和玩味，又有什麼妨礙？只是在此地大家的腦海中，已經不能或騰不出空間去想長生久視這檔事了。

五、仙真信仰式微所帶來的問題

從仙眞信仰的正面意義來看㉛，擁有這種信仰的人，都知道長生久視不容易，所以各種作爲（包括環境的營造和手段的採用）都要不斷的「成長」，並且要向生命的深層面去開拓（如懷德不深或行善不多可能有礙求道），而展現出一種雍容自若、氣度不凡又能進取的生命形態。過去的人，我們縱然不能目睹，但也無妨想像確有這個可能。這一切到了臺灣當代不復可見後，大家勢必要面對幾個問題：

第一，當我們無意從前人所採行的方案（如齋醮祈禱、畫符念咒、辟穀服食、鍊丹導養、誦持經教、積德行善等）中精鍊一種較好的方案，或別爲開發新的方案，長生久視將更不可能。這樣我們所面臨的，就不是單純的一個成仙美夢的幻滅，而是某種潛能（可以用來成仙）的退化或永久的埋沒。

第二，當我們把注意力轉移到死亡的課題上時，美其名是要大家正視死亡且更珍惜生命。但死亡既不可避免，活著時豈不更增加一分急迫感（或危機感）？我們看當今人心所顯現的熱衷「急功近利」（包含拚命生孩子來延續肉體生命或繼承家產事業這類作爲），難道不是「來日所剩不多」的恐懼心理在作祟？因此，關心死亡不但不能減低對未來的駭怕，反而更容易「懷憂喪志」。

第三，政府的各種施政策略，如果不再把爲使民衆長生久視的因素考慮在內，那民衆將不只是覺得仙眞無望或更添死亡恐懼，很可能會憤而走上極端（不合作或存心破壞），與他人「同歸於盡」。證諸當今民衆的各種抗爭活動（不全是爲了爭取眼前的權益），以「長治久安」（沒有生命財產的安全顧慮）爲最大訴求，不難預見將來一旦生存機會減少或失去保障，一場全面性的動亂必然不可避免。

檢討到這裏，明顯可以看出：成仙的理想固然很難達到，而以能夠成仙的觀點來規畫人生更不容易。倘若仙眞信仰在此地式微的後果確是這麼不堪，那期待一個嶄新的「思路」（足以改善目前的狀況）的開闢，就是我們從現在開始不可或忘的最緊要事！

註釋

①參見溫公頤，《哲學概論》（臺北，商務，一九八三年），頁一一六～一一七。

②在這裏並沒有把一種不根據知識也不根據權威而純屬荒誕無稽的信仰或由情感強烈激盪發生而抗拒任何懷疑的信仰（前者，見上注所引溫公頤書，頁一一七～一一八；後者，見布魯格（W. Brugger），《西洋哲學辭典》（項退結編譯，臺北，華香園，一九八九年），頁一二〇）包括在內。因為這類信仰基本上無從談論。

③宗教上的信仰固然是一種具有存在性的開始（參見郭蒂尼（R. Guardini），《信仰的生命》（林啟藩等譯，臺北，聯經，一九八四年），頁一九～二〇），科學上的信仰無非也是一種具有存在性的開始（包含尋找存在的依據及行事的方案），我們不能只知其一而不知其二。還有如果說科學上的信仰是出於理智（非迷信）的行為，那麼宗教上的信仰我們也應該同樣看待，不然我們就至少要承認下面的不合理結論：㈠人的智力是無限的、萬能的，可洞悉所有事理，上天下地沒有人的智力不能達到的領域；㈡每一個人的所有知識都由自己研究得來的，不必靠別人的權威；㈢歷史上至少有些人，在探討真理的過程中，在追求知識所作的努力上，不曾犯過任何錯誤。而其實我們根本無法給予承認（參見曾仰如，《宗教哲學》（臺北，商務，一九九三年），頁二八三～二八四）。

④仙真信仰肯定人可以長生不老，跟宗教上的信仰相信人的靈魂不死並不一樣；而它用來支持這一信仰的理由，又含有頗多科學知識的成分，實在不便把它歸入這裏所區分的任一信仰類別。

⑤這正如宗教上的信仰：如果一個人什麼都不了解，他也不可能相信上帝〔參見皮柏（J. Pieper），《相信與信仰》（黃藿譯，臺北，聯經，一九八五年），頁七〕。

⑥按：有關神祇鬼的說法，早期文獻（包括《說文解字》、《爾雅》這類字辭書）所載大致不差。而這裏所以引魏以後文獻，只因為那比較「醒目」（容易看出彼此的關聯）。

⑦聖真仙中的聖，還有別的說法，如「於事無不通謂之聖」（《尚書．洪範》）、「大而化之之謂聖」（《孟子．盡心》）、「作者之謂聖」（《禮記．樂記》）、「仁者為聖」（《大戴禮記．誥志》）等，這跟真仙的性質不類，另當別論。

⑧按：彖傳雖然沒有說陰陽「精氣」交感，但我們也應該意會到那是指二氣中的「精氣」。因為只有二氣中的「精氣」相互感應才能化生萬物，而不是泛泛的二氣偶然相遇相融就可以了。凡是文獻中提到萬物為陰陽二氣所化，理當也是跟這個例子相同。

⑨所謂「凡人物者，陰陽之化也」（《呂氏春秋．和分》）、「天地合氣命之曰人」（《素問．寶命全形論》）、「氣凝為人。」（《論衡．論死》）都是指這個意思。由於人自我抬高身價，所以又有類似「故人者，其天地之德、陰陽之交、鬼神之會、五行之秀氣也」（《禮記．禮運》）、「人，天地

之性最貴者也」（《說文解字》）這樣的講法。

⑩按：《莊子》書中縱然不見類似上述陰陽二氣化生的言論，但在說「道」底下，又多提及「氣」、「陰陽」、「精」、「鬼神」等字眼，理當可以將上述言論彌補《莊子》書中這段「空白」，而無妨此處引該書所敘為證。

⑪《太平御覽》卷六百五十九引《太真科》說：「《玉皇譜錄》有百八道君，羣仙隨業以補其職。三善道者，聖真仙也。上品曰聖，中品曰真，下品曰仙。三清之間各有正位，聖登玉清，真登上清，仙登太清。玉清有大帝宮殿，皇帝、王公、卿大夫、吏、民，率以聖呼之，如聖皇聖帝之類是也，男女貴賤各有次第；上清有玄都玉京，七寶、紫微，率以真呼之；太清有太極宮殿，率以仙呼之。其上清、太清之品位，男女次第之統數，與玉清同。」這敘及聖真仙的品位，更為明晰。

⑫《抱朴子·金丹》又引《太清觀天經》說：「上士得道，昇為天官；中士得道，棲集崑崙；下士得道，長生世間。」這跟《仙經》的說法略有不同；還有《雲笈七籤》卷三引《三洞宗元》所列九仙（上仙、高仙、大仙、玄仙、天仙、真仙、神仙、靈仙、至仙）也沒有地仙，但這些都不關緊要。畢竟道教最看重的是在人間為仙（詳後），就暫且把這種仙稱作「地仙」。

⑬其實別的文獻也早就有混用的現象，如《漢書·藝文志》所謂「神仙者，所以保性命之真，而游求於其外者也」、《漢武故事》所謂「淮南王安好學多才藝，集天下遺書，招方術之士，皆為神仙，能為

雲雨」等都是；甚至可以追溯到《莊子．逍遙遊》先以「神人」立名，這都需要作點必要的「疏通」。

⑭至少《莊子》書中所說「神人」、「至人」、「真人」的本事，就屬同類（而可能是仙真的源頭）：「藐姑射之山，有神人居焉，肌膚若冰雪，淖約若處子。不食五穀，吸風飲露。乘雲氣，御飛龍，而遊乎四海之外。」（〈逍遙遊〉）「至人神矣！大澤焚而不能熱，河漢冱而不能寒，疾雷破山風振海而不能驚。若然者，乘雲氣，騎日月，而遊乎四海之外。」（〈齊物論〉）「古之真人，其寢不夢，其覺無憂，其食不甘，其息深深。真人之息以踵，衆人之息以喉。」（〈大宗師〉）按：這裏所說的「神人」，也跟「至人」、「真人」一樣有形體可見，顯然「神」已經發生了質變（原為陽氣中的精純部分）。除了神，鬼也有這種情況（參見王充《論衡》中〈論死〉、〈訂鬼〉等篇對俗說鬼有形體的駁辯）。

⑮旁人即使不相信那些仙真事蹟是真的，但聽了《抱朴子．論仙》所說的一段話後，應該也會有些釋然：「淺識之徒，拘俗守常，咸曰世間不見仙人，便云天下必無此事。夫目之所曾見，當何足言哉？天地之間，無外之大，其中殊奇，豈遽有限？詣老戴天而無知其上，終身履地而莫識其下；形骸已所自有也，而莫知其心志之所以然焉；壽命在我者也，而莫知其脩短之能至焉；況乎神仙之遠理，道德之幽玄？仗其短淺之耳目，以斷微妙之有無，豈不悲哉！」沒錯，誰能說他沒有見過仙真，就可以否定仙真的存在？

⑯參見涂爾幹（E. Durkheim），《宗教生活的基本形式》（芮傳明等譯，臺北，桂冠，一九九二年），頁四四一～四六五。

⑰換句話說，信徒可以得救，卻永遠不能變得像上帝那樣完美無缺（人永遠不能神化）。參見張灝，《幽暗意識與民主傳統》（臺北，聯經，一九八九年），頁五～六。

⑱另參見傅勤家，《中國道教史》（臺北，商務，一九八九年），頁一二一～一四一；葛兆光，《道教與中國文化》（臺北，東華，一九八九年），頁七八～三六七。

⑲《抱朴子．辨問》說：「按《仙經》以為諸得仙者，皆其受命偶值神仙之氣，自然所稟。故胞胎之中，已含信道之性；及其有識，則心好其事，必遭明師而得其法。不然，則不信不求，求亦不得也。」又〈微旨〉說：「然覽諸道戒，無不云欲求長生者，必欲積善立功，慈心於物，恕己及人，仁逮昆蟲，樂人之吉，愍人之苦，賙人之急，救人之窮，手不傷生，口不勸禍，見人之得如己之得，見人之失如己之失，不自貴，不自譽，不嫉妒勝己，不佞諂陰賊，如此乃為有德，受福於天，所作必成，求仙可冀也。」又〈金丹〉說：「民愚不信，謂（長生）為虛言，從朝至暮，但作求死之事，了不求生，而天豈能強生之乎？」《太上太霄琅書》說：「天地布氣，師教之真，真仙登聖，非師不成。心不可師，師心必敗。」

⑳按：《元氣論》文前半段未必是在說養氣、導引等術數，而是像在作觀念的提示；後半段才說及應有

的作為（「百行」當也包含各種術數）。

㉑詳見王瑤，《中古文學史論》（臺北，長安，一九八六年），頁一六六～一八〇；容肇祖，〈讀抱朴子〉，於《魏晉思想（甲編五種）》（臺北，里仁，一九八四年），附錄，頁一四一～一四六；藍吉富等主編，《敬天與親人——中國文化新論・宗教禮俗篇》（臺北，聯經，一九九三年），頁一八九～一九三。

㉒王惲《秋澗集》卷五十八〈奉聖州永昌觀碑〉說：「自漢以降，處士素隱，方士誕誇，飛升鍊化之術、祭醮禳禁之科，皆屬之於道家（教）……凌遲至於宣和極矣。弊極則變，於是全真之教興焉，淵靜以明志，德修而道行，翕然從之。」像全真教就沒有這些行騙、耗資的「包袱」。

㉓按：以「無驗」來批評仙真信仰，所得到的結果也僅止於「蓋然真」（參見註⑮），也就是說，成仙仍是可能的。所以無妨有興趣的人繼續去追求。

㉔《抱朴子・微旨》有兩段話，可以跟這段話相呼應或相解釋：「按《易內戒》及《赤松子經》及《河圖記命符》皆云：『天地有司過之神，隨人所犯輕重，以奪其算。算減則人貧耗疾病，屢逢憂患；算盡則人死。諸應奪算者，有數百事，不可具論。』又言：『身中有三尸，三尸之為物，雖無形而實魄靈鬼神之屬也。欲使人早死，此尸當得作鬼，自放縱遊行，享人祭酹。是以每到庚申之日，輒上天白司命，道人所為過失。又月晦之夜，竈神亦上天，白人罪狀。大者奪紀，紀者三百日也；小者奪算，

算者三月也（原注：或作一日）。』」

㉕當然，不只臺灣一地是這樣，連為道教大本營的大陸也是「每下愈況」（參見趙有聲等，《生死・享樂・自由——道家和道教的關係及人生理想》（臺北，雲龍，一九九一年），頁一八五～一八八）。

㉖按：「尸解仙」名目的出現，可以看作是仙真信仰全面勝利的標誌。它所意示的是：即使死了，也不過是換個地方（指天上）為仙而已。因此，死亡或環境限制，再也不足以困擾人了。

㉗「臨終關懷」是指對瀕死病人及其家屬的心理輔導和精神照顧。它起源於本世紀七〇年代英國倫敦「聖克里斯多福臨終關懷機構」所從事的一系列工作（參見黃天中，《臨終關懷理論與發展》（臺北，業強，一九八八年），頁一～四五）。以這個為出發點，加上傅朗克（V. Frankl）「意義治療學」和森田「根本的自然療法」，一門死亡學（生死學）就在學者這般穿針引線下成立了（見傅偉勳，《死亡的尊嚴與生命的尊嚴——從臨終精神醫學到現代生死學》（臺北，正中，一九九三年），頁一七六～二三七）。人文學界和社會學界的學者們，近來不但勤於研究死亡的課題（一九九四年四月出版的《哲學雜誌》第八期，製作了一個「生死與輪迴」專題，可以窺見整個研究的趨向），還極力呼籲在國內成立「臨終關懷」機構和開設死亡學課程（據報載臺大心理學系已於八十二學年度下學期（一九九四年上半年）開設「生死學的探索」通識課程（見一九九四年五月二十八日《中央日報》，第五版），而先前部分大學院校也曾開設「死亡問題」、「死亡社會學」、「死亡心理學」等課程（見黃

天中，〈不知死，焉知生——死亡教育的莊嚴意義〉，於一九九四年六月十日《中央日報》，第五版，「中山學術論壇」專刊）」，使得死亡學寖寖然有躍居當代「顯學」的樣子。

㉘今本地民衆多集中在都會區，少數公園、學校操場是他們運動健身的地方，但就在他們最常選擇的清晨時段，正是空中的浮塵、濁氣、毒氣遇低溫下降的時刻，大量吸進反而有害健康。還有整個醫療保健系統雖然也有日漸在成長的跡象，但對於醫療保健的品質及周邊設備和廢棄物的處理，卻難以令人樂觀。以至古來被認為可以達到長生久視的兩個途徑：術數和藥物，在當今幾乎沒有了繼續「發展」的餘地。

㉙過激主義是一種觀點，贊成對現有制度或社會的基本方面作急劇的改革〔參見龍冠海主編，《雲五社會科學大辭典·社會學》（臺北，商務，一九八八年），頁二二〇〕，這跟競求短利又構成一體的兩面。而臺灣當前的社會，正瀰漫著這樣的風氣。

㉚見卡西勒（E. Cassire），《人論》（結構羣審譯，臺北，結構羣，一九八九年），頁一三一～一三二。

㉛仙真信仰當然不可能沒有副作用（諸如為了求仙而荒廢「正事」、假借仙名炫燿方術而誤己誤人等等，都有可能發生），但經過那麼長久的演變（或歷鍊），我們應該比前人更有智慧來看待或安置這種信仰，所以這裏僅就它的正面意義論說。

第六章　佛教的當代變貌與俗化迷思

一、概念的界定

起源於印度的佛教，早已在印度本土沒落了，但北傳的大乘佛教和南傳的小乘佛教，以及藏傳的後期佛教，卻在東亞、東南亞和西藏等地延續著。尤其北傳的這一支，在中國歷經將近兩千年，於隋唐時東傳日本，現在更傳遍五大洲，所掀起的信仰熱潮和研究風氣，戛戛乎有凌駕其他宗教的趨勢。這種現象，似乎無法用「佛教的基本教義適合於各種剝削階級的利益，因而得到不同國家的歷代統治者的支持」①一類簡單的理由所能解釋，它的偶然性或緣起法及解脫法門特能吸引人心都有可能。因此，我們不妨略去無謂的「追溯」工作，而專注在佛教實際的運作的考察上，也許會有一些意外的發現。

這在當代，由於佛教積極的「入世」，脫去了原有的神祕面紗（由深奧的教義和繁難的修持綜合摶成），特別令人刮目相看，而不免懷疑起這一番變動，究竟是佛教的宿命，還是人爲的異化。根據個人的考察，後者的成分可能較多，而它所引發的問題，恐怕也不是今人容易想像的。「五十年以來，中國佛教歷經了佛教徒所謂的『災難』。特別稅或『進貢』加諸於佛教教會之上。寺廟被政府、軍閥或地方人士改變成學校或軍營，分文不賠償。財產沒收充公，拍賣所得用以支助學校、地方自衛隊或本省軍隊的經費。寺廟田地的佃農不交地租。神像被破壞。和尙和尼姑被趕出寺廟之外……但是，佛教並沒有向這些災難屈服。相反的，它擡起頭來向前走出堅定而勇敢的步伐」②、「近數十年來，知識分子信仰佛教的人數，有大幅度的增加。然而，不客氣的說，這些現代知識分子，眞能認識古代教內知識分子所締造之佛教學統者，並不多見……畸形的發展風氣之下，乃產生下列偏頗之論：參禪者不論自己有無體驗，往往以『不可言傳』來輕視言教者。學淨土者，動輒謂六字洪名（南無阿彌陀佛）之外，皆爲說食數寶。並以爲研求學統，是無謂的浪費精力。學密者更甚，幾乎可以將客觀的佛教史實及密教之外的大小乘教義全然拋棄不顧。密宗修習者之中，雖然也常會有『學密之前，須學顯教若干年』之說，但是目前的學密者眞能對顯教有較深認識者，恐怕百不得一」③，不論是佛教本身爲了因應外在的變局（上引前文中特指民初時狀況）而調整作法，還是信佛者專挑「方便法門」或有利自己發揮的部分持守而「曲引」了佛教的走向，都可看出佛教在人直接間接的「推動」下，已經不同於往昔，而研究者想要以正傳佛教或佛教學統來相衡量或相對諍，似乎也不知道關鍵在那裏，而提不出有力的「導引」對策。這在個人的考察裏，佛教最大的問題是正在走向一條沒有遠景可以期待的「俗化」道路。它不僅威脅著佛教原有的教義，還有形無形的加重了人類「倉皇困頓」求生存的負擔。這都有待細細掘發論辯，才可望發揮一點「匡正」的功效或盡一個佛學愛好者所能展現的「言責」。底下的討論就從「當代變貌」和「俗化迷思」兩組重要的概念界定開始。

照理說，佛教所著重的解脫法門，應該不限於解脫者所處情境，只要他自覺獲得解脫都得算數。因此，像底下這兩個例子，我們實在沒有理由說那不是一種解脫或符應佛說解脫：「（禪僧法演所說）有一個小偷連續作案作了好幾年都沒有出差錯。有一次他的兒子問他是怎麼賺錢回家的。這個小偷就帶著他的孩子走到一個有錢人的家裏，打破牆，弄開一個衣櫃，叫他的孩子進去。接著他便把衣櫃鎖起來，大聲喊叫，就跑回家了。宅子裏面的人跑出來找小偷，但是後來認為小偷已經從牆上的破洞跑了。那孩子在衣櫃裏又惱又氣。突然他靈機一動，就學著老鼠的叫聲，宅子裏的人聽到了，便吩咐僕人打起燈火打開衣櫃檢查。衣櫃一打開，那孩子一下子跳出來把燈火吹熄，敏捷的跑到外面去了。他丟了一顆石頭到井裏，使追他的人誤以為老鼠已經跳進井裏。回家之後，他的小偷老子正在等他，他向他父親抗議，而他老子說：『孩子，從現在開始你不怕沒飯吃了。』」④、「半世紀以前，某州立監獄中的一名囚犯成功地越獄了，但在幾星期之後他又被逮捕回來。監獄的守衛對他進行好幾天的疲勞審問：『你是從那裏取得鋸子來切斷鐵窗的？』他們不斷地盤問著。不久後這名囚犯崩潰了，招供了他是怎麼設法切割鐵窗。他說他是利用在機器房工作的機會收集小股的麻線，然後把它們浸入膠液中，收工後偷偷地帶回他的牢房。每天深夜他都起床去『鋸』有一吋厚的鋼製鐵窗，三個月後他就潛逃出去了。守衛們接受他的解釋，將他再度監禁起來。這一次不再讓他有接近機器房的機會。然而，這並不是故事的終結。大約三年半後的一個月黑風高的夜晚，這名囚犯又再度越獄成功了。守衛們發現鐵窗又以完全相同的手法被切斷了。雖然這名囚犯再也沒被逮捕回來，但他逃獄的方法在囚犯間被四處傳誦著。原來他在兩次越獄中都沒有用到機械房中的任何東西。他有更好的應變手段，他是使用得自他襪子的羊毛線，以唾沫濡濕後，再在水泥地上揉成有切割功能的條形物」⑤。後者被用來印證成功者「富有應變的才略」，而該囚犯的應變逃脫自然也是一種了卻煩惱的「上乘」作法。前者被用來點出中國禪所著重的是「心靈在處理困局時的敏銳」（不像在印度那般是一種戒律修持），而該小偷兒子的機智解危無疑也是一種免受困擾的「極佳」策略。雖然如此，佛教所說的解脫，在消極面有以貪瞋癡慢疑為戒，道德色彩仍然濃厚，上述「囚犯」、「小偷兒子」的業障並不會因他們一時的逃離束縛而減輕，以至這不可能會是佛教所極力認可或鼓勵的模式。因此，如果有人要再以這類例子充當佛教的解脫的經驗，就形同是一種原始解脫法門的「歧出」。這個問題本來也是值得探討的，但它僅僅是個特例（個例），還不足以用大篇幅來處理。換句話說，這裏所謂的「當代變貌」，是特指由過去的常態轉變爲現在的常態（而「當代」和「非當代」約略以二十世紀「現代化」出現爲分界線）。

至於「俗化迷思」部分，是指佛教在當代的演變日趨世俗化，而世俗化正是佛教的一大「致命傷」，所以研判佛教的現時作爲有「不切實際」的嫌疑（迷思是myth的音譯，意爲神話，在這裏還讓它兼有「迷惑之思」或「迷失之思」的意思）。原來一般所謂的世俗化，是指「有關於超自然的信仰以及和這種信仰有關的實踐已經失去權威，而宗教的制度也失去社會影響力的過程」；而世俗化的因素很多，包括「科學的成長」、「民族國家的興起」、「資本主義的傳布」、「宗教問題的妥協」、「宗教社會的失落」、「其他體制」（世俗節日和活動取代教會的社會教化功能）等等⑥。後來又指宗教本身有意擴充「救贖」和「解脫」的範圍，它以歷史化的方式來詮釋罪這一觀念，認爲自罪中解脫必然跟社會和政治的解放不可分離（同樣是歷史性的過程），結果是解脫不僅須包括心靈救贖的方案，同時也須包括社會／歷史性的方案（在這一救贖方案所提出來的替代性社會秩序中，其社會結構不會系統地割裂人和上帝，以及人和其兄弟姊妹的關係）

⑦。前者因本世紀末有不少新興宗教在世界各國風行⑧，使得宗教權威有復振的趨勢，而降低了該所指世俗化的色彩；倒是後者一出現，儼然有成爲宗教世俗化的新指標，它不只顯現在基督教將「神聖」和「世俗」的二元區別逐漸解消，也顯現在佛教將「出世」和「入世」的二元區別逐漸解消⑨。這裏所說的世俗化，自然是指後面這種情況。此外，佛教的世俗化主要是以臺灣一地爲考察點，因爲它是當代佛教事業少有的「發達」區域，很可以作爲我們討論反省的素材。

二、傳統佛教的樣貌

佛教是釋迦牟尼於西元前六世紀在印度創立的。而於西元二世紀時傳來中國⑩。它原以倡導達到「梵我一致」的境地而擺脫「生死輪迴」的無盡苦海爲修行目標，但在發展的過程中卻出現了戲劇性的變化：首先，「佛教——從積極地反抗儀式、臆測、恩典、神祕，和神的人格化開始，最後又規模宏大地恢復這些原素——是一個具有若干表面矛盾的宗教。在這些矛盾中最顯著的是：佛教盛行於今日每一個亞洲國家，唯獨印度除外。一般說來，佛教在世界各處獲勝的情形是極其動人的；在它的發源地，卻好像失敗了」⑪；其次，佛教徒本重修持而以乞食維生，但在後續的階段中佛教轉以寺院形態面世，開始探取世俗所有的產業，而「佛教寺院產業因爲沒有分遺產這件事，所以資產日積雄厚，可以用作資本龐大的生產事業……所以寺院日趨富有。後來寺院錢財有直接用來作買賣的。矛盾的關係站在這一點上：一個由棄世者組成的團體，竟然變成了資本主義誕生的溫床」⑫；再次，佛教在離開印度本土後，教義和儀制都產生了變化，就以傳到中國的部分為例，明顯形成了許多特色：「首先，中國佛教擁有規模無比龐大的漢文《大藏經》……其次，中國佛教從大乘佛教出發，形成了把大小乘融為一體的一乘佛教教理體系……再次，中國佛教在其發展中產生了各具特點的宗派（如天臺宗、三論宗、華嚴宗、唯識宗、律宗、禪宗、密宗、淨土宗等）……最後，佛教在中國傳統文化影響下，逐漸適應了社會各階層的需要，在一般民衆中獲得了生存的基礎」⑬。這就構成了個人所能掌握的佛教傳統，而這個傳統是在離開印度後逐漸形成的。

在這個傳統中，有幾件事（幾個現象）特別值得我們注意（以中國佛教為例）：第一，佛教徒出家修行，不事生產，一向被認為對社會、經濟、國勢盛衰等有著不利的影響。歷代排佛論者便往往基於實際的利害來攻擊佛教，如魏晉南北朝時就有人指責佛教徒「坐食百姓」、「不蠶而衣，不田而食」、「聚斂百姓」，以至「天下有飢乏之憂」（詳見《弘明集》卷一、卷六、卷八）；又有人指責佛教徒「規免租役」、「空國賦算」（詳見《廣弘明集》卷三、卷七）；更有人指責佛教徒逃避勞役和兵役，以至「傷治害生」（詳見《弘明集》卷十二）；甚至有所謂的「破國」

（佛教「苦剋百姓，使國空民窮」）、「破家」、「破身」等三破論的出現（詳見《弘明集》卷八）。唐武宗會昌五年的排佛詔書中，也曾力陳過其中的弊害：「九有山原，兩京城闕，僧徒日廣，佛寺日崇……一夫不田，有受其餒者；一婦不織，有受其寒者。今天下僧尼，不可勝數，皆待農而食，待蠶而衣，寺宇招提，莫知紀極……晉宋齊梁，物力凋瘵，風俗澆詐，莫不由是而致也」（《唐會要》卷四七）。這有一部分原因也跟佛教徒本身偶有的貪得無厭有關（不全是佛教的不事生產習俗所致），所謂「沙門而復縱無厭之求、貪有爲之利。勸俗人則令不留髓腦，論嚫施則便無讓分毫。或勝貴經過，或上客至止，不將虛心而接待，先陳出手之倍數。此乃有識者之同疾，海內之共知」（《廣弘明集》卷四），說的正是這種情況。難怪北魏太武帝、北周武帝、唐武帝、五代後周世宗要大肆排佛毀佛（據《資治通鑑》卷二四八「武宗會昌五年八月」條載：「歸俗僧尼二十六萬五百人……收（寺院所屬）良田數千萬頃，奴婢十五萬人」，所收寺院良田有數千萬頃之多，可見歷代統治者常說的「僧尼耗蠹天下」的話，並不是全然無稽的⑭。此外，有些佛教寺院也不免於「錯舛隱匿，誘納姦邪」，而有些佛教徒還會「擁齋衆而反」「潛謀逆亂」，如《舊唐書．高祖紀》載：「京師寺觀不甚清淨，詔曰……（惡僧）進違戒律之文，退無禮典之訓。乃至親行劫掠，躬自穿窬。造作妖訛，交通豪猾。每罹憲網，自陷重刑……又伽藍之地……錯舛隱匿，誘納姦邪」、又〈高開道傳〉載：「（隋末）有懷戎沙門高曇晟者……與其僧徒五十人擁齋衆而反。殺縣令及鎮將，自稱大乘皇帝。立尼靜宣爲耶輸皇后，建元法輪」、《隋書・五行志》下載：「（隋煬帝時）桑門向海明，於扶風自稱彌勒佛出世，潛謀逆亂……舉兵反，衆至數萬」等，這也會增強統治階層反佛的情緒⑮。或許是因爲這些排佛毀佛事實的存在，使得佛教自覺到要自食其力（不再專靠十方信衆的供養），而開始有叢林制度的建立。這從晚唐以來，已經形成中國佛教的一大特色：它規定佛教徒依長幼輩分，各安其位，住在一個像「家」一樣的大寺院裏共同生活；勞役平等，福利、經濟平等，即使是叢林的領導人（住持和尚），也必須嚴守「一日不作，一日不食」的規則。此外，叢林中的經濟，完全自給自足，不必仰仗信徒的施捨或奉獻⑯。從此徹底改變了原始佛教徒的乞食生活，同時還可以因應教外的批判。

第二，在佛教的叢林制度中，含有相當複雜而嚴格的「清規」〔先前佛教徒只守戒律，如不殺生、不偷盜、不犯淫之類——在持戒行爲中，中國佛教徒對於素食特別強調。依照釋迦牟尼所制定的戒律，不但沒有「不肉食」的規定，而且還有「可以食肉」的明文記載，如「爾時佛在波羅捺國。時五比丘……（乞食）得魚，佛言：『聽食種種魚。』得肉，佛言：『聽食種種肉。』」（《四分律》卷四二）這到了中國以後，逐漸有「食肉斷大悲種子」的說法（見《佛祖統紀》卷三七）而相率改以素食⑰〕，對於佛教徒的日常儀節、課誦、禮拜、法會（替人唸經作佛事）等都起了一定的制約作用⑱。然而，在後續的演變中，佛教徒並不完全受這種「清規」的限制，「有作地理師者，作卜筮師者，作風鑑師者，作醫藥師者，作女科醫藥師者，作符水爐火燒鍊師者」，還有「畜僮僕供使令者」，以及「有手持緣簿如土地神前之判官者；有魚擊相應，高歌唱和，而談說因緣如瞽師者；有扛擡菩薩像、神像而鼓樂喧闐，贊勸捨施，如歌郎者；有持半片銅鐃，而鼓以竹箸，如小兒戲者……」，專作被人抨擊為「末法之弊極矣」的「雜術」（詳見雲棲袾宏《竹窗三筆》）。到了有清一代，整個叢林制度幾乎面臨崩潰的邊緣。這從當時的諺語，就可以窺見一斑：「無法子就做和尚，和尚見錢經也賣，十個姑子九個娼，剩下一個是瘋狂，地獄門前僧道多」。倒是從唐朝興起的另一種制度「結社念佛」（以在家居士為主的佛教團體），一直到清代還在流行，並有轉化為祕密宗教的態勢⑲。

第三，佛教從有叢林制度開始，對於向來就陸續配合在做的一些社會福利事業，終於更有「能力」擴大它的規模（有的獨力經營，有的受政府委託或兼執行政府命令），舉凡貧病的救護、喪葬的料理、罪犯的教化、地方公益事業、住宿娛樂、設庫融資等等，都少不了佛教的參與。有人認為佛教徒服務社會、濟度世人的行為是有教義做基礎的，並不只是一般宗教性的善行而已，因為佛教徒主要的修行德目是六波羅蜜（六度）和四無量心。六波羅蜜是布施、持戒、忍辱、精進、禪定和般若（智慧）；四無量心是慈、悲、喜、捨四種心態的充量至極。這些德目包含兩類內容：第一是促使個人解脫的智慧和修持；第二是對於眾生的同情和救濟。可見「捨己為人」不只是一種泛泛的宗教情操，而且是完成宗教目標的必經途徑（《優婆塞戒經・莊嚴品》說：「菩薩為欲增福德，故施於貧苦……欲捨一切苦因緣，故施於貧窮。」由這段經文可知，救濟別人是自他兩利的事，並不是常人所認為的損己利人的行為。還有《大智度論・釋奉鉢品》說：「尸毗王苦行奇特，世所希有……帝釋自化為鷹，毗首羯磨化作鴿。鴿投於王，王自割身肉，乃至舉身上稱，以代鴿命，地為震動。是時釋提桓因等心大歡喜，散衆天華，歎未曾有。」釋迦牟尼前生為尸毗王時，為了救度一隻鴿子，都可以割下身肉，何況為了救濟世人？這種捨己救人的觀念，對虔誠的佛教徒來說，是沒有不具備的）⑳。當然，在這些社會福利事業中，也有一些有明顯「利益」可圖而難免出現「質變」現象的，如歷代佛教所經營的碾米製粉、藥舖、旅社、當舖、茶舖、紡織、錢莊等事業，本都是服務性的，但像錢莊（設庫融資）一類卻不免流於專斷詐欺，讓人深感鄙惡（陸游《老學庵筆記》卷六說：「今僧寺輒作庫，質錢取利，謂之長生庫，至為鄙惡」）；此外，還有一類公然娶妻養子而以經懺為謀生手段的「應付僧」（詳見《佛祖統紀》卷四三），更令人不敢領教！

三、當代佛教的重大轉折

以上所爬梳的傳統佛教的幾個面相，在當代出現了重大的轉折，就是越來越凸顯它的社會福利事業面。稍早剃度出家的佛教徒，很少是因爲信仰的關係，「他們『遁入空門』，爲的只是貧窮、疾病、父母的奉獻，或者在祈求病癒或消災祈福時承諾將孩子送入寺廟、家庭破碎等，有的甚至是因爲犯罪。有一個尼姑說，中國女人穿上僧衣，有下列八個原因：㈠眞實且深刻的信仰；㈡因奉獻、疾病、失養、無人照顧，或相命者之言或父母之命；㈢夫死無望；㈣婚姻不幸；㈤貧窮；㈥家庭不幸或類似問題；㈦受出家的姊妹、近親或朋友的影響；㈧如果她們是女傭，則是爲了逃避苛刻的女主人。在這些原因之中，『婚姻不幸佔第一位』，而『百分之六十到七十的人走這條路是因爲沒有別的出路』。在她所看過的十五個初次剃度的尼姑當中，有七個人在剃度時哭了出來」㉑；而當代「新」的佛教徒，不論男衆或女衆，大都是經過選擇的，一般寺院已經不再淪爲失意人的收容所或老年人的頤養院（據佛教界所發出的反省，認爲對受戒者要有嚴格的限制，「如果對受戒者沒有嚴格的規定，只重量而不重質，殘廢老弱，畸形怪狀，只要穿上僧服，來則皆收，多多益善，結果造成滿街滿寺的殘廢老弱的『僧寶』，及他們所表現的那種畸形怪狀的佛教精神，是否能住持佛教，爲人表率？何況，現在全國各地的寺院，無形中已變成養老院了，一片暮色，毫無朝氣，這種可悲的現象，我們不能及時的設法制止或補救，已經不對，豈能變相的加以鼓勵嗎？」㉒）。雖然當今佛教徒出家的動機仍然很複雜，「有的是自幼生長在佛化家庭中，受家庭影響親近道場，長大之後再加上個人對佛教的體驗而決定出家；也有的是因目睹親人摯友突然罹患重病甚至死亡，興起深刻的無常之感，進而接觸佛法而出家。也有在就業數年後，對生命存在的意義起了巨大的懷疑探索之意，於是到寺院聽經禮佛修行而萌出家的念頭。但絕大多數是在大學時代因參加佛學社團，四處參訪道場親近法師研讀佛經，而種下了出家的根苗」㉓，但佛教團體爲了便利轉型而積極號召知識青年參與弘法工作，卻是不可否認的事實。

這些佛教團體，不再過以往較屬自度型的農禪自修或替人做經懺佛事的生活方式，而改走「人間佛教」的路線㉔，以出世的精神來入世濟衆，走入紅塵關懷社會，宣揚踐履大乘佛教菩薩道的精神。極力於從事慈善、文化、教育、醫療、觀光等各方面的社會工作。而所配合（夾帶）的弘揚佛法工作，也以信徒取向爲原則，將佛法普及化、大衆化、生活化，設計各種適合信徒需要的設備和活動，如在都市設立道場舉辦各種年齡層、職業層的佛學活動，於是兒童、青少年、大專青年佛學營、中小學教師佛學營、各工商企業團體的營活動，以及常態性的禪七、佛七、各種法會活動、短期出家等，可說應有盡有。此外，也有道場開設插花班、書法班、合唱班、素食烹飪班等，還有舉辦國內外佛寺名勝遊覽朝聖的，五花八門的信徒取向的弘法活動連番上演㉕。這比起佛教前轉型期所辦理的「演講會、研究班、讀經班、圖書館、博物館、傳道會、佛教青年會、紅十字會、戰場、醫院、孤兒與飢荒的看護與食物救濟，衣物的募集與發放、探監、生畜的照料與放生」等等社會服務工作㉖，要來得吃重而能激起社會部分的脈動。另外，在傳播佛法上，更是運用現代科技全方位的出擊，除了出版書籍雜誌、錄音帶錄影帶，更舉辦數千人參加的大型演講，乃至運用電視、廣播、電子網路、多媒體等來傳播佛法。而在經營策略上，將現代企業中的管理理念導入組織運作中，建立制度化的組織，並且不斷擴大組織，建立跨地域性的信徒網路，吸收社會資源㉗。這更不是傳統的弘法方式所能比擬（據報載，佛光山將於一九九七年成立「佛光衛視」電視臺，除了為原本熱絡的衛星電視市場多一分競爭力，也實現星雲法師以電子媒體弘揚佛法的願望——佛光山國際佛光會在世界五大洲都設有道場，日後一旦「佛光衛視」成立，將一改弘法方式，並且因目前衛星電視及地方第四臺的競爭激烈，尤其是「全民民間無線電視」將在五月試播，再加上目前臺灣佛教各宗派都利用第四臺的有線電視系統弘法，「佛光衛視」日後的經營方式將是電子媒體所關注。見《中央日報》第二四版，一九九七年二月十二日。按：該衛星電視，已於一九九七年底前成立了）；而它也正是佛教在當代一邊服務於社會一邊受惠於社會的寫照，幾乎可據以為改寫一部佛教史。

當代的佛教團體，為了容易推動它們的社會福利事業（兼行弘揚佛法），在內部的運作上自然也起了很大的變化，所謂「農禪寺僧團的生活形態有了相當大幅度的轉變。由從前靜態的、偏重個人內修，與世俗保持距離的生活方式；到目前動態的、忙碌的、入世的參與社會多項教化工作。他們每天的作息中，最大的改變就是加入了大量的固定辦公時間。他們參與基金會的各項工作、舉辦各種講座與活動，積極回應社會上的各種問題……凡此種種，可以看出為了建設法鼓山，達成建設人間淨土的目標，農禪寺全面走向將佛教普及化的教育與文化推廣工作，希望將佛教的教理與日常生活結合起來，發揮宗教的社會功能」㉘，這不啻說明了當今的佛教徒跟世俗中較忙碌的人相比，並無兩樣；「在慈濟功德會內部，平日各種的聚會中，經常的可以聽到，尤其是基層或是管理與企劃方面的幹部，說：『上人今天的脚步，眞的是非常的快，要趕快跟好，不然就跟不上了……』證嚴法師自己也說：『慈濟目前非常需要兩種人才，一種是電腦，一種是管理。』均說明了證嚴法師她推動制度化管理的用心」㉙，這也透顯了當今的佛教徒自覺到要調整教團內部的組織，才能因應外在的變局；「在香光尼僧團這樣一個年輕的團體中，學習辦事是全然的新嘗試，因此養成了尼僧團成員勇於任事，在領執中來修行的觀念。她們強調在執事中耐煩、感恩的重要，並藉著執事來改掉自己的陋習。在各類執事中，不斷反問自己：『你用什麼樣的心情來面對？來做事？』時時觀照自我的起心動念。而也就是因為這份勇於任事的積極精神，在現代僧伽關懷社會的功能表現上，香光尼僧團做了許多關懷社區的文教、輔導、環保等方面的活動，在社會上建立起公益團體的良好形象」㉚，這也暗示了當今的佛教徒爲了樹立自己所屬教團的威信（形象），時時得煞費苦心；「佛光山在國內有四十二個道場，在國外有三十七個道場，另外還有附屬的事業，包括好幾個基金會，其中有大學、佛學院、中學、托兒所、出版社、雜誌社、書店、福利社、墓園……一共二十三個事業單位，這些全部加起來有一百多個企業體。想起來實在非常龐大，臺灣的企業很少有這麼大的規模」㉛，這也徵候了當今的佛教徒要不斷擴大事業規模，以確保所屬教團的生存。而不論怎樣，當代佛教的內外作爲，已經引發舉世的矚目（除了海外有道場，還有不定時的援外賑災，都看在世人的眼裏），比起傳統佛教所做的一切，相去不可以道里計。

四、落入俗化迷思

佛教在當代的種種表現，總括一句是爲了濟世。它所受到的讚揚，自然不難理解：「隨著臺灣工商社會的脚步，佛光山連鎖式的佈道所如雨後春筍，在全國各地紛紛成立分機構。這時花蓮慈濟功德會，以會員制，很快也發展到全國各地。以慈濟功德會會員的奉獻，其功德金每一年度可高達數十億。佛教因有經濟基礎，大大創辦一番事業，既能弘揚佛法，覺醒人心，提昇人文素養，又博得大衆支持與讚美……迨至近年來臺灣經濟發展面臨考驗，國內外的衝力很大，爲因應生存，經營方式採資本密集與高技術的導向。佛教界大德們洞察先機，此時大力興辦大專院校，先後已成立或即將成立的有：華梵工學院（已改名爲華梵人文科技大學）、慈濟醫學院、佛光大學、法鼓大學、玄奘大學等……這對弘法利生，將創歷史先例」㉜，而它內部的修行法門「禪道」，被企業界所吸收（挪用），提高了營運的績效，所得到的「不虞之譽」也可以明白：「一九七〇年代，世界能源危機，美國以哈佛大學爲首的經營管理正面臨考驗，東方日本來個『禪的管理』，竟然能使產業經營恢復生機。禪的管理不脛而走，『日本第一』接踵而來。其實日本人懂得運用佛教『自我驗收』的方法，從內心自我要求的原理，建立起一套經營方式。近年來中國大陸風迷『氣功』也出自佛教強身之名。這些禪的管理、氣功也流行臺灣，成爲工商界自我訓練的方法，寺院開禪修班、氣功班也成爲風氣」（同上）。然而，佛教這樣一路走來，卻問題重重。

第一，佛教在當代所以受到社會大衆的肯定，主要是它做了許多的社會福利事業，但我們看這些社會福利事業（慈善、文化、教育、醫療、觀光等等）本是政府所要做的，現在佛教「搶著做，結果是政府袖手旁觀，而我們百姓依然要繳稅養一批「少做事」的官僚，並且還要大量「樂捐」給佛教界「代替」政府做事，這又成何體統？歷來大家所期待的「大同社會」（「大道之行也，天下爲公，選賢與能，講信修睦。故人不獨親其親，不獨子其子，使老有所終，壯有所用，幼有所長，矜寡孤獨廢疾者皆有所養。男有分，女有歸。貨惡其棄於地也，不必藏於己；力惡其不出於身也，不必爲己。是故謀閉而不興，盜竊亂賊而不作。故外戶而不閉，是謂大同」（《禮記・禮運》）」，或現代人所提倡的「民主、自由、均富的社會」，都得由大有爲的政府帶領全體國民來經營，而無法單單期許某一團體或某一宗教去完成，否則民衆又何必納稅給政府（直接交給該團體或該宗教不就好了）？現在佛教不（不敢）幫著敦促政府做好社會福利事業，而處處要自己率先去做，這又爲了什麼？

第二，佛教所從事的社會福利工作，全靠勸募所得款項來支撐（佛教本身非生產單位），不但重複浪費社會資源（如上述），而且無法「譴責」污染環境、破壞生態的元兇：現代企業。「生態的污染和破壞，主要來自資本家和往往已和資本家相互勾結的政府，家庭垃圾的污染，一兩棵樹的遭到砍伐，其對生態的破壞，比起大工廠的排放污水和有毒氣體，乃至傾倒重金屬廢料的污染、破壞，可謂微乎其微。當代臺灣佛教（如證嚴法師和聖嚴法師所主導的）環保運動，專挑這些微乎其微的環保工作來做，在保守的佛教界，固然已經難能可貴、值得讚歎，然而，畢竟還是值得反省、針砭的事情」[33]，理由是「慈濟功德會和法鼓山的許多經濟來源，乃是破壞生態、製造污染的資本家。一九九二年十一月一日的《慈濟年鑑》這樣記錄著：『南陽、南誠實業捐贈「一九九二新喜美盃高爾夫球賽」活動報名費四十八萬元……。』對於政府，基於傳統佛教『上報四重恩』當中之『國恩』的說法，即使已是二十世紀末的民主時代，證嚴法師依然把國家領導人的政事，封建地尊爲『仁王德政』，『感恩』之情溢於言表……相反地……證嚴法師對於國會中反對黨人士的『爭爭吵吵、拍桌子』，卻頗不以爲然。在這種封建落伍的觀念主導之下，期盼證嚴法師能向捐錢的資本家和感恩的對象——施行「德政」的「仁王」施壓，以求得環境問題的徹底解決，恐怕不是一件容易的事情吧……」（同上）。在這種情況下，我們對佛教所從事的社會福利工作，豈不是得重新評估？

第三，原始佛教是屬於極端厭世的苦行團體的一員。它對世界的看法是認爲萬物都無常，虛幻，無實質。因此，萬物都無價值，應當棄絕。「雖然如此，財富還是在佛教裏擡頭。在佛陀的傳記裏，財富與世界的事業被用來象徵佛陀的高貴身分。佛陀的傳記是經過了幾百年信徒的幻想而構成的，與其說是歷史事件的記錄，無寧說是用來表達佛教的教義……早期僧團得到富有和威武的施主，引以爲榮……佛教徒對財富的矛盾心理，逃避不了謝和耐（J. Gernet）的注意力。在他的鉅著《中國五至十世紀的寺院經濟》裏，一開頭就引述一位富有康居商人的故事。那商人聽了佛經，將皈依佛，把自己所有的金銀財寶載上兩隻船上，預備把它們沈入海底。他沈了一隻，將預備沈第二隻船時，一團僧人跑到岸邊，懇求他不要把船沈掉，把錢財用來施捨」㉞。現在佛教要發展社會福利事業，更少不了對財富的依賴，這就不只構成行動和教義的相互牴觸（在佛教的經典中本就有不一致的地方，如《三慧經》說「恩愛財產，不得脫苦」，而《金色王經》卻說「寧當受死苦，不用貧窮生」，明顯自我矛盾。不過，佛教還有法施勝於財施的說法——《金光明最勝王經》卷三說「法施兼利自他，財施不爾……法施能淨法身，財施但唯增長於色」——這就沒讓佛教完全墮入俗流），還會造成信徒在彼處「拚命賺錢」而到此處「捐獻贖罪」的弔詭現象。試問佛教憑什麼可以讓這種情事繼續存在？

第四，當今的佛教徒個個身懷濟世的使命，每天忙於分內分外的工作（酷似一個「剃度」的儒家信徒——儒家最重「博施濟衆」），那有多少時間花在修行上（這是佛教徒的本行）？這有一個例子爲證：「我有一位朋友，是個電影導演。大概在十年前，他說要拍一部佛光山的記錄片，就約我一起到高雄的佛光山去住。在拍記錄片的時候，有很多麻煩的工作，這位導演就提出了很多要求。譬如說，有一個鏡頭必須爬到供桌上去拍，這時下面的師父都很緊張，因爲從來沒有人站在供桌上拍記錄片，所以就去請示星雲大師。星雲大師說沒問題，於是我們就爬到供桌上去拍記錄片……後來導演又要拍一個鏡頭，需要五百位出家師父在大殿裏一起做早課。當時佛光山只有一百位出家師父，但是星雲大師說：『沒問題！明天早上我們可以把中南部的所有出家師父都集中在大殿。』第二天清晨四點鐘，果然有五百位師父集中在大殿裏面……不只是這一次而已，最近陳履安先生把他父親的墓園遷到佛光山的墓園，在遷移墓園的那一天，佛光山動員了三千個師父在門口迎禮。哇！你看這種動員能力多厲害、多麼快，已經遠遠超乎我們的想像。我想在一般的企業裏也很難有這樣的動員能力」㉟。說者盛讚佛教團體的動員能力，但那裏知道這些佛教徒在應付世俗事務而形色匆匆的背後，已經日漸在耗損他們「抗俗」的能耐。雖然有些佛教徒也警覺到「處於現代社會中的出家衆，因爲深入社會做各種文教服務等工作，與在家人的世俗事務有很多的接觸機會，容易使自己流於俗化或有攀緣的行爲。因爲現代僧伽仍要以修持梵行爲出家人的依據，保持每日的禪修、持誦、懺悔禮拜等定課，以確保僧伽本色；才能使僧人的弘揚佛法眞能對社會具有淨化人心的教育功能」㊱，但問題是無法保證每一個出家人都能兼顧修行和服務社會。因此，當出家人本身都難以好好修行的時刻，又如何冀望他們也能好好指導社會大衆修行（以達到弘揚佛法的目的）？

第五，在教團本身的運作上，有的有制度化的組織在維繫，有的只靠志工在支撐，它們的不同，雖然有人做過概略的比較分析：「今天我們的確在佛教組織中也看到了佛光山事業的宗務委員會式的較大型組織，不過基本上它的長幼有序的基本原則，和以出家人爲主體的組織架構，仍然帶有一種親屬網絡的味道，不足以稱爲純粹的現代西方式的科層組織。而不同於佛光山的，慈濟功德會，它基本上是以在家衆爲構成的主體，參與者幾乎完全是志工的性質，他們不像出家衆那樣幾乎完全被宗教的戒律所約束，組織本身因此不能靠戒律的輔助來劃分成員彼此間權利與義務的層級關係，說起來慈濟功德會就連學習佛光山式的制度化組織的條件都沒有了。也就是說，就佛光山事業而言，其是否可說是一制度化成熟的現代組織尚有待商榷，但即使如此，慈濟功德會就其構成主體的性質而論，卻必定是要比佛光山事業的組織還要難以制度化的。況且慈濟功德會的證嚴法師母性關懷體貼式的家長式領導，與成員間有更強的人情紐帶的連結，它的走向制度化勢必要面臨更大的衝擊」㊲，但不可忽視的是，這些教團所以能發展到今天這個地步，幾乎都是靠它們的領導人以「卡理斯瑪」般的（領袖）魅力㊳在支配信徒或吸引羣衆，而這不可能一直持續下去的（也許有人會以佛光山爲例來反駁這一點：「大部分的寺院都面臨一個嚴重的問題，就是接班人的問題。像慈濟功德會、農禪寺、靈泉寺和蓮因寺等都有這樣的問題。國內的很多大師，他們都很難找到一個旗鼓相當的接班人；可是佛光山的星雲大師在六十歲的時候就已經交棒了，可見他派下的人才非常多，水準也非常整齊」㊴，言下之意，佛光山的經營比較有遠景可以期待。然而，我們別忘了，今天大家還相信佛光山，主要是星雲還健在，等他百年後，誰知道不會「樹倒猢猻散」呢）。因此，在可見的未來，任何一個教團要維持目前這樣「順利」運作的局面，一定備加困難；何況還有前面四個問題存在呢！

通觀佛教所以會走到這個地步，明顯可知的原因是：落入世俗化的迷思（背後也許還有權力意志或其他原因在「支持」著)。本來佛教是屬於一種神祕型的宗教㊵,以追求形上的涅槃(絕對寂靜)境界爲目的,現在逐漸世俗化後,原有的神祕性或玄奇性必然也會跟著「褪色」。這樣一來,佛教就難以維持它的本色,而越走越像世道俗流,甚至跟世道俗流沒有兩樣了。

五、重新出發的方向

如果以上的考察辨析還算實在的話,那麼對於某些學者一些泛泛的言談,我們就得有所保留:「在臺灣發展史上,寺廟是具有多功能的地方,尤其在民間信仰上,寺廟與民間生活的互動是分不開的……財政是庶政之母,寺廟也非財莫辦。任何活動都牽涉到金錢。在現代財務管理的方法上,寺廟要發展,即財務要健全,如何生財將成重要課題,而如何做好財務管理也一樣重要。從傳統到現代,應因時制宜,應好好去因應時代的脈動,寺廟的功能才能發揚光大」㊶、「從宗教之收入與捐獻即可看出:社會捐獻給宗教,宗教或再捐獻給公益團體、或辦教育、社會事業,爲促進社會進步、繁榮之樞紐……總之,五十年來,臺灣之宗教在經濟、社會、政治之改革中由被抑制,發皇而漸興盛;今後在可預見之將來政治改革成功後,宗教將更爲活躍;宗教也更能本著博愛、慈悲之救世精神促進社會更爲淨化,政治更爲清明」㊷。這顯然是太過樂觀,也太過昧於事實（當今宗教活躍的情況遠甚於過往任何一個時代，但社會、政治的紊亂和詭譎程度也沒有一個時代可以相比擬）。以佛教來說，它給社會投下的不確定變數（如上所述），可能比它對社會的正面貢獻還要可觀。這教人如何相信佛教以目前的形態繼續發展下去（其他的宗教也可以比照思考），會是社會甚至人類之福？

有人已經看出當今佛教在教義和實踐上有若干問題要解決，如「捨離精神和資本主義價值觀的衝突」、「衆生平等和人類至上觀念的衝突」、「戒律和現代生活的衝突」、「不同經論或宗派在教義上的衝突，使現代人無所適從」、「客觀研究和主觀信仰的衝突」、「缺乏系統性的組織」等等㊸。不過這大多可以透過「觀念」的調整或「實務」的轉型手段來因應㊹，並不像論者所想像的那樣棘手。眞正棘手的是前節所提到的那些問題，佛界中人絕難憑現有的智慧和能力一面走俗化道路一面化解因俗化所帶來的危機。只有抗拒俗化而回過頭來強調它既有的神祕性或玄奇性，才有獲致轉機的可能（至於前引企業界有藉助禪道發財的現象，也不可能有什麼遠景可以期待㊺）。而在回復神祕性或玄奇性後，對世俗的東西較少需求，也才可能藉以對治「現代化」（一個帶給世人深受創痛的「工業化」和「理性化」運動），讓人類眞正知道不再沈淪的辦法究竟在那裏㊻。否則，我們就很難看出佛教對人類來說還有什麼實質的作用。

註釋

①見呂大吉主編，《宗教學通論》（臺北，博遠，一九九三年），頁六五六。
②見陳榮捷，《現代中國的宗教趨勢》（廖世德譯，臺北，文殊，一九八七年），頁七二。
③見藍吉富，《二十世紀的中日佛教》（臺北，新文豐，一九九一年），頁九五～九六。
④見註②所引陳榮捷書，頁九二～九三。
⑤見芮基洛（V. R. Ruggiero），《實用思考指南》（游恆山譯，臺北，遠流，一九八八年），頁一三四～一三五。
⑥參見史美舍，《社會學》（陳光中等譯，臺北，桂冠，一九九一年），頁五〇九～五一一。
⑦參見林本炫編譯，《宗教與社會變遷》（臺北，巨流，一九九三年），頁八六～八七。
⑧參見托佛勒（A. Toffler），《大未來》（吳迎春譯，臺北，時報，一九九一年），頁四四九～四五二；奈思比等，《二〇〇〇年大趨勢》（尹萍譯，臺北，天下，一九九二年），頁二七八～二八一。
⑨參見傅偉勳，《從西方哲學到禪佛教——「哲學與宗教」一集》（臺北，東大，一九八六年），頁三九五～三九六；周慶華，《佛學新視野》（臺北，東大，一九九七年），頁二〇六～二〇七。
⑩參見呂澂，《印度佛教史略》（臺北，新文豐，一九八三年）；湯用彤，《漢魏兩晉南北朝佛教史》

（臺北，駱駝，一九八七年）等書。

⑪見史密斯，《人類的宗教——佛學篇》（舒吉譯，臺北，慧炬，一九九一年），頁一二〇。

⑫見黃紹倫編，《中國宗教倫理與現代化》（臺北，商務，一九九二年），頁二四四。

⑬見魏承思，《佛教的現代啟示》（香港，中華，一九九三年），頁一八～二一。

⑭參見藍吉富等主編，《敬天與親人——中國文化新論．宗教禮俗篇》（臺北，聯經，一九九三年），頁一〇三～一一七。

⑮參見孫廣德，《晉南北朝隋唐俗佛道爭論中之政治課題》（臺北，中華，一九七二年）一書。

⑯參見南懷瑾，《禪宗叢林制度與中國社會》（臺北，作者自印，一九六四年），頁二七～三六；註⑭所引藍吉富等主編書，頁三二～四八。

⑰參見註⑭所引藍吉富等主編書，頁一三〇～一三一。

⑱參見註⑯所引南懷瑾書，頁七～二七。

⑲參見註⑭所引藍吉富等主編書，頁四八～五二。

⑳參見註⑭所引藍吉富等主編書，頁一六二～一七二。

㉑見註②所引陳榮捷書，頁一〇五。

㉒詳見釋依仁，《僧團制度之研究》，中華學術院印度研究所碩士論文（一九八五年）；丁敏，〈臺灣

社會變遷中的新興尼僧團——香光尼僧團的崛起〉，佛光大學宗教文化研究中心等主辦「第一屆宗教文化國際學術會議」論文（一九九六年一月）。

㉓見註㉒所引丁敏文。

㉔有關人間佛教的由來，參見楊惠南，《當代佛教思想展望》（臺北，東大，一九九一年），頁七五～一二五；江燦騰，《臺灣佛教與現代社會》（臺北，東大，一九九二年），頁一六九～一八八；宋光宇，《宗教與社會》（臺北，東大，一九九五年），頁二〇八～二一五。

㉕參見註㉒所引丁敏文。

㉖見註②所引陳榮捷書，頁一〇六。

㉗參見林雯玲，〈慈濟基金會善款從何來——滴水不漏的募款組織網〉，於《統領雜誌》第一一三期（一九九四年十二月），頁二六～二八；林文元，〈談佛光山的「人間佛教」——佛陀眾生結緣共渡〉，於《統領雜誌》第一一三期，頁三二～三四；註㉒所引丁敏文。

㉘見丁敏，〈聖嚴法師佛教事業的經營形態〉，佛光大學籌備處主辦「佛教現代化學術研討會」論文（一九九四年十月）。

㉙見丁仁傑，〈現代社會中佛教組織的組織轉型與組織制度化有關問題之探討：以臺灣佛教慈濟功德會的發展為例〉，佛光大學宗教文化研究中心等主辦「第一屆宗教文化國際學術會議」論文。

㉚見註㉒所引丁敏文。
㉛見林清玄，《平常心有情味》（臺北，圓神，一九九六年），頁八六。
㉜見吳永猛，〈現代寺院經濟之探討〉，佛光大學籌備處主辦「佛教現代化學術研討會」論文。
㉝見楊惠南，〈當代臺灣佛教環保理念的省思——以「預約人間淨土」和「心靈環保」為例〉，佛光大學籌備處主辦「佛教現代化學術研討會」論文。
㉞見註⑫所引黃紹倫編書，頁二四三～二四四。
㉟見註㉛所引林清玄書，頁八七～八八。
㊱見註㉒所引丁敏文引聖嚴法師說。
㊲見註㉙所引丁仁傑文。
㊳見韋伯，《支配的類型：韋伯選集（Ⅲ）》（康樂等編譯，臺北，遠流，一九九一年）一書。
㊴見註㉛所引林清玄書，頁九一。
㊵參見秦家懿等，《中國宗教與西方神學》（吳華主譯，臺北，聯經，一九九三年），頁一一〇；鈴木大拙，《耶教與佛教的神祕教》（徐進夫譯，臺北，志文，一九九二年），頁三七～四五。
㊶見吳永猛，〈臺灣寺廟募款與現代社會的互動關係〉，佛光大學宗教文化研究中心等主辦「第一屆宗教文化國際學術會議」論文。

㊷見李志夫，〈現代臺灣宗教與社會變遷之因果關係〉，佛光大學宗教文化研究中心等主辦「第一屆宗教文化國際學術會議」論文。

㊸見註③所引藍吉富書，頁七九～九二。

㊹參見註⑨所引周慶華書，頁七七～一九五。

㊺參見周慶華，〈「企業禪」的危機與出路〉，華梵人文科技學院主辦「第二屆禪與管理研討會」論文（一九九七年五月），現列為本書第七章。

㊻參見註⑨所引周慶華書，頁二一～五九。

第七章「企業禪」的危機與出路

一、企業禪：一個時代的衍生物

佛教在中國向來除了講究修行和弘法，還做了許多諸如貧病救護、醫療事業、喪葬料理、罪犯教化、地方公益事業、住宿娛樂、融資借貸等等社會福利事業①。而不論是修行或弘法，還是社會福利事業，都涉及「管理」的問題，形同一個企業體的運作。這種「企業體」，從古代禪宗叢林制度的建立②，到當代寺院規模的發展，無不顯得獨樹一幟。尤其是當代的寺院，擁有龐大的土地、寺廟、員工和信徒（以佛光山為例，在國內外共有七、八十個道場，另外還有附屬的事業，包括好幾個基金會，其中有大學、佛學院、中學、托兒所、出版社、雜誌社、書店、福利社、墓園……一共二十幾個事業單位，合起來有一百多個企業體），遠非其他企業體所能比擬；而它強大的動員能力、尊重個人的志願和才能、勇於接受新的事物及永續的培養人才等管理特色，也被今人所津津樂道③。不知佛教這種經營方式，是否對其他企業有所啓發（當然佛教也有可能吸收其他企業的精神），有一點是可以肯定的，就是佛教內部的修行法門「禪道」，正在延伸向其他企業，而有所謂「企業禪」的名稱和事實。

嚴格的說，「企業禪」只是現代版的格義學，而不是禪道本身的自然演變（如原始佛教的修習禪到中國禪宗的祖師禪之類）。因爲那是企業根據它的需要而借重禪或援引禪，使得企業能永立不敗之地，跟一般所理解的禪重在「解脫」相去甚遠。由於企業禪在當代企業王國日本頗爲風行，成就了一批有名的企業家（如松下幸之助、盛田昭夫、松野宗純、福田一郎、早川種三、坪內壽夫等等），連帶刺激了國內的企業界，一時禪風四起；有人修習，有人講論，有人著述，好不熱鬧！而在這股企業禪的風潮中，禪道被看成是企業人事管理和賺取利潤的一大助緣，所謂「偏見的形成來自對於事物或觀念的固定化，形成的偏見以及拘泥於事物或觀念，將妨礙有彈性的自由構想，即本來應該是『空』的自由生活方式。即使在當今的經濟世界裏，也同樣認爲思想或常識的固定化，將影響企業的活力和彈性，損害企業的努力和業績，而禪更是如此。因此，我們必須完全拋棄這種因爲偏見而導至的個性」④、「做好個人健康管理之後，就能『自覺覺人、自度度人』，也會懂得去關心別人、照顧別人，並能建立和諧的人際關係。在企業內部的這種和諧氣氛，應從老闆及主要幹部做起，發揮『企業磁場』的效果，以百分之二十的力量，去影響其他百分之八十的員工共同身體力行」⑤、「從某方面說，生意人或經營者的特性正是這樣：那裏有錢賺就會去那裏，管它海角天涯、深山或沙漠；只要誰能做生意，就自然會跟誰來往，那管他是親友或陌生客？一切隨性隨緣，生意最重要，經營擺第一，其他都可以丟棄或不理，尤其，現代的國際貿易更是如此」⑥等等，正說出禪道可用來幫助企業經營的一般化模式。只是「空」、「自覺覺人、自度度人」、「隨性隨緣」這些禪學用語，「本」是得道者（如佛陀、菩薩、緣覺、聲聞等）畢生知見和超脫生死的「假名」遺留，如今被轉用在總括企業的生存法則。這究竟是一種好現象，還是時代的危機？

從禪學的發展演變來看，它原隱含有任人開發或挪移的空間⑦，今人將它「改變面貌」套在企業經營上，照理說也沒有什麼不可以。問題是企業本身的存亡絕續，關鍵不在有無禪道的介入，而在整體環境是否還有所需的足夠的資源。以目前的情況來看，各企業發展所需的資源，只會越來越短少，不會越來越增加。因此，把禪道引入企業，試圖強化企業的功能，而看不到或不願正視「發展企業即將沒有遠景」這一事實，那豈只會是禪道的災難，更會是企業的災難！這樣一來，我們對於企業爲了獲取利潤和永續經營，而將禪道引進企業，造成一種時代的新風氣，就無法致以同情和感動，可能要引以爲憂！

二、空人心與求財富的兩難

當今企業所引進的禪道，不論是需經由修習漸悟過程，還是可直接自證頓悟而得⑧，都不可忽視它原所要彰顯的般若智或清靜心，而以解除煩惱塵勞、了脫生死爲究極旨趣⑨。這在相關典籍中觸處可見，如「始知衆生，本來成佛，生死涅槃，猶如昨夢」（《圓覺經》）、「當知羸劣諸煩惱等，智慧燈照，勢不能住」（《大方廣如來祕密藏經》卷下）、「禪宗法者，應依佛語一乘了義，契取本原心地，轉相傳授，與佛道同」（《宗鏡錄》卷一）、「不悟，即佛是衆生；一念悟時，衆生是佛」（《六祖壇經．般若品》）等都是。因此，凡是有礙修證禪道的東西，都應了卻（知其是「空」——無自性——而忘卻或阻卻），才能進入寂靜自在的佛境界。其中以貪、瞋、癡三毒的首毒：貪財物，最能持續的引發人的煩惱，成爲修證禪道者的大敵。而如今把禪道引入企業的人，殊不知企業都以追求財富（利潤）爲最大目標，所謂「企業要永續經營，必須滿足社會的需求。如果對社會沒有貢獻，那麼企業將無法永續經營。只要企業抱持追求利潤的原則，那麼，要求企業放棄利潤，以貢獻社會爲目的是不可能的。利潤與永續經營是一體兩面、不可分的。爲了追求利潤，上自社長（老闆），下至員工，雖立場各異，但全力奮進是必然的，同時，這也是生命的意義」⑩,試問在這種情況下,豈不是現出了「空人心」和「求財富」的兩難局面？換句話說，禪道和企業的作爲是相互牴觸的；照理企業中人只能選擇其一，而不能兩者都要，否則就會自我矛盾。

然而，當今倡導企業禪的人，卻一逕的在推銷這種矛盾法門，絲毫也不覺得有什麼難處：「在一般企業界裏，若老闆能見性，了解自己的職掌角色，則可無怨無悔的付出；而企業員工若能見性，了解自己該扮演的角色，則可無怨無悔的配合企業的成長脚步。當每個人了解自己的工作眞義之後，不需要去管理，就會產生『人力自動化』的效果，每個人可自動自發的把工作做好」⑪、「禪藉由亂中取靜來改變整個局面，使得經理人在運用自身的學識、素養、經驗和才華上，更加得心應手。『靜心』能使經理人脫離老舊過時的習慣，進而洞見各種狀況，做清晰的評估，不受主觀的干擾，對症下藥」⑫、「難怪歐美人以前常說：『日本商人在全球無孔不入，背著相機到處跑，只要發現別人的長處和賺錢機會，後來一定會如願……。』世界這麼大，人種這麼複雜，各地文化不盡相同，才呈現多樣化的觀點，而今沒有鐵幕和不能進去的角落，國內商家何不仿效古代的禪師大德，只要聽說『智慧』在那裏、菩薩住處，千山萬水也不怕，照樣去登門求教」⑬。從來沒有聽說過「見性」、「靜心」（修禪）、「求智」（般若智）是這樣做的。倡導企業禪的人，把古來禪師大德的解脫法門，介紹給企業主去經營企業，恐怕在還沒有「幫助」企業主賺得大錢前，已經先讓企業主深陷在一些文字迷障中而不可自拔。因爲所謂「見性」、「靜心」、「求智」等等概念，都是在暗示人要放下執著，才能即刻朗現寂靜自在境界，而一個企業主如何一邊算計著利潤一邊還能證見自性？如果不能，那上述那些概念，對企業主來說豈不是會感到滿頭霧水？

其實，企業倘若像倡導企業禪的人所說的這樣：「『商場即戰場』，而戰場是殘忍無情，若不能高人一等或搶先一步，便不能獲勝，而這是商家最起碼的常識。現在的生意幾乎沒有國界，只要那裏有錢可賺，生意人便全力投奔到那裏，簡直無孔不入，但這一切也要有本事，例如推銷方法、品質、價錢和售後服務……等，都要比同行高出一籌才能成功。倘若墨守舊法，不求改進，肯定會被商場淘汰」⑭，那麼這已是人人都曉得的道理，何必硬扯上禪道？再說企業是否能成功，還有許多無法掌握的變數在（這也就是當今「複雜」理論所拈出的「報酬遞增率」，它已超出當事人的意料之外⑮），這時禪道又能產生什麼作用？還有企業管理假使也像倡導企業禪的人所認知的「現代的管理知識，注重如何將有限資源，做最好的運用，以提升組織的生產力及達到個人滿足。並不斷地將各種管理方法推陳出新，解決現代人在組織中面臨的問題。如企業方面，從生產導向演進成行銷導向，再變成財務導向，現在則注重人力資源導向。而禪就是強調『天上天下，唯「我」獨尊』，肯定每一個人都是獨一無二，非常尊貴的個體。般若智慧是任何人本來具有的……只要將貪瞋癡慢疑等不良的習慣領域，逐步轉化消除，就能以智慧提升生活的素質，進而任運自在，而在利他的過程中達到自我實現」⑯已經改爲人力資源導向，那麼這也早已有人在提倡和實踐著⑰，禪道的「介入」又如何凸顯它的特殊性？因此，對於底下這種顯得過度「樂觀」的看法，就得重新給予評估：「至於禪的精神應如何體現於管理中？過去常有人把禪與行銷結合起來運用，禪的灑脫、當機立斷、把握時機、適時切入，對於變化多端的市場行銷正合所需，因此運用禪的精神，確實能對行銷發揮很大助益……除行銷外，禪對決策、領導、研發創新亦極具啓發作用」⑱。畢竟把當中的禪換作「易理」、「常理」，甚至「兵法」，整段話也可以成立。這就不知道倡導企業禪的人用意何在！而從這一波企業禪的風潮來看，也不禁讓人產生一個困惑：究竟是禪道不見了？還是企業（因禪道的「攪亂」）不見了？

三、能趨疲：企業的最大考驗

轉用禪道來幫助企業發展，不論實際的效果如何，已經無從對它多所訾議。因爲我們可以設想不如乾脆請深得禪道的出家人來主持企業（其實當今有些出家人在經營佛教事業上卓有成效），不是更「如虎添翼」？事實卻不然：一個企業的成敗，以及所要冒的風險，因素很多，而且變化莫測，光禪道（指被轉用的部分）是難起什麼作用的，以至旁人也毋須為禪道遭受「誤解」而感到難過（它本就沒有像今人所誇稱的那樣發生過神效）。但由於把禪道引入企業的目的是要增強企業的功能，而企業在可見的未來勢必會遇到瓶頸或趨於瓦解，這就不免讓人憂慮禪道在這一場波動裏「犧牲」得沒有代價，豈不是很可惜？作為擁護佛教和關心人類前途的一分子，是應該表示點意見，才不致徒然辜負了眞可以發揮現時作用的禪道。這首先要睜眼看看企業實際的問題所在。

按照一些相關的論述所示，現代企業要成功，多少得具備下列幾項特質：㈠採取行動（組織應富有彈性且勇於創新）；㈡接近顧客（重視顧客的反應）；㈢自主性與企業精神（充分授權）；㈣透過人力資源增加生產力（高度尊重員工以為提高生產力的主要來源）；㈤建立正確的價值觀（決定企業的性質、特殊目標、經營方式和角色）；㈥做內行本分的事（不輕易嘗試本身不熟悉的事業，不敢貿然收購性質不同的公司）；㈦精簡的組織型態（組織層級和幕僚人員的精簡）；㈧寬嚴並濟的作風（共同遵循一些嚴格的價值觀，以行動為中心，特別強調定期的溝通和極快的回饋）等⑲。而對於即將邁入二十一世紀的企業，也預估出一些可能或必要的情景：成為社會上其他機構的典範；成為世界公民，從地方上行動，從全球面思考；成為「生活的經濟」的倡導者，實施社會與資源會計；成爲以服務爲使命的組織，明瞭它的身分是成爲一個具有道德影響力的生產者；成爲一個良善的社區，明瞭公司股東的全部領域；成爲關懷環境的模範；成爲適當科技的開拓者，熟練科技評估技術；成爲由生態政治家所領導的組織，充分明瞭他們必須負起實現現代人命運的責任等⑳。但這純粹是從企業內部的自我定位和圖謀進境來說的，如果不牽涉其他的層面，當然大家會「樂觀其成」。問題是整體環境已不利企業再無止盡的發展下去，資源的短缺，不可再生能量不斷消耗的結果，使得地球即將到達能趨疲的臨界點㉑，一向以帶領人類過度耗用資源以至能趨疲增加的現代企業，正需要調整競相爲「改善人類生活品質」而誤蹈大量消耗資源行列的作法㉒，如何能依上述論述所提供的方向去做而可以無限制的持續下去？可見企業發展最大的考驗和難題，是必然要面對能趨疲，而且無法阻止能趨疲。因此，所有的企業改造（包括有人所倡導以改造營運流程的革命性作法在內㉓）或試圖開創領導大未來的組織㉔，以及在電腦網路和相關科技上領先一步而成就未來的英雄㉕等等倡議和塑造，都會在能趨疲法則下逐漸失去效用。

雖然有人對於能趨疲是否眞會發生（而使得地球逐漸趨向一片死寂）有不同的看法，而提出類如底下這一勸告世人不必憂慮的意見：「當我們停留於目前的時空觀念、宇宙觀念時，這樣的見解（按：指能趨疲）委實嚴峻而徹底。然而，當我們站在新的科學領域裏瞥見更廣闊的眞理時，就覺得這危言聳聽也有些可笑！我們相信有三維、四維以上的空間存在。我們相信還有我們現在不知道的更高層次的宇宙的存在。我們相信，我們目前看到的這個宇宙是個很狹小的世界。我們對世界的了解是極其有限的。因此，我們業已掌握的那些定律——包括熱力學的第二定律，能趨疲定律——也是在一個非常狹隘的範圍內才成立的定律。我們沒有必要將其絕對化。因爲，它原本就並非絕對眞理」㉖，但問題是在我們還無法證實「三維、四維以上的空間」存在且能實際化解能趨疲危機之前，我們已經在忍受著日漸惡化的環境和資源短缺所帶來的恐慌，及其相互爭戰陰影的威脅。還有也許有人會再引用普里戈金的耗散結構理論㉗，認爲我們可以求取利用可再生資源，以作爲新的能量基礎，利用遺傳工程學以作爲一種新的技術轉化器，依然能造成大量的能量流通，無限制的成長，以及永無終止地追求物質上的進步。這顯然是過度樂觀的想法，因爲「就實際的意義上來說，所謂『可再生的資源』，其實亦是不可再生的資源。這就是說，每一根草或微生物雖然可以繼續繁殖，但是它們今日的生產即意味著未來的減產……太陽能本身雖然幾乎是無限制的，但是形成地殼的『質能』卻是有限的。地球上的物質是不斷地在衰退與消散。自然的循環再製只不過是爲未來之用，取回一部分已用盡的物質能量而已。而其他大部分仍然是無可恢復地失去了。因此，我們益形加速『質能』在系統裏的流動，則我們耗盡可再生資源的速度，亦將較快，不管陽光照射的時間有多久。而在同時，能趨疲日益昇高對『基因源』及地球脆弱生態系統可能造成的殘害，將是極其慘重的，其對地球的損害，將遠甚於整個不可再生能量之流時代」㉘。因此，即使禪道可以像今人所說那樣幫助企業賺取利潤，那又有什麼遠景可爲期待？

四、「新」宗教觀的啟示

面對一個變動劇烈而缺乏安全感的時代，企業除了投入更多心力和輸入更多（或更精緻）資源以確保能永續經營，此外無法想像它還有什麼更好的克服不安全感的對策。而從另一角度來看，企業經營的最終目的無不是要累積財富（造福社會不過是附帶效益）。只是財富的累積，大多由於生產過剩而刺激過度消費所造成的（如果生產適量，消費適量，財富則平均分配）；而合理的現象，應該是大家同享一樣的財富，但如今各企業卻深陷在競相生產／刺激消費以謀得多些財富的惡性循環中而不能自拔，以至前面所說的「克服不安全感」只是個假相，它終究得爲這一更深層的是否能多謀財富的不確定性而付出焦慮的代價。這時把禪道引入企業，而企業只管自身的發展，忽視了在跟其他企業競爭時，禪道的「不執著」精神，反而成了「累贅」，豈不要平白增添一樁「魚與熊掌」不可兼得的憾事？顯然把禪道引入企業這件事還得計議計議才行。

目前有一個現象，很值得我們注意，就是有許多新興的宗教（包括一些非主流的宗教）在世界各地流行開來㉙。這些宗教（有的要回歸宗教本質，有的只追求個人的心靈體驗），都是想把個人的日常生活和超凡境界連在一起。而這樣的想法，卻無法在傳統教派或世人對科學的崇拜中實現。雖然這些宗教的作法，有時不免走極端，但有人認爲整體的意義是正面的，它「不再僅以科學或科技的角度來詮釋生命。在公元二〇〇〇這個極具象徵意義的年分即將來臨之際，人類並不是要拋棄科學，而是藉著尋回宗教，重新肯定精神生活的地位，希望自己和他人都能過著更均衡、更美好的人生」㉚。不論這是否帶給當今企業什麼啓示（在國外有越來越多人把這種思潮跟企業結合，而提出一種重視性靈的「企業經營的新觀念」㉛），有一點難以否認的是，人類自己所惹出的災禍和所種下的惡果，只有仰賴宗教才能獲得救贖和解脫。而這當中，趨勢行家雷夫金所提引的起於基督教新神學而終於「新能趨疲時代的宗教」一條道路，特別有啓發性。

根據雷夫金的講法，傳統基督教對待自然的態度，無疑是助長生態破壞的一個重要因素。傳統基督教「過度強調『他世』（即指超脫現世而進入極樂世界），往往會導至我們對今世物質世界的罔顧或甚至無度的榨取。此種宗教觀認爲，具有眞正價值之物，僅存在於上帝的天國。在這種宗教觀的影響之下，我們今世的世界——人類、自然與肉體的世界——皆被視爲是低俗、邪惡、一無價值的，基於此，那些矢志過著『聖潔生活』的人皆甚少關心現世及其結果。自然世界只不過是我們通往另外一個世界之旅的一個『中途暫停站』而已。因此，我們最好將心神少放在現世，

106-□□

台北市新生南路3段88號5F之6

揚智文化事業股份有限公司 收

(請用阿拉伯數字書寫郵遞區號)

市 縣 鄉鎮 市區

地址：

路(街) 段 巷 弄 號 樓

姓名：

電話：( )

FAX：

廣告回信
臺灣北區郵政管理局登記證
北台字第8719號
免貼郵票

□□□-□□

□揚智文化公司　□亞太出版社　□生智出版社

謝謝您購買這本書。

爲加強對讀者的服務，請您詳細填寫本卡各欄資料，投入郵筒寄回給我們（免貼郵票）。

您購買的書名：______________________

購買書店：__________市/縣__________書店

性　　別：□男　□女

婚　　姻：□已婚　□未婚

生　　日：＿＿年＿＿月＿＿日

職　　業：□①製造業　□②銷售業　□③金融業　□④資訊業　□⑤學生　□⑥大衆傳播　□⑦自由業　□⑧服務業　□⑨軍警　□⑩公　□⑪教　□⑫其他________

教育程度：□①高中以下（含高中）　□②大專　□③研究所

職 位 別：□①負責人　□②高階主管　□③中級主管　□④一般職員　□⑤專業人員

您通常以何種方式購書？

□①逛書店　□②劃撥郵購　□③電話訂購　□④傳眞訂購　□⑤團體訂購　□⑥其他

對我們的建議

全心全意地獻身於上帝的王國」。此外，傳統基督教學說的還有一個缺點，就是對舊約《聖經·創世紀》所載有關「『支配萬物』概念的解釋：『大地厚生，生生不息，滿載於世，征服它吧；努力去支配海中之魚、空中之鳥，以及在地球上走動的一切生物。』此種『支配萬物』的概念，一直被人們利用來作爲殘酷地操縱及榨取自然的理據」。然而，現在基督教學說要再型構了，「基督教學者首次開始重新界定『支配萬物』的意義，而在這種努力之下，他們正行爲一種能趨疲的世界觀，創建了神學上的基礎」。「〈創世紀〉的新譯認爲，既然上帝創造了大地以及世界萬物，因此祂的所有創物皆各有其獨特的重要性及其『內在價值』……由於上帝的創物各有其意旨與秩序，因此它們的意旨與秩序皆應獲得尊重，正如上帝的創物應獲得尊重一樣……根據上述的神學理論，新神學家主張，任何剝削或殘害上帝創物之舉皆是有罪的，而且亦是叛逆上帝意旨的一種褻瀆行動。同樣地，任何破壞上帝所賦予自然世界的固定意旨與秩序，亦是一種罪行，且是一種叛逆之舉」。因此，所謂「支配萬物」並不意味著人類有權剝削大自然，「許多新宗教學者指出，情形絕非如此。所謂『支配萬物』的眞意乃是指管理大自然……雖然一切創物就其生命皆出自同一來源——上帝——上來說，世界衆生皆是平等的，然而人類確有其獨特的不同之處。此種『獨特的稟異』……乃在於人類是以上帝自身的形象被塑造的，因此他被賦予重任，充任上帝其他創物的管理者」。而「當此種新的管理教義及熱力學定律，與更爲正統的神學結合之後，它便能爲一種新的、再型構的基督教義與誓約，奠定了健全的基礎，使之配合於能趨疲世界觀的『生態急務』」㉜。其實，這老早就在講究修練冥想、瑜伽術及其他心身冶鍊的東方宗教（尤其是佛教）中獲得了實踐（把消耗能量降到最低限度），無形中增強了我們尋求一種新的宗教融合（也就是「新能趨疲時代的宗教」）以順應正行邁入的新時代的信心㉝。因此，禪道於此刻就不當是被用來強化企業的作爲，而是要引導企業的方向以適應能趨疲法則（佛教本身也應朝適應能趨疲法則方向走，不宜「盲目」的企業化），這才沒有「偏使力氣」而徒讓有識之士的「期待」落空。

五、未來出路在「無」字訣

大家有目共睹，幾世紀以來發展科技的結果，自負的人類已經走進了現實的困境，三廢（廢氣、廢水、廢物）充斥、環境惡化；物種滅絕、生態失衡；水源枯竭、耕地銳減；能源短缺、礦源不足，大自然不斷地在向人類報復。八〇年代的中間幾年，人爲災害的狂暴使人驚恐不已（一九八四年，印度博爾農藥廠有毒化學品的洩漏，使二十萬人致傷，二千多人死亡；一九八六年，前蘇聯車諾比爾核電廠爆炸，當場死亡三十一人，受傷數百人，而由於環境的核汙染，致使十三萬五千居民不得不撤離家園，並禍及東歐和北歐的諸多國家）。自負於擁有現代科技的人類，現在已是顧此失彼，禍端四起，再也不能急功近利地濫用科技了。而一種「大倫理觀」或「深綠色思想」正在被喚起來因應時代的危機㉞。試問一向與科技共生的現代企業，如何能不凜於這一生態急務而即早想妥對策？

如果這個對策眞的需要借助於禪道，那麼禪道所有的核心作爲「無」（到禪宗而確立下來），確是可以發揮一點作用。所謂「善知識，我此法門從上以來，先立無念爲宗，無相爲體，無住爲本。無相者，於相而離相。無念者，於念而無念。無住者，人之本性……於諸法上念念不住，即無縛也，此是以無住爲本……能離於相，則法體清靜，此是以無相爲體……於自念上常離諸境，不於境上生心……所以立無念爲宗」（《六祖壇經·定慧品》）、「參禪須透祖師關，妙悟要窮心路絕。祖關不透，心路不絕，盡是依草附木精靈。且道如何是祖師關？只者一個無字，乃宗門一關也」（《無門關》）。企業也可以比照禪道的「無念」、「無相」、「無住」而往「無浪費資源」（兼無汚染）、「無生產非必要物品」、「無競求獨立營運」等方向發展（不然寧可放棄企業，也不增加人類的「負擔」）。前者是人想要大解脫的不二法門，後者是大企業避免沈淪的唯一途徑，彼此相通相應。這才是企業的出路所在，也才是人類生活勉強可以延續的「保障」。

註釋

①參見藍吉富等主編，《敬天與親人——中國文化新論．宗教禮俗篇》（臺北，聯經，一九九三年），頁一二五～一七四；邢福泉，《臺灣的佛教與佛寺》（臺北，商務，一九九二年）；吳永猛，〈現代寺院經濟之探討〉，佛光大學籌備處主辦「佛教現代化學術研討會」論文（一九九四年十月）。

②參見南懷瑾，《禪宗叢林制度與中國社會》（臺北，作者自印，一九六四年）一書。

③參見林清玄，《平常心有情味》（臺北，圓神，一九九六年），頁八五～九三。

④見司馬風，《禪學式管理部下技巧》（臺北，漢宇，一九九六年），頁二二。

⑤見周之郎，《企業禪》（臺北，大村，一九九三年），頁一五。

⑥見劉欣如，《經營禪話——經營管理與禪的智慧》（臺北，添翼，一九九六年），頁四～五。

⑦參見周慶華，《佛學新視野》（臺北，東大，一九九七年），頁一五九～一九五。

⑧這是權為區分的兩種禪道，參見鈴木大拙，《禪天禪地》（徐進夫譯，臺北，志文，一九八一年），頁一四一～一四八。

⑨參見柳田聖山，《中國禪思想史》（吳汝鈞譯，臺北，商務，一九九二年）；鈴木大拙，《禪與生活》（劉大悲譯，臺北，志文，一九八一年）等書。

⑩見松野宗純，《禪中學取經營心》（王光正譯，臺北，圓神，一九九六年），頁一七九。
⑪見註⑤所引周之郎書，頁五六～五七。
⑫見拉達（Radha），《經理人禪》（余國芳譯，臺北，韜略，一九九三年），頁八。
⑬見註⑥所引劉欣如書，頁三一。
⑭同上，頁七八。
⑮參見沃德羅普，《複雜——走在秩序與混沌邊緣》（齊若蘭譯，臺北，天下，一九九五年）一書。
⑯見蕭武桐，《禪的智慧VS現代管理》（高雄，佛光，一九九三年），自序。
⑰參見榮泰生，《管理學》（臺北，五南，一九九四年）；郭崑謨，《管理中國化導論——「管理外管理」導向》（臺北，華泰，一九九〇年）；楊國樞等主編，《中國人的管理觀》（臺北，桂冠，一九九一年）；樊和平，《中國人文管理》（臺北，五南，一九九五年）等書。
⑱見成中英，《C理論——易經管理哲學》（臺北，東大，一九九五年），頁一〇三。
⑲見註⑯所引蕭武桐書，頁一八七～一八九。
⑳見梅納德等，《第四波——二十一世紀企業大趨勢》（蔡伸章譯，臺北，牛頓，一九九四年），頁一八八～二〇二。
㉑參見雷夫金，《能趨疲：新世界觀——二十一世紀人類文明的新曙光》（蔡伸章譯，臺北，志文，一

九八八年）一書。

㉒參見註⑦所引周慶華書，頁三九～五九。

㉓參見韓默等，《改造企業（Ⅱ）》（林彩華譯，臺北，牛頓，一九九六年）一書。

㉔參見聖吉等，《領導大未來》（王秀華譯，臺北，洪建全基金會，一九九六年）一書。

㉕參見布洛曼（J. Brockman），《未來英雄》（汪仲等譯，臺北，大塊，一九九七年）一書。

㉖見柯雲路，《顯現的靈光——談禪與人生》（臺北，永穗，一九九六年），頁一二五。

㉗該理論，詳見普里戈金，《混沌中的秩序》（沈力譯，臺北，結構羣，一九九〇年）一書。

㉘見註㉑所引雷夫金書，頁三七三。

㉙參見林本炫編譯，《宗教與社會變遷》（臺北，巨流，一九九三年）一書。

㉚見奈思比等，《二〇〇〇年大趨勢》（尹萍譯，臺北，天下，一九九二年），頁三〇二～三〇三。

㉛同上，頁二八九～三〇二。

㉜見註㉑所引雷夫金書，頁三五七～三六一。

㉝參見註⑦所引周慶華書，頁三九～四一。

㉞參見華玉洪，《生存的沈思——當代科技進步與全球性問題》（臺北，淑馨，一九九五年），頁二五～六四；葉闖，《科學主義批判與技術社會批判》（臺北，淑馨，一九九六年），頁一四四～一八二。

第八章　儒家與基督宗教對諍性對話的模式

一、宗教對話潮流下的一個考慮

宗教對話作爲一種跨信仰、跨文化的學術嘗試，它被提到當代宗教研究的日程，是相當晚近的事。根據夏普的說法，宗教學儘管從它產生時就致力於各宗教間的比較研究，但宗教對話直到本世紀五〇年代末才成爲宗教學界「廣泛流行的一種看法」①。而即使到目前爲止實際的「成果」還很有限②，但它所顯現出來的多方面嘗試，包括各宗教間的對話、本宗教內的對話、宗教和意識形態的對話、宗教對話的基本理論或方法論問題探討等等③，卻有日漸躍昇爲宗教學中一個特定領域的趨勢，而這無異於暗示我們從對話的角度來思索宗教或文化的發展，是比較可取且能開啓新局面的作法。

基於上述這個原因，個人試著把儒家和基督宗教並比，找出它們可以對話的參數或據點，先為進行紙面上的「溝通」，以便將來兩造有必要從事實際的對話時參考。而個人初步的想法是：儒家以人為終極關懷的對象，而基督宗教以神（上帝）為終極關懷的對象，是東西文化的兩大代表，分別繁衍出不同形態的生活理念和實踐方式。但因以神為關懷對象時，必須針對神的啓示予以詮釋而有迥別的詮釋進路，導至在現實面上出現甚多歧異且不免留下後遺症的作為；而以人為關懷對象時，也不禁在難堪無助時呼天搶地，暗合人終究要聯上神的理論。因此，將儒家和基督宗教牽合來進行對諍性的對話，應該會有意想不到的效果。由於這只是從理論層面來探討儒家和基督宗教相互對話的可能性，可以看成一種「先期作業」，卻不能等同於實際的對話。

還有儒家是否擁有宗教性格，在當代曾經備受爭議④，但這裏並不予以理會，只當它是一個可對話的對象（而依傳統稱為「儒家」）。但有一點需要特別說明的是，儒家思想在當代被認為不敷現實需求，必須朝自我調整或自我改造的「現代化」途徑走才有希望⑤。倘若眞是這樣，儒家還有什麼可以跟人家對話的本錢（自身都「難保」了，如何去跟人家「對諍」）？但又不然，儒家自有儒家所擅長的，無需用「科學」、「民主」一類原不是它所有的東西來「壓迫」它屈服，何況儒家有些重要的思想（如仁行仁政、大同社會之類，詳後）尚未徹底實踐，怎好就獨斷的說它已經過時了？同樣的，基督宗教（包含天主教、東正教和新教⑥）長期以來也遭遇現代科學和世俗神權宗教（如馬克思主義）的挑戰⑦，它並沒有因此衰頹下去，顯見它也自有存在的理由，值得對話者的尊重。

二、對諍性對話是共謀發展的起點

所謂對話，一般是指人和人的交談。放在宗教上，當然指的是宗教中的人進行交談（宗教和宗教「不可能」交談）。而正式一點的，通常都要設計參與對話的角色，以及共同約定一些規則（如對話諸方需要具備跟話題相關的基本的知識能力、對話諸方需要具備起碼的寬容意識和共存共榮的思維能力、對話諸方需要遵循共同的對話話題以從事對話之類）。前者是為了決定對話的層次和具體的形態；後者是為了確保對話的順利進行⑧。這類問題，在任何對話中都不好輕易的忽略，儒家和基督宗教兩造要對話，自然也得加以考慮。只是它仍偏重在技術層面（比較容易克服），理當還有更原則性或基礎性的問題要解決。也就是「為什麼而對話」？

這也許得從既有的一些對話論述談起。就個人所知，一般提到對話，多少都要追溯到古希臘時代的蘇格拉底和柏拉圖。正是他們二人開啓了為某些眞理或課題反覆論辯的「辯證式」對話傳統⑨，使得後世的種種對話設計都可以在這裏找到源頭活水。雖然如此，後人在重拾這個話題時，也不盡遵循著他們二人所創設的規範，而是有意無意的重新樹立了一個對話的小傳統。如巴赫汀的「衆聲喧嘩式」對話：「衆聲喧嘩存在於社會交流、價值交換和傳播的過程中，凝聚於個別言談的生動活潑、千姿百態的音調語氣之內。衆聲喧嘩是文化的基本形態……換言之，衆聲喧嘩是各種社會利益、價值體系的話語所形成的離心力量，向語言單一的中心神話、中心意識形態的向心力量提出強有力的挑戰」⑩。這種多元並存或各說各話的對話格局，顯然不是早期那種預設一元眞理的對話格局所能比擬。又如托多洛夫的「探索眞理式」對話：「然而批評是對話，是關係平等的作家與批評家兩種聲音的相匯……不過，許多流派的批評家在拒絕承認對話批評上不謀而合。教條論批評家、『印象主義』評論家以及主觀主義的信徒們都只讓人聽到一種聲音——即他們自己的聲音；而歷史批評家又只讓人聽到作家本人的聲音，根本看不到批評家自己的影子；『內在論』批評中的認同批評把與作家融爲一體直到以作家的名義講話奉爲理想，而結構主義批評又以客觀描述作品爲金科玉律。殊不知，這樣禁止與作品對話、拒絕評判作品所闡述的眞理無異於削弱了作品的主旨所在：探索眞理」⑪。這把它轉移到一般的對話上（也就是不限於文學批評），也可以看出跟早期那種「辯論眞理」的對話略有不同（托氏著重在「探索眞理」——不只關心對方說了什麼，也關心對方說得對嗎）。又如曼紐什的「懷疑論式」對話：「在藝術中，與

『熱情』和『系統』相對抗的東西乃是『對話』。系統之所以稱為系統，意味著它是『正確的』，同時也是受限制的。系統可以教，也可以學。它把種種確定性的東西傳導給一個信奉它的接受者。但對話或對話式的結構就不同了。它不是強迫人（讀者）去接受它，而是邀請人積極地參與它，對之作出自己的貢獻。讀者總是被視為一個真正的夥伴，而不是一個受惠者。在對話中，人可以隨心所欲，引導它走向新的彼岸，或者使它的新的形式出現，卻不能無故中斷」⑫。同樣的這也把它轉移到一般的對話上（也就是不限於藝術作品的結構方式），多少也顯示出跟早期那種隱然導向終極眞理的對話稍為異趣⑬。以上這些主張，都以「對話」為名，卻有不同的內涵。試問現在儒家和基督宗教要對話，究竟要怎麼辦？如果是像蘇格拉底和柏拉圖那種為導向終極眞理的「辯證式」對話，那就要問導向誰的終極眞理？是儒家的？還是基督宗教的？如果是像巴赫汀那種開放的「眾聲喧嘩式」對話，那也要問如何持續下去且不會浪費力氣或虛擲力氣？如果是像托多洛夫那種執著的「探索眞理式」對話或像曼紐什那種相互解構的「懷疑論式」對話，那更得問怎麼可能或怎樣才不致引起後遺症？顯然儒家和基督宗教要對話，還得給自己找一個更合適的理由才行。

個人覺得「對諍式」對話是可以考慮的。在我的設想中，「對諍式」對話是以彼此所欠缺或不足的部分作為對話的重點，相互提供諍言，以便為進一步的合作或發展奠定基礎。它有點類似今人所構設的「互補式」對話，卻又嫌不夠搭調。理由是「互補式」對話旨在「多種智慧、幾種思想的交融和結晶」，而「結論可能導向於一，也可能導向於多」⑭，但它眞正想得到「導向於一」的結論卻經常難以如願，不免又是「白忙一場」！這在「對諍式」對話中就比較有「彈性」了。它所發掘的對話諸方所欠缺或不足的部分，固然有待補上或加強，但這種補上或加強彼此可以自行找尋所需的資源（不一定從對話者身上尋求）；如果對話者有這方面的資源，也不妨就近加以吸收。因此，在這種對話中，對話諸方不必有太沈重的負擔（對諍不成，就作鳥獸散），也不必受限於某些「預期的目標」而焦慮不安。

三、儒家與基督宗教對話的重點選擇

那麼儒家和基督宗教要從事對諍性的對話，究竟以什麼爲著眼點？我們可能會想到：既然這種對話是要相互提供諍言，那就勢必得找出彼此所欠缺或不足的部分，作爲對話的對象。事情當然是這樣的，只不過對於「彼此所欠缺或不足的部分」的認定，多少會有爭議，使得整個對話工作難以或無法推動。比如儒家在當代常被判定爲「即使在最有利的條件下，儒家社會也不能變成近代國家」（因爲儒者具有「順從權威」、「順從禮儀規範」、「尊重歷史」、「喜好學習傳統」、「尊重典範」、「重視道德修養甚於特殊才能」、「偏好國家及社會的和平改革」、「小心謹慎，偏好中庸之道」、「不好競爭」、「對偉大任務負有使命感」、「在困境中保持自尊」、「在道德及文化上排斥異端」、「待人注意細節」等人格特質，所以「當中國努力地在古老的廢墟上建立新社會時，儒家的態度和行爲模式也變得荒謬和不合時宜」）⑮或儒家「沒有新的發展、新的思想以及思想的自由。因此，今後固執於儒教（家）是不行的」（現在「一個必須下定決心大大地超越儒教而向前進的時代卻已經來臨了」）⑯，而不同意的人，就說儒家只要經由「創造的轉化」或「批判的繼承」，也能適應多元化的現代社會⑰。不論如何，它都是以西方文化爲參考座標而提出的「正」「反」面意見，完全忽略了「儒家思想的存在價値爲什麼要在西方現代化框架底下才能確定」這個問題。如果基督宗教也以上述的「反」面意見來質疑儒家，那麼這場對話也就沒有多大意義（不但有隱藏的「正」面意見會跟它形成對峙局面，還有此處個人所指出的問題也會「顚覆」它的「西方中心」意識）。

又如基督宗教相信宇宙萬物爲一全眞、全善、全能的神所創造，也曾引發不少的批評，諸如這個神「存在嗎」而（如果眞的存在）它又是「誰創造的」呢⑱、神「創造一個物理機械規律所支配的『自然世界』，並造人生活奮鬥其間。這是完全可以理解的。就是有意安排人類不淑墮落，加添原罪，也算可以想像。可是爲什麼需要以自己的形象造人，讓人難堪受苦（包括祂劈分男女、造色造情等），浩劫當頭。這樣拿自己的形象交給不完不美，不賢不淑的人類，充當受引受誘，受迷受惑的實驗，終久不會敗壞祂的形象嗎」⑲、「對於非基督信徒來說，耶教（基督宗教）教義充滿了內在難題或矛盾，實在不可理喻。譬如保羅以來直至今日的耶教，始終主張，信從耶穌，必定得救。然而未有機會聽到福音的人，或者信從其他宗教的人們，能否得救，永生天國（如有所謂『天國』的話）？如說耶教的神是獨一無二的創造主而人不能服事二主，耶穌是基督，也是獨一無二的救世主，那麼不接受此類無法當面證明的，所謂『超自然事實』的其他宗教眞理，是否就變成了無謂無理的空談空話？耶教是否未免太過獨斷，總以己說爲是，他說爲非？如說耶教的起點與終點，都在宗教的『事實』，信以爲眞，而不在宗教的『眞諦』（眞實意義）探索，則它如何能在多元開放的現代社會，進行有益的創造性對話，而與其他世界宗教交流溝通，相互影響」呢⑳等等。倘若這些質疑眞的成立，可能會導至對基督宗教信仰的否定。然而，在基督宗教徒眼中，想用邏輯或其他方式證明上帝的存在與否，乃是一件幾近荒謬的事。因爲他們相信在他們生活中一切事情上，他們已經跟神建立了關係，而神也已經跟他們建立了關係。神在他們的認識裏，是一個跟他們本身意志交互影響的活動意志，是一個絕對已經存在了的實體，「他們之必須將祂列入考慮而不能置之不理，就和他們應正視挾摧毀力的風暴、應正視賜生機與萬物的春陽、應正視敵人對他們的仇怨、應正視鄰舍對他們的友誼一樣」。在他們思考神時，神「是一個被他們經驗到了的實體，而不是一個憑推論而出的元目」㉑。其餘，基督宗教徒也可以「依此類推」而作出對他們有利的辯護㉒，基本上還不至於要動搖他們的信仰。何況這類「問題」的存在，在基督宗教的脈絡裏或對世界人類來說，也未必缺憾到非要予以解決不可。同樣的，如果儒家也援例拈著這類問題來爲難基督宗教，想必這場對話也會「南轅北轍」，不太可能有什麼「交集」的。

排除了以上這類對象，儒家和基督宗教的對話還有什麼可考慮的？個人想到的是終極關懷。所謂終極關懷，主要是呈現在對信仰對象及其啓示的關懷上；由於它是終極性的（由終極信仰轉來），所以可以稱爲終極關懷。這種終極關懷，可以構成一個立體的存在體系，也就是由終極關懷而引出構成此終極關懷的「眞實」和所要追求的「目標」，以及爲獲致「目標」而有的「承諾」（自我擔負）㉓。如果把終極關懷當作一個「對象性的存在」，那從終極眞實到終極目標到終極承諾就是一個「實踐性的存在」。而這裏所以統以「終極關懷」一詞指稱該對象性和實踐性的存在，是爲了終極關懷本身難可自存，而要有終極眞實「保證」它的成立，有終極目標「指引」它的出路，以及有終極承諾「推動」它的進程，彼此構成一個關係緊密的存在體㉔。這在儒家和基督宗教各有不同的表現㉕，也隱藏了一些帶有「持續性」的後遺症的問題，正有待彼此相互的發掘和對諍（詳後）。

不過，這裏還有一點「疑問」需要解決。也就是有人以田力克（J. P. Tillich）所說的「信仰是終極關懷」爲依據而把儒家排除在宗教之外，理由是「㈠儒家雖然把人的『性命』推本到天，但儒家的天不是人格神，儒者祭天地只是『崇德報功』，並不是向天祈禱求助。同樣的，儒者祭祀祖先也不是祖靈崇拜，而是由孝道推演出『事死如事生』的行爲，希望收到『愼終追遠，民德歸厚』的效果；㈡所有的宗教都以超人文、超社會、超政治的目標爲號召，儒家雖視富貴如浮雲，但視『位』爲『聖人之大寶』，如能得其『時位』，便能對社會羣體作出貢獻。孔子的志向爲『老者安之，少者懷之，朋友信之』，並沒有超越人文、社會、政治的目標；㈢所有的宗教都有超自然的信仰和神祕經驗，儒家大體不具有這些性質；㈣大部分的宗教都以信仰爲中心，儒家則重視理性，不重信仰。因此，我們不把儒家當作宗教來看待」㉖。順著這樣的論點，儒家也就沒有終極關懷可說（論者在他全書的相關論述中正是不提及儒家）。然而，田力克所說的「信仰」，是專對宗教而說的，不免有偏狹。在廣義上，信仰還可以包括根源於知識上的信仰（如每一科學的假定，在它尚未確立時，就屬於這類的信仰）等等㉗。因此，很難說儒家所關懷（信仰）的不算數而不需要去處理它。更何況田力克在他的書中接著還說「信仰就是一種終極關懷的態度」（按：上述「信仰是終極關懷」是章節名）㉘，暗示著另有異於宗教信仰那類終極關懷的存在（他才會有「一種」云云）。假使今後有人拿「儒家不是宗教而沒有終極關懷可說」一類話頭來質疑本論題的訂定，正好可以用這裏的分辨給予回應。

四、儒家／人與基督宗教／神的終極關懷旨趣

從終極關懷的角度來看，儒家和基督宗教明顯構成了兩種類型。在儒家方面，始終以「人」作爲它的關懷對象。這個「人」，包括了自己和他人。而自己和他人又如何成爲儒家的終極關懷所在？這一點，可以這樣理解：在一個可見的範圍內，自己和他人處於利害攸關的網絡中，而種種不協調的現象，就成了彼此焦慮不安的根源。儒家正是努力要來解決人倫的不和諧以及所導至的社會的不安定。因此，更「精確」一點的說，儒家的終極關懷是在人倫的不和諧以及所導至的社會的不安定上。所謂「天下有道，則禮樂征伐自天子出。天下無道，則禮樂征伐自諸侯出。自諸侯出，蓋十世希不失矣。自大夫出，五世希不失矣。陪臣執國命，三世希不失矣。天下有道，則政不在大夫。天下有道，則庶人不議」（《論語・季氏》）、「鳥獸不可與同羣，吾非斯人（天下人）之徒與而誰與？天下有道，丘不與易也」（《論語・微子》）、「不仕無義。長幼之節，不可廢也；君臣之義，如之何其廢之？欲潔其身而亂大倫！君子之仕也，行其義也。道之不行，已知之矣」（同上）等等，說的就是這個意思。而所以造成人倫的不和諧以及所導至的社會的不安定的終極眞實，就在於私心和私利。所謂「放於利而行，多怨」（《論語・里仁》）、「季康

子患盜，問於孔子。孔子對曰：『苟子之不欲，雖賞之不竊。』」（《論語・顏淵》）、「冉有曰：『今夫顓臾固而近於費，今不取，後世必爲子孫憂。』孔子曰：『求！君子疾夫舍曰欲之而必爲之辭。丘也，聞有國有家者，不患憂而患不均，不患貧而患不安；蓋均無貧，和無寡，安無傾。夫如是，故遠人不服，則修文德以來之。既來之，則安之。今由與求也，相夫子，遠人不服而不能來也，邦分崩離析而不能守也，而謀動干戈於邦內。吾恐季孫之憂不在顓臾，而在蕭牆之內也。』」（《論語・季氏》）等等，說的就是這個意思。這也使得一向講究公心公利的儒家，經常要對相關的事件予以嚴厲的批判或耐心的改造㉙。至於如何扭轉，就在確立仁行仁政這一終極目標，而以推己及人爲終極承諾。前者，所謂「君子務本，本立而道生。孝弟也者，其爲仁之本與」（《論語・學而》）、「克己復禮爲仁」（《論語・顏淵》）、「（仁者）出門如見大賓，使民如承大祭。己所不欲，勿施於人。在邦無怨，在家無怨」（同上）、「仁者其言也訒」（同上）、「（仁者）愛人」（同上）、「人皆有不忍人之心。先王有不忍人之心，斯有不忍人之政矣。以不忍人之心，行不忍人之政，治天下可運之掌上。所以謂人皆有不忍人之心者，今人乍見孺子將入於井，皆有怵惕惻隱之心，非所以內交於孺子之父母也，非所以要譽於鄉黨朋友也，非惡其聲而然也（惻隱之心，仁之端也）」（《孟子・公孫丑》）、「當今之時，萬乘之國行仁政，民之悅之，猶解倒懸也」（同上）等等，說的就是這個意思。後者，所謂「所惡於上，毋以使下；

所惡於下，毋以事上；所惡於前，毋以先後；所惡於後，毋以從前；所惡於右，毋以交於左；所惡於左，毋以交於右」（《禮記．大學》）、「夫仁者，己欲立而立人，己欲達而達人。能近取譬，可謂仁之方也已」（《論語．雍也》）、「老吾老以及人之老，幼吾幼以及人之幼，天下可運於掌……故推恩足以保四海；不推恩無以保妻子」（《孟子．梁惠王》）等等，說的就是這個意思。

在基督宗教方面，始終以「神」作爲它的關懷對象。這個「神」無所不能（包括創造祂自己在內），是宇宙萬物創生的根源，也是宇宙萬物最後的歸宿（神爲宇宙萬物的第一因，也是最後因）。而神的這種本事又如何成爲基督宗教的終極關懷所在？原來是舊約《聖經》淸楚的記載了神所造的亞當和夏娃，因爲受蛇引誘偷吃禁果而被逐出伊甸園，神分別給他們懲罰：「（神）對女人說：我必多多加增你懷胎的苦楚；你生產兒女必多受苦楚。你必戀慕你丈夫；你丈夫必管轄你。又對亞當說：你既聽從妻子的話，吃了我所吩咐你不可吃的那樹上的果子，地必爲你的緣故受咒詛；你必終身勞苦才能從地裏得吃的。地必給你長出荆棘和蒺藜來；你也要吃田間的菜蔬。你必汗流滿面才得餬口，直到你歸了土，因爲你是從土而出的。你本是塵土，仍要歸於塵土」（〈創世紀〉三：1～19）㉚。人類始祖亞當和夏娃所犯的過錯（違抗神的旨意），後來就被基督宗教認爲它構成了人的「原罪」。這「明訂」在新約《聖經》裏：「罪是從一人（指亞當）入了世界，死又是從罪來的，於是死就臨到衆人，因爲衆人都犯了罪」（〈羅馬書〉五：12）。而人神失和後所種下的罪惡，最終要求得神的寬恕才能化解。因此，對神的寬恕的關懷和對人的原罪的關懷，就成了一體的兩面。從基督宗教所拈出的原罪觀念來看，人都有與生俱來的一種墮落趨勢和墮落潛能，構成它的終極眞實；但人都是神所造，都有靈魂，所以又都有其不可侵犯的尊嚴。憑著後面這一點，人經由懺悔、禱告，就可以獲得救贖，死後進入天堂，永隨神左右（人可以得救，但有限度，永遠不能變得像神那樣完美無缺㉛）。因此，進入天堂就是基督宗教徒的終極目標，而懺悔、禱告尋求救贖就成了基督宗教徒應有的終極承諾。這在新約《聖經》中也有明白的記載：「因爲世人都犯了罪，虧缺了神的榮耀；如今卻蒙神的恩典，因基督耶穌的救贖，就白白地稱義」（〈羅馬書〉三：23～24）、「你若口裏認耶穌爲主，心裏信神叫他從死裏復活，就必得救。因爲人心裏相信就可以稱義，口裏承認就可以得救」（〈羅馬書〉十：9～10）、「我們藉著洗禮歸入死，和他（耶穌）一同埋葬，原是叫我們一舉一動有新生的樣式，像基督藉著父（神）的榮耀從死裏復活一樣」（〈羅馬書〉六：4）。

根據上面所述，儒家始終以「人」爲關懷對象，對於人倫的不和諧以及所導至的社會的不安定有深切的體認。這也使得儒家極力要構設一套仁行仁政的辦法去因應；而它最終所期待的結果可能是這麼一個理想的大同社會：「大道之行也，天下爲公。選賢與能，講信修睦。故人不獨親其親，不獨子其子，使老有所終，壯有所用，幼有所長，矜寡孤獨廢疾者皆有所養。男有分，女有歸。貨惡其棄於地也，不必藏於己；力惡其不出於身也，不必爲己。是故謀閉而不興，盜竊亂賊而不作。故外戶而不閉，是謂大同」（《禮記・禮運》）。然而，這樣理想的大同社會，在中國的歷史上卻從來沒有徹底的實現過。以至不容我們輕易的說儒家已經不合時宜了（它都還沒有實現，怎麼能說它不是我們所需要的）！反觀基督宗教始終以「神」爲關懷對象，它所在意的是人的原罪如何才能獲得神的救贖。這種原罪意識體現在現實生活中的，除了個別的懺悔、禱告等行爲，還要求彼此互不侵犯作爲行集體生活的基本的保障。因而發展出一方面重視自由意志（緣人都帶有上帝的一點靈明而來）一方面又重視法律制度（緣人都有墮落的潛能而來）的生活模式。正如一位學者所說的：「神是至善，人是罪惡。人既然沈淪罪海，生命最大的目的便是企求神恕，超脫罪海，獲得永生。這種思想，應用到政治上，演爲清教徒的互約論，人的社會乃是靠兩重互約建立，一是人與神之間的互約。一方面人保證服從神意，謹守道德；另一方面，基於人的承諾，神保證人世的福祉和繁榮。在這人神互約之下，人們彼此之間又訂下了進一步的信約，言明政府的目的乃是阻止人的墮落，防制人的罪惡。在這一大前提下，政府的領袖如果恪遵神意，爲民造福，則人民接受其領導；若他們不能克制自己的罪惡性，因而違反神意，背叛信約，則人民可以起而驅逐他，否則整個社會，必獲神譴，而蒙受各種天災人禍」㉜。因此，當我們在面對底下這些全出自西方人自己口中的話，也就毋需感到訝異了：「我們應該假定每個人都是會拆爛污的癟三，他的每一個行爲，除了自私，別無目的」、「政府之存在不就是人性的最好說明嗎？如果每一個人都是天使，政府就沒有存在的必要的了」、「大人物幾乎都是壞人（地位越高的人，罪惡性也越大）」、「權力容易使人腐化，絕對的權力絕對會使人腐化」㉝。而這也就是西方社會所以會發展出平權式的「民主」制度的主要原因。這種觀念，在中國人腦海中幾乎不可能存在。理由是中國人所「看」到的人間有智愚賢不肖的差別，所以在政治上也就想到需要進行勞心和勞力的分工：賢能的人勞心，非賢能的人勞力（正如上引《禮記・禮運》所說的「選賢與能」那種情況），彼此合作經營現世的樂土㉞。基督宗教不「正視」人間確有智愚賢不肖的差別，而齊一要求彼此走上平權的民主道路，表面上是在符合神意，實際上是將奪權的鬥爭由檯面上搬到檯面下去進行，而又不免於相互猜忌。後來西方發展出殖民主義，正是將奪權的鬥爭擴大化，有意無意的把全世界當作可供自己馳騁的戰場。反而是還謹守幾分儒家教訓的中國人，在仁行仁政的前提下，能推己及人（「己所不欲，勿施於人」），而不以侵略、支配他人爲能事，始終過著安分守己的「自在」生活。

也許有人會認爲儒家也有天或神的觀念，理當也會「下貫」影響到各種行事；而基督宗教也不乏愛人的思想，自然也有助於人倫的和諧和社會的安定。問題是天或神的觀念對儒家來說只是

「逆推」而成，而愛人的思想在基督宗教那裏也不過是「配套」作法，根本不會動搖到它們的主架構。如在儒家的文獻裏提到「獲罪於天，無所禱也」（《論語・八佾》）、「祭如在，祭神如神在」（同上）、「天將以夫子爲木鐸」（同上）、「予所否者，天厭之！天厭之」（《論語・雍也》）、「天生德於予，桓魋其如予何」（《論語・述而》）、「天命之謂性」（《禮記・中庸》）、「知其性，則知天矣」（《孟子・盡心》）等，似乎以天或神爲具有位格的主宰。但仔細看看，它不過是從經驗出發所推想的一個擬意志體，它爲儒家「擔負」了心性的摶成者或賦予者的角色。這也等於暗示天或神是「被決定者」（而不像基督宗教的神是「決定者」），並不會「左右」儒家的種種主張。何況儒家也說不清該天或神究竟是怎麼一回事（《孟子・萬章》說「莫之爲而爲者天也，莫之致而至者命也」，正好爲儒家不確定天或神的存在，下了一個可讓人「會心一笑」的註脚——它不啻告訴人天或神是不可知的）。又如新約《聖經》提到「（耶穌回答一位文士）第一要緊的就是說：『……你要盡心、盡性、盡意、盡力愛主——你的神。』其次就是說：『要愛人如己。』再沒有比這兩條誡命更大的了」（〈馬可福音〉十二：29～31）、「我（耶穌）賜給你們一條新命令，乃是叫你們彼此相愛；我怎樣愛你們，你們也要怎樣相愛。你們若有彼此相愛的心，衆人因此就認出你們是我的門徒了」（〈約翰福音〉十三：34～35）、「你們不要想我來是叫地上太平；我來並不是叫地上太平，乃是叫地上動刀兵。因爲我來是叫人與父親生疏，女兒與母親生疏，媳婦與婆婆生疏。人的仇敵就是自己家裏的人。愛父母過於愛我的，不配作我的門徒；愛兒女過於愛我的，不配作我的門徒；不背著他的十字架跟從我的，也不配作我的門徒。得著生命的，將要失喪生命；爲我失喪生命的，將要得著生命」（〈馬太福音〉十：34～37）等，好像基督宗教也很講究愛人。可是我們別忽略了，在基督宗教那裏愛神才是第一要務，愛人不過是附帶的（因爲愛神才「保證」可以得救——愛人就不一定了）。即使基督宗教也有所謂連仇敵也愛的說法（〈馬太福音〉五：43～44記載「你們聽見有話說：『當愛你的鄰舍，恨你的仇敵。』只是我告訴你們，要愛你們的仇敵，爲那逼迫你們的禱告」），但在愛神優先的前提下，愛仇敵也就「可遇不可求」了。而事實上，基督宗教徒也很難依耶穌的訓示去愛仇敵，不然也不會經常排斥異教徒㉟，並隨同或鼓勵殖民主義去侵略、支配別人。反觀儒家所提倡的仁愛（仁的基本意涵是指「愛人」，而愛人實際上包括孝弟、禮敬、愼言、利澤及人等行爲），以「義」（合宜）作爲調節，注重差等（就是《孟子・盡心》所說的「親親而仁民，仁民而愛物」），相當切合人情（能力小的人奉養雙親，能力大的人博施濟衆，社會自然祥和安樂）㊱，後遺症也少。

五、新人神關懷模式的建立

雖然如此，儒家也不是沒有遺憾。由於它所推想擬意志體的天或神，不能為它保證什麼，於是不免有一些矛盾情結出現。如一邊說「死生有命，富貴在天」（《論語・顏淵》）或「不怨天，不尤人」（《論語・憲問》），一邊又無法忍受「天的決意」（如《論語・雍也》記載「伯牛有疾，子問之。自牖執其手曰：『亡之，命矣夫！斯人也，而有斯疾也！斯人也，而有斯疾也！』」、《論語・先進》記載「顏淵死，子曰：『噫！天喪予！天喪予！』」、《史記・孔子世家》記載「子路死於衛。孔子病，子貢請見。孔子方負杖逍遙於門，曰：『賜，汝來何其晚也？』孔子因歎，歌曰：『太山壞乎！梁柱摧乎！哲人萎乎！』因以涕下……後七日卒」等等，都顯示對天意的憤怨不平），這豈不是要常陷於焦灼狀態？又如對於天或神的「報施不公」耿耿於懷（《史記・伯夷列傳》記載太史公的一段評論可為代表：「或曰：『天道無親，常與善人。』若伯夷、叔齊，可謂善人者非邪？積仁絜行如此而餓死！且七十子之徒，仲尼獨薦顏淵為好學，然回也屢空，糟糠不厭，而卒蚤夭。天之報施善人，其何如哉？盜蹠日殺不辜，肝人之肉，暴戾恣睢，聚黨數千人橫行天下，竟以壽終。是遵何德哉？此其尤大彰明較著者也。若至近世，操行不軌，專犯忌諱，而終身逸樂，富厚累世不絕；或擇地而蹈之，時然後出言，行不由徑，非公正不發憤，而遇禍災者，不可勝數也。余甚惑焉！儻所謂天道，是邪非邪」），這又豈不是要常流於困惑莫名？而由這一點往前推的結果，很可能會出現終止一切的仁行仁政的「弔詭」現象（反正「做得做不得」都由不得自己，而「做得」也不見得有「好報」，那爲什麼還要執意去做？如果不去做，豈不是壞了初衷或白忙於設計呢），這眞是個大遺憾！而儒家思想在歷代所以未能徹底實踐，恐怕跟有這個遺憾存在脫離不了關係。

再說基督宗教。基督宗教相信人來自神的創造，最後也要回到神的身邊，而這一切都透過神的啓示來完成應有的儀式。問題是神的啓示的原意是什麼？有誰知道？最後豈不是全以詮釋者的認定爲依歸？很顯然，基督宗教徒曾經對神的啓示作了對他們有利卻不意遺禍全人類的詮釋。所謂「傳統基督教對待自然的態度，無可否認地，乃是助長生態破壞的一個重要因素。過度強調『他世』，往往會導至我們對今世物質世界的罔顧或甚至無度的榨取（這種宗教觀認爲，具有眞正價值之物，僅存在於神的天國。在這種宗教觀的影響之下，我們今世的世界——人類、自然與肉體的世界——皆被視爲是低俗、邪惡、一無價值的。基於此，那些矢志過著『聖潔生活』的人皆甚少關心現世及其結果。自然世界只不過是我們通往另外一個世界之旅的一個『中途暫停站』而已。因此，我們最好將心神少放在現世，全心全意地獻身於神的王國）」；此外，基督教學說的其他缺點乃是，它對舊約《聖經・創世紀》所載有關「『支配萬物』概念的解釋：『大地厚生，生生不息，滿載於世，征服它吧；努力去支配海中之魚、空中之鳥，以及在地球上走動的一切生物。』此種『支配萬物』的概念，一直被人們利用來作爲殘酷地操縱及榨取自然的理據」㊲，說的正是基督宗教徒的一些「傑作」。尤其是後者「支配萬物」的強力領會，結合（運用）科學（技術）去執行推廣㊳，如今造成全球性的能源短缺、環境惡化、生態危機及核子恐怖等後遺症。雖然當代基督教學者紛紛在重新界定「支配萬物」的意義（他們主張任何剝削或殘害神創物之舉都是有罪的，而且也是叛逆上帝意旨的一種褻瀆行動；同樣的，任何破壞上帝所賦予自然世界的固定意旨和秩序，也是一種罪行和叛逆。因此，許多新宗教學者指出，所謂「支配萬物」並不意味著人類有權剝削大自然，它的眞意乃是指管理大自然）㊴，但因「錯誤」已經鑄成且積重難返（人類不可能從科學中收手），這一新的詮釋未免「緩不濟急」，只有徒留遺憾罷了！此外，有關神是否兼有「解放者」的身分，祂的形象究竟是「黑」是「白」、是「男」是「女」等等，也在當代成了辯論的話題㊵。顯然還有一場白熱化的意識鬥爭正在展開，這無疑也會增添人間緊張、不安的氣氛。

由以上的分析可知，不論就儒家或基督宗教來說，都有其在面世時顯得欠缺或不足的地方，各自想要圖謀繼續生存或發展，恐怕要在該欠缺或不足獲得適當的彌補才有可能。而這也許有賴於各自找尋一種新人神關懷的模式吧！如在儒家方面，得對它的天或神篤信爲實有（不再當它是一個擬意志體），眞正的做到「盡人事以聽天命」（不再懷疑天或神有什麼「報施不公」而礙了應有的「奮進」）。這樣仍無妨於它對人的關懷，而又可以享有來自天或神的「慰藉」（包括不如意時也想成是天或神有意的「磨難」在內）。又如在基督宗教方面，也得對它所信奉的神啓有切合人情和有益世界長治久安的詮釋，積極的介入反科技化或緩科技化的行列。這樣也仍無妨於它對神的關懷，而又可以享有來自人間的「溫暖」（包括不會與人經常「劍拔弩張」的相對峙和能舒緩大自然的「反撲」在內）。至於儒家和基督宗教是否要相互借鏡什麼或吸收什麼，這就留給雙方去評比和考量了。

註釋

①在一九五八年召開的國際宗教史協會的東京會議上，馬堡大學的海勒（F. Heiler）發表了一篇〈宗教史作為走向宗教統一的途徑〉的論文，當中指出西方宗教歷來對世界上的其他宗教持排斥態度，總以為自己是完全正確的。而宗教學的比較研究卻表明，各種宗教在信仰和實踐上是十分接近的。對信仰上的排他性來說，學術研究是最好的預防劑。宗教學最重要的任務之一，就是闡明「各種宗教的統一性」；而「無論任何人，凡談論到了各種宗教的統一性，都應當在言行方面以寬容的態度認真地看待這種統一性。因此，科學地洞察這種統一性，要求在實際上做到友好地進行交流，並在倫理道德上共同作出努力，要求『友誼』和『合作』」。海勒這一觀點，雖然從一開始就受到質疑（許多學者從根本上懷疑：作為一種客觀研究的宗教學「應否或能否」介入帶有濃厚主觀色彩的宗教對話），但宗教對話作為一種新的學術嘗試畢竟被推到前臺了，也不容再受到忽視了。見夏普，《比較宗教學——一個歷史的考察》（呂大吉等譯，臺北，久大、桂冠，一九九一年），頁三三三～三三五；張志剛，《走向神聖——現代宗教學的問題與方法》（北京，人民，一九九五年），頁二一七～二一八。

②現有的宗教對話，還停留在「排他論」（認為信仰的真諦繫於某一特定的宗教）、「兼容論」（認為宗教信仰是多樣的，神或上帝的啟示是普世性的，但眾多宗教在真理問題上的不同主張卻有真和假、

絕對和相對之分）、「多元論」（認為世界上各大宗教傳統所體現的是，人類對同一無限的、神聖的實在的不同感知和回應）等無謂的真理之爭中，具體的成果（特指有益於人類社會和宗教本身的發展）自然有限。參見周慶華，〈從探索真理到權益共享承諾——宗教對話的新向度〉，佛光大學南華管理學院主辦「第一屆當代宗教學學術研討會」論文（一九九七年十二月），現列為本書第二章。

③參見註①所引張志剛書，頁二一七。

④有人認為儒家並沒有像某些宗教把意識全副貫注在客觀的天道之轉為上帝上，由此展開其教義；而在主觀方面也沒有把呼求之情變為祈禱，所以儒家不算是一般的宗教（見牟宗三，《中國哲學的特質》（臺北，學生，一九八七年），頁一〇三～一〇四）。也有人認為構成宗教的要素，至少包括㈠開創人格；㈡基本聖典；㈢終極關懷；㈣終極真實；㈤終極目標；㈥終極承諾；㈦解脫進路；㈧世界觀；㈨人生觀；㈩精神共同體等要素，而儒家也有高度的這種宗教性，自然也可以稱作宗教（見傅偉勳，《死亡的尊嚴與生命的尊嚴——從臨終精神醫學到現代生死學》（臺北，正中，一九九三年），頁一〇三～一〇四）。還有人直接稱儒家為哲人型宗教（以有別於人類歷史上和猶太先知型宗教及印度神祕型宗教）（見秦家懿等，《中國宗教與西方神學》（吳華主譯，臺北，聯經，一九九三年），頁一一〇～一一三）。至今仍沒有一定的看法。

⑤大陸長年以來敵視儒家思想（當它是封建落後的象徵）固然不必多說了，臺灣或其他地區也幾乎都把

儒家思想看成不夠現代（無法發展出「科學」和「民主」一類現代式的知識和制度）而嘗試為它「改頭換面」（詳見李亦園等編著，《現代化與中國化論集》（臺北，桂冠，一九八五年三月）；黃紹倫編，《中國宗教倫理與現代化》（臺北，商務，一九九二年）；劉述先，《中國哲學與現代化》（臺北，時報，一九八六年）；項退結，《中國哲學之路》（臺北，東大，一九九一年）；成中英，《中國哲學的現代化與世界化》（臺北，聯經，一九八九年）；勞思光，《中國文化路向問題的新檢討》（臺北，東大，一九九三年）等書）。

⑥天主教、東正教和新教都奉耶穌基督為名，以新舊約《聖經》為寶典（偏重在新約部分），歧異處主要在於對教會功能、部分教義教儀和信仰方式的認定不同。參見張綏，《中世紀基督教會史》（臺北，淑馨，一九九六年），頁七一～二六六；呂大吉主編，《宗教學通論》（臺北，博遠，一九九三年），頁六五八～六八一；曾仰如，《宗教哲學》（臺北，商務，一九九三年），頁一九二～二〇五。

⑦參見林天民，《基督教與現代世界》（臺北，商務，一九九四年），頁七～九；弗羅門，《心理分析與宗教》（林錦譯，臺北，慧炬，一九九二年），頁二三～六六。

⑧參見蔣原倫等，《歷史描述與邏輯演繹——文學批評文體論》（昆明，雲南人民，一九九四年），頁二〇五～二〇八。

⑨詳見柏拉圖，《柏拉圖理想國》（侯健譯，臺北，聯經，一九八九年）；《柏拉圖文藝對話集》（朱

光潛選譯，臺北，蒲公英，一九八六年）二書。

⑩見劉康，《對話的喧聲——巴赫汀文化理論述評》（臺北，麥田，一九九五年），頁一四～一六。

⑪見托多洛夫，《批評的批評——教育小說》（王東亮等譯，臺北，久大、桂冠，一九九〇年），頁一八四～一八五。

⑫見曼紐什，《懷疑論美學》（古城里譯，臺北，商鼎，一九九二年），頁三六。

⑬雖然曼氏在書中也提到「柏拉圖式對話」或「蘇格拉底式對話」，但他所主張的對話是對現實的批判（對表面熟悉的事物的檢討和質問，從而得到新的發現和新的選擇），卻跟前人的主張「貌似神離」。以上參見周慶華，《佛學新視野》（臺北，東大，一九九七年），頁六七～七〇。

⑭見註⑧所引蔣原倫等書，頁二一九～二二三。按：論者對於這兩種結果又作了一點說明：「前者是集體智慧的結晶，而後者雖暫時無從趨向統一，但卻自然地展示了一個問題的多重側面、多個視角，這對於打開人們的思路，拓展人們的思維空間同樣不無裨益」（同上，頁二二三）。

⑮見黃光國，《儒家思想與東亞現代化》，（臺北，巨流，一九八八年），頁一三引芮巨特（A. F. Wright）等說。

⑯詳見村松暎，《儒教之毒》（吳昆鴻譯，臺北，東初國際，一九九四年）一書。

⑰詳見林毓生，《思想與人物》（臺北，聯經，一九八三年）；傅偉勳，《批判的繼承與創造的發展

——「哲學與宗教」二集》（臺北，東大，一九八六年）；李明輝，《儒學與現代意識》（臺北，文津，一九九一年）等書。

⑱見王志成，《解釋與拯救——宗教多元哲學論》（上海，學林，一九九六年），頁二六；見梁基恩，《神意與天命——一個法學家的宗教觀》（臺北，允晨，一九九六年），頁一三。

⑲見何秀煌，《傳統·現代與記號學——語言·文化和理論的移植》（臺北，東大，一九九七年），頁一一六。

⑳見註④所引傅偉勳書，頁一二二。

㉑見希克，《宗教哲學》（錢永祥譯，臺北，三民，一九九一年），頁一〇九。

㉒見矢內原忠雄，《基督教入門》（張漢裕譯，臺北，協志，一九九二年）；柯拉柯夫斯基，《宗教：如果沒有上帝……》（楊德友譯，北京，三聯，一九九七年）；孫志文主編，《人與宗教》（臺北，聯經，一九八四年）等書。

㉓參見傅偉勳，《從創造的詮釋學到大乘佛學——「哲學與宗教」四集》（臺北，東大，一九九〇年），頁一八九～二〇八。

㉔參見周慶華，〈談終極關懷〉，於《新紀元》第十四期（一九九三年七月），頁五〇。

㉕參見周慶華，《語言文化學》（臺北，生智，一九九七年），頁七六～八六。

㉖見陳郁夫，《人類的終極關懷》（臺北，幼獅，一九九五年），頁七～八（按：論者引田力克說，見該書〈自序〉）。

㉗參見溫公頤，《哲學概論》（臺北，商務，一九八三年），頁一一六～一一七。

㉘見田力克，《信仰的動力》（魯燕萍譯，臺北，桂冠，一九九四年），頁三。

㉙「季氏富於周公，而求也為之聚斂而附益之。子曰：『非吾徒也，小子鳴鼓而攻之可也。』」（《論語．先進》）、「王（齊宣王）曰：『寡人有疾，寡人好貨。』（孟子）對曰：『……王如好貨，與百姓同之，於王何有？』王曰：『寡人有疾，寡人好色。』對曰：『……王如好色，與百姓同之，於王何有？』」（《孟子．梁惠王》）。從這兩段文字，可以感受到儒家一方面不能容忍利益獨享這種事，另一方面也不憚其煩的要去沖淡（化解）利益獨享這種事，真可說是用心良苦。

㉚所引據新標點和合本（香港，聖經公會，一九九六年），下同。

㉛參見郭蒂尼，《信仰的生命》（林啟藩等譯，臺北，聯經，一九八四年），頁一三；張灝，《幽暗意識與民主傳統》（臺北，聯經，一九八九年），頁六。

㉜見註㉛所引張灝書，頁九～一〇。

㉝同上，頁一四、一八引漢彌爾頓（A. Hamilton）、麥迪遜（J. Madison）、阿克頓（L. Acton）語。

㉞當然，這也使得中國人在某種程度上能「忍受」別人的壓抑、剝削等待遇（因為承認人有智愚賢不肖、

甚至富貴貧賤和窮達壽夭等不平等現象）；甚至在當今有意向西方看齊，勤學人家的民主制度，卻因「內質」難變（仍期待賢治），而導至顛躓學步的窘境。參見註㉕所引周慶華書，頁一一一～一一三。

㉟學者有段話很可以用來印證：「因基督教注重神的問題，所以比較疏忽社會、自然界和自我的問題。耶穌的第二誡命論到人與人的關係，他說：『你當愛鄰舍如自己』，可惜基督教會往往不關心社會問題，甚至有些基督徒認為宗教和社會不相干。在基督教的歷史，宗教戰爭、宗教迫害、教派之爭是常有的現象。由此可知，基督教對於人與人的關係方面需要改善」（見註⑦所引林天民書，頁四九）。

㊱相對的，另一派墨家所主張的「兼愛」（類似基督宗教所講的博愛），就被儒家斥為異端邪說（《孟子・滕文公》曾批評墨家的兼愛是「無父」是「禽獸」），所考慮的正是兼愛說會「強人所難」，明顯不合人情。

㊲見雷夫金，《能趨疲：新世界觀——二十一世紀人類文明的新曙光》（蔡伸章譯，臺北，志文，一九八八年），頁三五七～三五八。按：有關〈創世紀〉這段文字，新標點和合本是這樣翻譯的：「（神對人說）要生養眾多，遍滿地面，治理這地，也要管理海裏的魚、空中的鳥和地上各樣行動的活物」（〈創世紀〉一：28）。這改以「征服」、「支配」為「治理」、「管理」，可能是一種「迴護」性的翻譯。

㊳西方長期以來都有基督宗教信仰和科學相衝突的看法存在，其實那是「無神論的宣傳模糊了人們的視

野，以至人們普遍認為信仰與科學水火不容。實際上，在西方歷史上，如果離開基督教而談近代科學，是不可想像的事情……關於這一點，我們可從三方面來理解。第一，基督教與科學的目標一致，都是為了對真理的追求……第二，基督教和科學都把世界看作是有序的，有嚴格的規律可循……第三，由於研究自然是信仰上帝（神）的行為，所以教會在中世紀後期開始重視教育、提倡科學……」〔見劉啟良，〈圓融之辨——儒耶之比較與中西文化精神的再認識〉，於《哲學雜誌》第二十三期（一九九八年二月），頁一〇四～一〇五〕。

㊴詳見註㊲所引雷夫金書，頁三五八～三六二。

㊵參見劉宗坤，《等待上帝，還是等待戈多？——後現代主義與當代宗教》（北京，中國社會，一九九六年）；武金正，《解放神學——脈絡中的詮釋》（臺北，光啟，一九九三年）；蘊德爾（E. M. Wendel），《女性主義神學景觀——那片流淌著奶和蜜的土地》（刁承俊譯，香港，三聯，一九九四年）等書。

第九章　基督宗教原罪說的盲點與突破

一、基督宗教的原罪說

基督宗教也可以稱爲救贖的宗教①，救贖者是神，被救贖者是人（信徒）。人神關係原是和諧的，只因爲人背離神的旨意，被神懲罰，墮落凡塵，從此代代背負著原罪而來，最後只有等待或祈求神的寬恕，才能重回原先的和諧狀態。而這原罪說，就成了基督宗教的核心思想。

在舊約《聖經》裏，明白的記載了這段緣由（神造天地萬物後）：

神用地上的塵土造人，將生氣吹在他鼻孔裏，他就成了有靈的活人，名叫亞當。神在東方的伊甸立了一個園子，把所造的人安置在那裏。神使各樣的樹從地裏長出來，可以悦人的眼目，其上的果子好作食物。園子當中又有生命樹和分別善惡的樹……神吩咐他說：「園中各樣樹上的果子，你可以隨意吃，只是分別善惡樹上的果子，你不可吃，因爲你吃的日子必定死！」神說：「那人獨居不好，我要爲他造一個配偶幫助他。」……神就用那人身上所取的肋骨造成一個女人，領她到那人跟前……神所造的，唯有蛇比田野一切的活物更狡猾。蛇對女人說：「神豈是眞說不許你們吃園中所有樹上的果子嗎？」女人對蛇說：「園中樹上的果子，我們可以吃，唯有園當中那棵樹上的果子，神曾說『你們不可吃，也不可摸，免得你們死』。」蛇對女人說：「你們不一定死；因爲神知道，你們吃的日子眼睛就明亮了，你們便如神能知道善惡。」於是女人見那棵樹的果子好作食物，也悦人的眼目，且是可喜愛的，能使人有智慧，就摘下果子來吃了，又給她丈夫，她丈夫也吃了。他們二人的眼睛就明亮了，才知道自己是赤身露體，便拿無花果樹的葉子爲自己編做裙子……神說：「那人已經與我們相似，能知道善惡；現在恐怕他伸手又摘生命樹的果子吃，就永遠活著。」神便打發他出伊甸園去，耕種他所自出之土。於是把他趕出去了；又在伊甸園的東邊安設基路伯和四面轉動發火焰的劍，要把守生命樹的道路（〈創世紀〉二～三）②。

對於人類始祖亞當和夏娃背離神的旨意，論者有一些「特別」的解釋：「神創造人從而與人建立起一種關係、雙方有著特定的契約。而始祖偷吃禁果這一犯罪行為的本質，乃在於他違反了這種契約，從而破壞了人神關係。在這種理解上，『原罪』的本質即乃一種關係的破裂，它既破壞了人與神的關係、也就破壞了人與人之間的關係」③，這認為人對神的叛離會延伸到對同類的不利；「在人類始祖『墮落』之前，神話根本沒提到生和死的問題——實際上，他們這時已經獲得了永生，但僅僅是『個人』的永生罷了。而當他們吃了『智慧樹』的果子以後，便獲得了創造新生活的能力，即繁衍子嗣的能力；這意味著，他們獲得了另一種形式的永生，即整個人類的永生——正是在這時，他們變得『如上帝（神）』了。這樣，他們自然會受到上帝的詛咒，被迫放棄個人的永生。然而，也正是從這時開始，人類踏上了面對嚴酷的大自然，披荆斬棘，開拓永生之路的艱苦歷程」④，這認為神實際上並無法阻止人的永生（「生生相續」的永生）⑤；「創世的神話表達神是創造主，而不是一時的事件，而是永遠的事件，因為神不斷在混亂中創造秩序。亞當不是歷史人物，亞當代表你我每一個人。禁果是代表神的誡命，亞當與夏娃吃禁果表達我們每一個人都不依靠創造主而生存，我們不服從神的旨意，所以我們都犯了罪。伊甸園內的蛇並不是眞實的，因為眞的蛇不會說話，只有在童話和神話中的蛇才會，蛇是代表罪惡的誘惑，這是我們每天所面臨的，可惜我們都順服罪惡的誘惑。可見亞當的神話不是一時的事件，而是永遠的事件，因為這是人類在各時各地的經驗。當亞當脫離、逃避神的時候，神對亞當呼叫說：『你在那裏？』這就是神今日對我們每一個人的呼叫」⑥，這認爲整個神話是人集體犯罪的象徵。不論如何，大家對於人的犯罪最後有賴神的救贖的看法，卻是一致的。

雖然如此，神話本身還隱藏一些少有人論及的問題，如神爲何要造智慧樹（暗中以爲「引誘」人）？蛇爲何比人聰明（能揣測神的意圖）？人未吃智慧果前眼睛昏矇，又何以知道園中的景物（包括分辨不同的果樹）？人知道善惡，就有「爲善避惡」的可能，神爲何不能忍受他們有這個智慧（而當初造智慧樹時就有引誘人「犯罪」的意圖，又爲何在實際發生後卻反悔了）？神自稱爲「我們」，顯然神是複數的，爲何卻只有一位⑦？這樣看來，基督宗教以爲人的原罪來自背離神的旨意而最後需要神的寬恕才得以消除，顯然是過於簡化問題，中間略去了不少環節，也留下了不少疑問。

二、原罪說的相關理念與作為

當然，在基督宗教後出的解釋中，也不盡認爲原罪就是這個樣子；而有的甚至還否認原罪的存在（所謂罪惡是後天造成的）⑧。不過，原罪說還是相當普遍的被人信守著，同時也相信必須經由懺悔、禱告而獲得神的寬恕，才得以贖罪，克服死亡。新約《聖經》中所謂「律法的總結就是基督，使凡信他的都得著義」（〈羅馬書〉十：4）、「就如罪作王叫人死；照樣，恩典也藉著義作王，叫人因我們的主耶穌基督得永生」（〈羅馬書〉五：21），正是在啓示人自行奉守神的律法，洗刷不了原罪；而耶穌基督降世，爲人類贖罪，顯示了神的寬大和恩典，只要人信仰耶穌基督爲神子爲救世主，追隨他而改造自己，就能得救而獲致永生。

原罪，導至個別人的必然死亡，必須尋求神的救贖，（靈性的身體）才得以永生，這是最顯著層次的相關的觀念，而且明列在新約《聖經》裏：「死既是因一人而來，死人復活也是因一人而來。在亞當裏衆人都死了；照樣，在基督裏衆人也都要復活。但各人是按著自己的次序復活：初熟的果子是基督；以後，在他來的時候，是那些屬基督的；再後，末期到了，那時基督既將一切執政的、掌權的、有能的都毀滅了，就把國交與父神。因爲基督必要作王，等神把一切仇敵都放在他的脚下。儘末了所毀滅的仇敵就是死」（〈哥林多前書〉十五：21～26）、「死人復活也是這樣（像天上的形體）：所種的必朽壞的，復活的是不朽壞的；所種的是羞辱的，復活的是榮耀；所種的是軟弱的，復活的是強壯的；所種的是血氣的身體，復活的是靈性的身體……死的毒鈎就是罪，罪的權勢就是律法。感謝神使我們藉著我們的主耶穌基督得勝」（〈哥林多前書〉十五：42～57）、「基督若在你們心裏，身體就因罪而死，心靈卻因義而活。然而，叫耶穌從死裏復活者的靈若住在你們心裏，那叫耶穌基督從死裏復活的，也必藉著住在你們心裏的聖靈，使你們必死的身體又活過來」（〈羅馬書〉八：10～11）。跟它相應的作爲，自然就是懺悔、禱告等等行爲⑨。尤其是懺悔，它包括了對罪行所導至的惡果的恐懼、對神的權威和地位不尊重的懊惱、有痛改前非的決心、對神的依恃及獲得神寬恕的希望和信心等因素，特別有接近得救的可能性上的意義，可說是信徒最「念茲在茲」的。這從舊約《聖經》裏所錄的大衛王在犯了通姦罪（跟有夫之婦拔示巴通姦）和殺人罪（殺死情婦的丈夫）後的懺悔詩篇，可以窺見一斑：

神啊，求你按你的慈愛憐恤我！
按你豐盛的慈悲塗抹我的過犯！
求你將我的罪孽洗除淨盡，
並潔除我的罪！

因爲，我知道我的過犯；
我的罪常在我面前。
我向你犯罪，唯獨得罪了你；

在你眼前行了這惡，
以至你責備我的時候顯爲公義，
判斷我的時候顯爲清正。
我是在罪孽裏生的，
在我母親懷胎的時候就有了罪。
你所喜愛的是內裏誠實；
你在我隱密處，必使我得智慧。
求你用牛膝草潔淨我，我就乾淨；
求你洗滌我，我就比雪更白。
求你使我得聽歡喜快樂的聲音，
使你所壓傷的骨頭可以踴躍。
求你掩面不看我的罪，
塗抹我一切的罪孽。
神啊，求你爲我造清潔的心，

使我裏面重新有正直的靈。
不要丟棄我，使我離開你的面；
不要從我收回你的聖靈。
求你使我仍得救恩之樂，
賜我樂意的靈扶持我。

我就把你的道指教有過犯的人，
罪人必歸順你。

神啊，你是拯救我的神；
求你救我脫離流人血的罪！
我的舌頭就高聲歌唱你的公義。

主啊，求你使我嘴脣張開，
我的口便傳揚讚美你的話！
你本不喜愛祭物，若喜愛，我就獻上；
燔祭，你也不喜悅。

神所要的祭就是憂傷的靈；
神啊，憂傷痛悔的心，你不必輕看。
求你隨你的美意善待錫安，
建造耶路撒冷的城牆。
那時，你必喜愛公義的祭
和燔祭並全牲的燔祭；
那時，人必將公牛獻在你壇上（〈詩篇〉五十一：1～19）。

這樣「窮盡所能」的懺悔，儼然要讓神無從選擇（只有寬恕他一途），而相對的，受他「傷害」的人，就全然不在這場懺悔中得到應有的「補償」。

其次，原罪也導至人對同類的不信賴，而必須設法嚴防侵犯、欺騙、壓迫等等不公義的情事，這是較隱微層次的相關觀念。跟它相應的作為，主要是在制度上防範人的犯罪：「神是至善，人是罪惡。人既然沈淪罪海，生命最大的目的便是企求神恕，超脫罪海，獲得永生。這種思想，應用到政治上，演為清教徒的互約論，人的社會乃是靠兩重互約建立，一是人與神之間的互約。一方面人保證服從神意，謹守道德；另一方面，基於人的承諾，神保證人世的福祉和繁榮。在這人神互約之下，人們彼此之間又訂下了進一步的信約，言明政府的目的乃是阻止人的墮落，防制人的罪惡。在這一大前提下，政府的領袖如果恪遵神意，為民造福，則人民接受其領導，若他們不能克制自己的罪惡性，因而違反神意，背叛信約，則人民可以起而驅逐他，否則整個社會必獲神譴，而蒙受各種天災人禍。總歸言之，清教徒的幽暗意識隨時提醒他們：道德沈淪的趨勢，普遍地存在每個人的心中，不因地位的高低，權力的大小，而有例外，就人的罪惡性而言，人人平等！因此，他們對有權位的人的罪惡性和對一般人的墮落性有著同樣高度的警覺」⑩。也因為這樣，「相互信賴」對基督宗教徒來說，就成了遙不可及的夢⑪！

三、原罪說所隱藏的盲點

在基督宗教的講法裏，一個永生的信者在精神上背著十字架，跟隨耶穌基督走向光明之路，不以純外在化、形式化甚至僵化了的律法為行為的準則，而是以耶穌基督生前所宣示的福音和有關倫理道德的訓示為最高準則。耶穌基督是律法的總結，純內在化了律法的眞諦，以「愛」字統括一切律法⑫。正如保羅所說的：「弟兄們，你們蒙召是要得自由，只是不可將你們的自由當作放縱情慾的機會，總要用愛心互相服事。因爲全律法都包括在『愛人如己』這一句話之內了。你們要謹慎，若相咬相呑，只怕要彼此消滅了」（〈加拉太書〉五：13～15）、「如今常存的有信，有望，有愛這三樣，其中最大的是愛」（〈哥林多前書〉十三：13）、「我已經與基督同釘十字架，現在活著的不再是我，乃是基督在我裏面活著；並且我如今在肉身活著，是因信神的兒子而活；他是愛我，爲我捨己。我不廢掉神的恩；義若是藉著律法得的，基督就是徒然死了」（〈加太拉書〉二：20～21）。這「愛」，包括了愛神和愛人；而愛人方面，還包括了愛仇敵，所謂「我告訴你們這聽道的人，你們的仇敵，要愛他！恨你們的，要待他好！咒詛你們的，要爲他祝福！凌辱你們的，要爲他禱告！有人打你這邊的臉，連那邊的臉也由他打。有人奪你的外衣，連裏衣也由他拿去。凡求你的，就給他。有人奪你的東西去，不用再要回來」（〈路加福音〉六：27～30）正是。然而，這卻跟原罪說相牴觸的！在原罪說的前提下，人是不可信賴的（不可愛的），而現在卻要驅使自己去愛別人（甚至愛仇敵）。試問這種愛如何可能？再說愛人也要對方願意接受（或需要被愛），不然豈不成了「自作多情」？

從這一點來看，原罪說的發用後，勢必以一種「暴力愛」收場（既不信賴別人，又要試著去感化別人，以彰顯自己特能包容別人的罪惡；殊不知別人未必有罪惡感，也未必需要他「強」來感化）。這種暴力愛的背後，隱隱然的存在著人自比爲神的妄想：

罪就是對上帝（神）的反叛。如果因爲有限與自由相混，見處於理想的可能性之中而不能説它無罪的話，那麼，它一定是有罪的，這是由於人總自詡是自己有限中的絶對。他力圖將他有限的存在變爲一種更爲永久、更爲絶對的存在形式。人們一廂情願地尋求將他們專斷的、偶然的存在置於絶對現實的王國之內。然而，他們實際上總是將有限與永恆混爲一談，聲稱他們自己、他們的國家、他們的文明或者是他們的階級是存在的中心。這便是人身上一切帝國主義性的根源，它也説明了爲何動物界受限制的掠奪慾會變成人類生活中無窮的、巨大的野心。這樣一來，想在生活中建立秩序的道德慾望便與想使自己成爲該秩序中心的野心混雜在一起，而將一切對超驗價值的奉獻敗壞於將自我的利益塞入該價值的企圖之中。生活與歷史有組織的中心必須超越生活與歷史自身，因爲在時間上、歷史上出現的一切太片面、太大不完全，無以成爲其中心。但由於人認識的侷限性，由於希望自己能克服自身的有限這兩點使之註定會對他局部有限的價值提出絶對的要求。簡言之，他企圖使自己成爲上帝⑬。

這一自比爲神的妄想，終於演變成帝國主義而進行對「他者」的支配、懲治，甚至無度的壓迫和榨取：「西方資產階級把基督教世界之外的異教地區視爲『化外之邦』，所以當他們獲得了生產力的迅速發展所賦予的巨大力量，可以向海外擴張之時，他們所使用的武器並不僅僅是大炮，而且也有《聖經》；不僅有炮艦，而且也有傳教士」⑭。這在過去是靠著強大的軍事力量征服別人，現在則是靠著經濟、文化的優勢侵略別人⑮。因此，類似底下這種論斷，就僅僅是在「自我陶醉」：「一個正視挑戰，並接受對它和對我們時代整個文化的共同生活之審判的基督教，可以爲人們應付更嚴重困境的方式做出深遠的貢獻。基督教的作用不在於它似乎可以成爲政治—經濟—社會的替換物。基督教本身不是在技術世界中建立起的一種不同的工程，也不是另一種管理城市和處理國際事務的方式。但是基督教可以爲新的希望提供基礎。因爲透過對基督的信仰，它賦予人們以『天國公民』之感，同時伴隨著塵世的責任感。在這裏，人們敢於承認自己眞正的罪惡。同時，基督教能夠對社會衝突提供富有成效的抨擊，因爲透過對基督的信仰，它使人們意識到，即使歷史的分化不能消除，『我們都在基督裏合一』」⑯。所謂「塵世的責任感」，不啻暴露了基督宗教徒的普同幻想和權力慾望，難免要成爲衝突或紛爭的根源。這是原罪說最大的盲點所在。換句話說，原罪說假定了人人都會犯罪，而一個基督宗教徒自比神，橫加壓力在非基督宗教徒身上以索得悔過的承諾，卻忘了他自己的罪惡已經延伸到對別人的干涉和強迫服從中；以至他原先對神的懺悔，終究抵不上對世人的虧欠。

四、突破盲點的幾個方向

很明顯的，長期以來所有殖民的災難，都跟原罪說脫離不了關係。而這也證明了基督宗教徒既不了解別人（如印度佛教講緣起，中國傳統講氣化，都跟基督宗教的神造說不類，當然也沒有所謂原罪的觀念），也不了解自己（不然也不會存有上述的盲點）。為了不讓上述的盲點繼續存在，原罪說理當要有些調整。方向大略如下：

首先，罪惡不是先驗的（而是後驗的），它是由神或人所界定的。一個人是否犯了罪，不是它必然為罪，而是先有規範，後有人無意中或不願受其規範而犯了它，以至「罪名」就成立了。因此，罪惡不是必然性（原罪），而是可能性。以這一點來改造原罪說，至少會比較合理而可信。

其次，一個人犯罪，向神懺悔，神就會寬恕他，免除他的罪。但如果他持續性的犯罪且一再的尋求神的寬恕，神又該如何？還有人犯罪向神懺悔，而受害者卻得包容他（愛仇敵的緣故），這又是什麼邏輯？是否要改成向直接、間接的受害者懺悔，才是正途？倘若對方不領情，他就得接受相關法律的制裁；而神只在暗中作最後的仲裁（不合理的，神才「介入」干預）。這應該也有助於人間社會的公平正義。

再次，以「愛」彌補罪惡所帶來的缺憾，固然是一個很不錯的「設計」，但它不當被濫用，造成有些人自居爲神而另一些人就被看作可憐蟲（等著別人去愛他），使得原本和樂的生活，卻因爲「強施愛」而變得緊張和複雜起來。人普遍有自尊，不須多餘的同情。基督宗教強調愛的重要性，還得附帶不能「一廂情願」一個條件，否則世界永遠要充斥著擾攘不安的氣氛。

以上是對基督宗教原罪說所隱藏盲點的揭發和規諫，無非是希望它走得更「穩健」，進而思考對人類可能的「正面」的貢獻。即使無法進一步論述詳盡的方案，也不妨這些意見終將成爲世人是否要信賴基督宗教的參考性指標。

註釋

①猶太教、回教和基督宗教（下分天主教、東正教和新教）都出於希伯來宗教，信仰單一的神，但猶太教和回教根本否認原罪的存在（只承認人類始祖亞當和夏娃負罪而使得死亡確實進入了世界），以至它們的救贖觀終究不及基督宗教那麼強烈。參見鮑克（J. Bowker），《死亡的意義》（商戈令譯，臺北，正中，一九九四年）；袁定安，《猶太教概論》（臺北，商務，一九九六年）；馬鄰翼，《伊斯蘭教概論》（臺北，商務，一九九六年）等書。

②所引據新標點和合本（香港，聖經公會，一九九六年），下同。

③見高師寧等編，《基督教文化與現代化》（北京，中國社會科學，一九九六年），頁二八七。類似的說法，可參見矢內原忠雄，《基督教入門》（張漢裕譯，臺北，協志，一九九二年），頁五〇；秦家懿等，《中國宗教與西方神學》（吳華主譯，臺北，聯經，一九九三年），頁一一六～一一七。

④見朱維之主編，《希伯來文化》（臺北，淑馨，一九九二年），頁四二～四三。按：相對於這種說法，其他類似的說法就只能順著經文來凸出人不得永生是緣於神的懲罰，不免顯得浮泛。後者，詳見雲格爾（E. Jüngel），《死論》（林克譯，香港，三聯，一九九五年），頁七六～八五；曾仰如，《宗教哲學》（臺北，商務，一九九三年），頁二二七～二二八。

⑤或許是因為這樣，所以有人推測神並不是無限的：「上帝（神）的極限在於祂的善。祂以祂的價值的和諧獲得祂現實性的深度。上帝並不是在所有方面都是無限的。如果祂是，祂就是既惡又善的。同樣的，這種善惡無限的融合是無意義的。祂是某種被法定的東西，因此是有限的」〔見懷德海（A. N. Whitehead），《宗教的創生》（蔡坤鴻譯，臺北，桂冠，一九九七年），頁七五〕。

⑥見林天民，《基督教與現代世界》（臺北，商務，一九九四年），頁六。

⑦最後一個問題，有人認為神是外星人，有同夥，才會自稱「我們」〔詳見丹尼肯（E. V. Däniken），《文明的歷程》（徐興譯，臺北，世界文物，一九七四年）一書〕。這能增加趣味性，卻解決不了什麼問題。

⑧情況略如底下這段話所說的：「依據天主教教義，亞當與夏娃原先處於純然正義的狀態，完全免於慾望、受苦與死亡，但犯罪之後，所有人類子孫代代負荷原罪。基督教（尤其路德教派與喀爾文教派）則更進一步主張，亞當的自然無垢狀態並不是什麼純然正義的狀態，卻已含藏墮落種子。也就是說，亞當一生下來就帶有原罪，而由後代子孫承襲。也有少數耶教信徒否認原罪的存在，認為不可能有罪種的遺傳，所謂罪惡乃是學了壞榜樣的結果」〔見傅偉勳，《死亡的尊嚴與生命的尊嚴——從臨終精神到現代生死學》（臺北，正中，一九九三年），頁一一四〕。

⑨參見註④所引曾仰如書，頁四五～六四；吳寧遠，〈天主教與救贖觀〉，於《宗教哲學》第三卷第四

期（一九九七年十月），頁五九～六三。

⑩見張灝，《幽暗意識與民主傳統》（臺北，聯經，一九八九年），頁九～一〇。

⑪「一個基督徒由於他的信仰，不得不對人世的罪惡和黑暗敏感。這種敏感，他是無法避免的。基督教對人世間罪惡的暴露可以說是空前的。我們因此才知道罪惡的根深柢固，難以捉摸和到處潛伏。基督教的神示一方面是充滿了慈愛和寬恕，另一方面也惡狠狠地晾出了人世的真相，基督教的福音使罪惡意識牢繫於人心……他看到別人看不見的罪惡……（這種）原罪的理論使得基督徒對各種事情都在提防……隨時準備發覺那無所不在的罪惡」（同上，頁一六～七一引阿克頓語），在這種情況下，要相互信賴又如何可得？

⑫參見註⑧所引傅偉勳書，頁一一八。

⑬見尼布爾（R. Niebuhr），《基督教倫理學詮釋》（關勝渝等譯，臺北，桂冠，一九九二年），頁五八。

⑭見呂大吉主編，《宗教學通論》（臺北，博遠，一九九三年），頁六八一。按：這比較具體的情況，如「㈠過去西方傳教士往往輕視或破壞傳統中國文化和宗教，一些傳教士仍存『白種人的優越感』，雖然他們在中國設立學校、醫院，並介紹西方的科學，他們最後的目的還是誘導改宗，因此基督教本身被認為是文化的帝國主義；㈡中國人不能了解，為何西方基督教國家來侵略領土，訂立不平等條約，

而傳教士也享受了許多特權」（見註⑥所引林天民書，頁四一）。

⑮參見波寇克，《文化霸權》（田心渝譯，臺北，遠流，一九九一年）；湯林森，《文化帝國主義》（馮建三譯，臺北，時報，一九九四年）二書。

⑯見塞爾，《宗教與當代西方文化》（衣俊卿譯，臺北，桂冠，一九九五年），頁一二〇。

附錄

命與知命的類宗教探討

引言：天地間的孤兒

亙古以來，人類就帶著複雜的心情在面對生存的環境，其中有恐懼，有憂慮，也有迷惘。恐懼的是天災人禍不斷地發生；憂慮的是幸福安樂缺乏恆久的保障；迷惘的是人生前途沒有明顯的指標。

當人類有感於這些恐懼、憂慮、迷惘的無止無盡，不免會出現尋求解脫的念頭。剛開始他最想知道的可能是人到底怎麼來的，爲什麼會在天地之間，而天地又是怎麼形成的。爲了找出答案，他必然要臨深窺祕、登高望遠，或流連平野、躑躅涯涘，四處去窮搜冥索。然而，儘管他挖空了心思，放眼所及，除了風雲草木、鳥獸蟲魚，天地還是一樣的天地，那裏會有答案？他越鑽研，越感失望，也越感孤獨，爲什麼世界竟是這般的闃寂無語？

不干罷休的人，終究是要想出辦法來解開這個困局的。皇甫謐《帝王世紀》記載：

天地未分，謂之太易，元氣始萌，謂之太初。氣形之初，謂之太始。形變有質，謂之太素（太素之前，幽清寂寞，不可爲像）。質形已具，謂之太極。天地開闢，有天皇氏、地皇氏、人皇氏。天皇大帝耀魄寶。

這不是他所想到的辦法嗎？把天地以前，想成一片混沌，叫做「太易」，其中經過「太初」、「太始」、「太素」幾個階段，然後是「太極」，天地開闢，多麼順理成章。可是這是他親眼看見的嗎？顯然不是。那麼他怎麼知道天地是這樣形成的？《聖經・創世紀》說：「起初，神創造天地。地是空虛混沌，淵面黑暗；神的靈運行在水面上。神說：要有光。就有了光。神看光是好的，就把光暗分開了。神稱光爲晝，稱暗爲夜。有晚上，有早晨，這是頭一日。」希伯萊人也沒有見過上帝，他怎麼知道上帝創造了天地？原來這些都是人類爲了彌補「不知」的缺憾，所想出來的辦法：運用一點邏輯推理，加上一些神話色彩，勾勒出一幅天地的創生圖，權為化解衆人的疑慮，同時也撫平自己長久以來的畏懼心理，並且作爲思考其他問題的根據。

既然誰也沒有見過天地初創的情況，而天地間的事物又那麼複雜多變，怎樣能夠形容得盡？屈原〈天問〉說：「邃古之初，誰傳道之？上下未形，何由考之？」王充《論衡・謝短》說：「五經之前，至於天地始開，帝王初立者，主名爲誰，儒生又不知也。」邃古之初，無從考證；天地始開，儒生不知。這是他們太過於「務實」，不然他們可以像別人一樣來個「自我作古」，把天地的創生說得活龍活現。我們看有關盤古開天闢地的故事，不就是這樣來的嗎？徐整《三五曆紀》說：

天地混沌如雞子，盤古生其中。萬八千歲，天地開闢，陽清爲天，陰濁爲地。盤古在其中，一日九變，神於天，聖於地。天日高一丈，地日厚一丈，盤古日長一丈。如此萬八千歲，天數極高，地數極深，盤古極長，後乃有三皇。

又《五運曆年紀》說：

首生盤古，垂死化身。氣成風雲，聲爲雷霆，左眼爲日，右眼爲月，四肢五體爲四極五岳，血液爲江河，筋脈爲地理，肌肉爲田土，髮髭爲星辰，皮毛爲草木，齒骨爲金石，精髓爲珠玉，汗流爲雨澤，身之諸蟲，因風所感，化爲黎虻。

任昉《述異記》也說：

昔盤古氏之死也，頭爲四岳，目爲日月，脂膏爲江海，毛髮爲草木。秦漢間俗說：盤古氏頭爲東岳，腹爲中岳，左臂爲南岳，右臂爲北岳，足爲西岳。先儒說：盤古氏泣爲江河，氣爲風，聲爲雷，目瞳爲電。古說：盤古氏喜爲晴，怒爲陰。吳楚間說：盤古氏夫妻，陰陽之始也。今南海有盤古氏墓，亙三百餘里，俗云後人追葬盤古之魂也。桂林有盤古氏廟，今人祝祀。南海中盤古國，今人皆以盤古爲姓。

有了天地，有了日月星辰，有了風雲雷霆，有了五嶽河海，有了草木蟲魚，接下來也有該有人了吧！人又是怎麼誕生的？應劭《風俗通義》說：

俗說天地開闢，未有人民，女媧摶黃土作人，劇務，力不暇供，乃引繩絙泥中，舉以爲人。故富貴賢知者，黃土人也；貧賤凡庸者，引絙人也。

李冗《獨異志》說：

昔宇宙初開之時，只有女媧兄妹二人，在崑崙山，而天下未有人民。議以爲夫妻，又自羞恥。兄即與其妹上崑崙山，咒曰：天若遣我兄妹二人爲夫妻，而煙悉合；若不，使煙散。於煙即合。其妹即來就兄。乃結草爲扇，以障其面。今時人取婦執扇，象其事也。

前者提到人的來源是那麼草率，後者提到人的來源又是那麼曲折。不管怎樣，後人都可能發出像屈原〈天問〉中所發出的疑問：「女媧有體，孰制匠之？」那麼創造這個神話的人，不是要張口結舌了？其實，人怎麼來的，可能是一個永遠無法得到解答的問題，而後來的人也不是很迫切要知道那個解答，倒是人有許多限制和無奈，令他感到寢食難安，也讓他迷惘不已！

天然的災害，以及人爲的禍害，人類大多可以想出辦法去克服，或者減低損失的程度，只有一件事他永遠無法逃避，那就是死亡。有的人早死，有的人晚死；有的人遭遇橫禍而死，有的人耄耋壽考而死。總不出百年之間，人都要結束這一趟旅程。所以，他不禁要問蒼天：這是什麼道理？

還有在芸芸衆生之中，有的人得以溫飽而晉身於富貴，有的人不免飢寒而困累於貧賤，這又是什麼道理？如果眞如《風俗通義》所說女媧摶土造人時有所疏漏，那麼他要問女媧既然有鍊石補天的本領（《淮南子．覽冥訓》說：「往古之時，四極廢，九州裂，天不兼覆，地不周載，火爁炎而不滅，水浩洋而不息，猛獸食顓民，鷙鳥攫老弱。於是女媧鍊五色石以補蒼天，斷鼇足以立四極，殺黑龍以濟冀州，積蘆灰以止淫水。蒼天補，四極正，淫水涸，冀州平，狡蟲死，顓民生。」），爲什麼沒有能力彌補自己的疏漏，使人同享一樣的待遇？

還有他也發現人的資質有智有愚，人的修養有賢有不肖，人的行爲有善有惡，人的遭遇有福有禍，這又是什麼緣故？如果這也是女媧的「傑作」，那他也要問女媧爲什麼要這樣玩弄人類，讓人類怨聲載道？

看來人類對於眼前的環境，以及種種的遭遇，可以肯定只知其然，而不知其所以然，難怪他要恐懼、憂慮和迷惘了。但是光存恐懼、憂慮和迷惘，也不是辦法。他要活下去，而且要活得安心、活得有意義，必須另想辦法才行。於是就在不可知的宇宙中，設想出一個「命」來。把一切無法理解的事物委諸「命」的安排，也把一切有價值的功業當作「命」的期許。然後他就自自然然的負「命」而來，孜孜矻矻的銜「命」而往，終於創造了一個人文化成的世界。然而，這一切作爲，只能說是出於人類的自覺，沒有任何跡象可以證明「命」的根源何在，因爲人類從被拋擲到天地間以來，就是一個舉目「無親」的孤兒，不但不知道他的「身世」，更不知道他的「身世」外還有什麼。既然如此，我們就要問問人類所設想的「命」，到底是什麼？它爲什麼會讓人牽腸掛肚，世世代代沒有停息？而我們應該怎樣看待它，才不會被它所迷惑？

命篇：此身非我有

《風俗通義》所載女媧摶土造人，或西方《聖經》所載上帝造人的說法，顯然不能令人滿意了（我們同樣可以質問：上帝又從那裏來）。所以有人不再說女媧造人、上帝造人，而說人是由猿猴變來的，而猿猴是由低等生物變來的。可是，我們也要問低等生物從那裏來？同時這個世界上還有不少低等生物，爲什麼不會變成猿猴？還有不少猿猴，爲什麼不會變成人？持這種說法的人，似乎無法再辯解了。於是有人改弦更張，說人類是「外星人」帶來的，他們還繪影繪聲的把「外星人」的模樣及其乘坐的交通工具，說得頗有那麼一回事，好像人類不來自外太空，就無法解釋他的存在。可是，「外星人」又是怎麼來的，誰能告訴我們？

不曉得將來人類還會想出多少點子來說明自己的存在。眼看人類可以憑著醫術在試管中製造生命，可以駕著太空梭在太空中逡巡探索，難保今後不會有新的發現，而解答了人心中一部分的疑惑。然而，人類生命都有極限，卻是不可改變的事實，這恐怕是人類最無法釋懷的事。幾千年來，人類不停在探討生命從那裏來，目的還不是爲了解決這個問題。如果生命沒有極限，人類又何必在乎生命從那裏來？還有如果人類也像其他生物一樣無知無識，他也不會去問生命從那裏來，就是因爲他有知有識，無法坐視生命的短暫，所以他要問蒼天，要問神明，要問一切可以告訴他答案的人。遺憾的是這個答案不在人世間，它可能在另外一個冥冥的世界中，而人類就被這個冥冥的世界所控制，一切生死存亡都由不得自主。有人稱它爲「天命」，或簡稱爲「命」。

「天命」，就是天的命令。《孟子．萬章》說：「莫之爲而爲者天也；莫之致而至者命也。」人類所見，天最廣大，又高深莫測，蘊藏了無限可能。而人所以會如此，就是來自它的旨意。因此，你相信天上有神，天上就有神，這個神就是人世間一切事物的主宰；你不相信天上有神，天上就沒有神，但是你不能否認有一個天道在，這個天道就是人世間一切事物的根源。《鶡冠子．天權》說：「神之所形謂之天。」《白虎通．天地》說：「天之爲言鎭也，居高理下爲人鎭也。」這已經把天等同於「神」，而這個「神」掌管著人世間的一切事物。《老子》說：「有物混成，先天地生，獨立而不改，周行而不殆，可以爲天下母。吾不知其名，字之曰道。」又說：「道生一，一生二，二生三，三生萬物。」老子不稱它爲「神」，而稱它爲「道」（宋人稱它爲「理」），這個「道」爲一切事物的根源。依照莊子的說法，這個「道」還內在於一切事物之中，《莊子・知北遊》說：「東郭子問於莊子曰：『所謂道惡乎在？』莊子曰：『無所不在。』東郭子曰：『期而後可。』莊子曰：『在螻蟻。』曰：『何其下邪？』曰：『在稊稗。』曰：『何其愈下邪？』曰：『在瓦甓。』曰：『何其愈甚邪？』曰：『在屎溺。』東郭子不應。」不論「神」也好，「道」也好，都只能說明人類受到了一個強大力量的制約，沒有讓他翻轉的餘地。但在這一個強大力量的制約下，人類應該是同樣的待遇，而事實不盡然如此。比如說，壽命有長有短，身體有康健有殘疾，心理有開通有閉塞，往往差異極大。這種現象，似乎不是藉「神」或「道」所能解釋的了。

雖然如此，人類還是不能擯除對於「神」或「道」的「依賴」。在他深受痛苦時，常常呼天搶地，來表示他的無奈；在他遭遇挫折時，也常常仰天長嘆，來發洩他的氣憤。在他的感覺中，這是上天有意厚待別人而虧待自己。既然上天有意厚待別人而虧待自己，也就認了。所以天命有等差的觀念，就這樣形成了。只是這個等差，並不是我們所想像那樣的有「秩序」，它有時會錯亂不堪，如《論語・雍也》所載：

哀公問弟子孰爲好學。孔子對曰：「有顏回者好學；不遷怒，不貳過。不幸短命死矣！今也

> 則亡，未聞好學者也。」
>
> 伯牛有疾。子問之，自牖執其手，曰：「亡之，命矣夫！斯人也，而有斯疾也！斯人也，而有斯疾也！」

顏回不該短命而短命，冉伯牛不該得惡疾而得惡疾，這是什麼道理？孔子表面上把它歸之於「命」，其實他的意思是「這是什麼命」？有人不說它是命，而說它是「不幸」，《論衡·幸偶》說：

> 孔子門徒七十有餘，顏回蚤夭，孔子曰：「不幸短命死矣。」短命稱不幸，則知長命者幸也，短命者不幸也。服聖賢之道，講仁義之業，宜蒙福祐，伯牛有疾，亦復顏回之類，俱不幸也。螻蟻行於地，人舉足而涉之，足所履，螻蟻笮死；足所不蹈，全活不傷。火燔野草，車轢所致，火所不燔，俗或喜之，名曰幸草。夫足所不蹈，火所不及，未必善也，舉火行道適然也。

事實上，「不幸」也是命。甚至人爲的「不幸」，也是命。《莊子·養生主》說：「公文軒見右師而驚曰：『是何人也？惡乎介也？天與，其人與？』曰：『天也，非人也。天之生是使獨也，人之貌有與也。以是知其天也，非人也。』」成玄英疏：「凡人之貌，皆有兩足共行，稟之造物，故知我之一脚，遭此形殘，亦無非命也。」命中註定他們會有這樣的遭遇，逃也逃不掉，是沒有什麼道理可講的。也因此天命變成人類一切遭遇最終的裁奪者，你敬畏它也罷，憤恨它也罷，都無損於它的存在。

這樣天命的等差誤置，很容易被人察覺，而發出「不平之鳴」。其實還有心靈的通塞不同，也是來自天命的巧爲安排，只是一般人不大留意罷了。即使留意到了，也沒有什麼特別的反應。《韓非子・五蠹》說：

宋人有耕者，田中有株，兎走觸株，折頸而死。因釋其耒而守株，冀復得兎。兎不可復得，而身爲宋國笑。

《孟子・公孫丑》說：

宋人有閔其苗之不長而揠之者，芒芒然歸，謂其人曰：「今日病矣！予助苗長矣。」其子趨而往視之，苗則槁矣。

又〈離婁〉說：

齊人有一妻一妾而處室者，其良人出，則必饜酒食而後反。其妻問所與飲食者，則盡富貴也。其妻告其妾曰：「良人出，則必饜酒肉而後反，問其與飲食者，盡富貴也，而未嘗有顯者來。吾將瞯良人之所之也。」蚤起，施從良人之所之。徧國中無與立談者。卒之東郭墦間之祭者，乞其餘；不足，又顧而之他。此其爲饜足之道也。其妻歸，告其妾曰：「良人者，所仰望而終身也，今若此！」與其妾訕其良人，而相泣於中庭。而良人未之知也，施施從外來，驕其妻妾。

類似這種「守株待兎」、「揠苗助長」、「驕其妻妾」終身迷惑而不解的人，世上不知凡幾，難道不是天命有所偏私，故意授予他們愚昧，以供世人嘲弄的嗎？王梵志〈道情〉詩說：「我昔未生時，冥冥無所知。天公強生我，生我復何爲？無衣使我寒，無食使我飢。還你天公我，還我未生時。」王梵志大概不知道天公除了會給人飢寒，也會給人愚昧。假使眞能「還我未生時」，是否這一切就會「太平」了？我們不得而知。

當然，以上所談的都是「殊命」，情況比較複雜。你不想它時都沒事，所謂「不識不知，順帝之則」，保證你可以像其他生物一樣活得「坦泰而自然」。但是當你刻意去想它時，就不是那麼一回事，你可能會氣噎，大嘆天命「不公」，也可能會自戕，以便「成全」天命。只有一件事，人類是無力抗拒的，那就是到了氣數將盡，要「還我未生時」。這是人類無所逃避的「共命」。〈薤露歌〉說：「薤上露，何易晞！露晞明朝更復落，人死一去何時歸？」〈蒿里曲〉說：「蒿里誰家地，聚斂魂魄無賢愚。鬼伯一何相催促，人命不得少踟躕！」這假使眞如傳說是田橫門人爲傷悼田橫自殺而作，還有可說。假使只是感嘆人命短淺、死後一去不歸，就有欠「通達」，不知人何以爲人了。

落在網羅中

如果在沒有天地萬物以前，眞是一片混沌，那麼天地萬物應蘊含在這混沌之中。爾後經過造物主的疏鑿點化，紛紛成形，錯落有致，而以天地爲網絡，含攝一切萬物。人類也在這張網絡中活動，跟其他萬物相互依存，相互糾葛，永遠無法逃離它的約束。

撇開人類跟其他萬物的依存糾葛不談，光以人際關係來說，無不是由命所決定，人力無法稍予假借。比如人的身體髮膚得自父母，而人無從選擇父母，父母也不得選擇子女。《史記・鄭世家》說：

武公十年，娶申侯女爲夫人，曰武姜。生太子，寤生，生之難。及生，夫人弗愛。後生少子叔段，段生易，夫人愛之。二十七年，武公疾，夫人請公，欲立段爲太子，公弗聽。是歲，武公卒，寤生立，是爲莊公。莊公元年，封弟段於京，號太叔。祭仲曰：「京大於國，非所以封庶也。」莊公曰：「武姜欲之，我弗敢奪也。」段至京，繕治甲兵，與其母武姜謀襲鄭。二十二年，段果襲鄭，武姜爲內應。莊公發兵伐段，段走。伐京，京人畔段，段出走鄢。鄢潰，段出奔共。於是莊公遷其母武姜於城潁，誓言曰：「不至黃泉，毋相見也。」居歲餘，已悔思母。潁谷之考叔有獻於公，公賜食。考叔曰：「臣有母，請君食賜臣母。」莊公曰：「我甚思母，惡負盟，奈何？」考叔曰：「穿地至黃泉，則相見矣。」於是遂從之，見母。

又〈留侯世家〉說：

上欲廢太子，立戚夫人子趙王如意。大臣多諫爭，未能得堅決者也……漢十二年，上從擊破布軍歸，疾益甚，愈欲易太子。留侯諫，不聽，因疾不視事。叔孫太傅稱說引古今，以死爭太子。上詳（佯）許之，猶欲易之。及燕，置酒，太子侍。四人從太子，年皆八十有餘，鬚眉皓白，衣冠甚偉。上怪之，問曰：「彼何爲者？」四人前對，各言名姓，曰東園公、角里先生、綺里季、夏黃公。上乃大驚，曰：「吾求公數歲，公辟逃我，今公何自從吾兒游乎？」四人皆曰：「陛下輕士善罵，臣等義不受辱，故恐而亡匿。竊聞太子爲人仁孝，恭敬愛士，天下莫不延頸欲爲太子死者，故臣等來耳。」上曰：「煩公幸卒調護太子。」四人爲壽已畢，趨去。上目送之。召戚夫人指示四人者曰：「我欲易之，彼四人輔之，羽翼已成，難動矣。呂后眞而主矣。」戚夫人泣。上曰：「爲我楚舞，吾爲若楚歌。」歌曰：「鴻鵠高飛，一舉千里。羽翮已就，橫絶四海。橫絶四海，當可奈何！雖有矰繳，尚安所施！」歌數闋，戚夫人嘘唏流涕，上起去，罷酒。竟不易太子者，留侯本招此四人之力也。

子女都希望獲得父母的慈愛，父母也希望所生子女聰慧乖巧。但是像鄭莊公緣慳母愛，幾乎要跟他的母親決裂；漢高祖劉邦有子「不肖」，差點就把太子換掉，誰知道他們內心有多麼的無奈？眼看世上有人在歌頌父母的恩惠，也有人在埋怨父母的失職；有人在爲子女卓然有成而慶幸，也有人在爲子女嬉遊墮落而喟嘆，不論那一種情況，都不是他們當初所能預料。如果不是天命，又該怎麼解釋？

又比如兄弟一源所出，形同手足，彼此也無從選擇。以前司馬牛常因其兄桓魋爲亂，而憂懼顯現於色。《論語・顏淵》說：「司馬牛憂曰：『人皆有兄弟，我獨亡！』子夏曰：『商聞之矣：「死生有命，富貴在天。君子敬而無失，與人恭而有禮，四海之內皆兄弟也。」君子何患乎無兄弟也？』」子夏這番話只能安慰司馬牛，並不能解決司馬牛的問題。而司馬牛心中的無奈（有兄猶無），恐怕也不是子夏所能了解。另外，《世說新語・文學》說：「文帝嘗令東阿王七步中作詩，不成者行大法。應聲便爲詩曰：『煮豆持作羹，漉菽以爲汁。萁在釜下燃，豆在釜中泣。本自同根生，相煎何太急！』帝深有慚色。」曹氏兄弟之間的宿構，固然源於權位的爭奪，而最後釀至相煎的地步，不免令人深爲嘆息！曹植〈七哀詩〉說：「明月照高樓，流光正徘徊。上有愁思婦，悲歎有餘哀。借問歎者誰？言是客子妻。君行踰十年，孤妾常獨棲。君若清路塵，妾若濁水泥。浮沈各異勢，會合何時諧？願爲西南風，長逝入君懷。君懷良不開，賤妾當何依？」黃節《曹子建詩注》：「清路塵與濁水泥是一物。浮爲塵，沈爲泥。故下云『浮沈異勢』，指塵泥也。亦喻兄弟骨肉一體而榮枯不同也。」黃節以爲曹植在爲兄弟榮枯不同而憂愁，其實曹植是在感嘆：兄弟爲什麼不能像別人一樣相愛不疑？莫非這也是天命！

父母兄弟這兩層關係，爲天命所安排，自然沒有什麼可疑。儘管有人處心積慮想隱諱父母兄弟之名（尤其在父母兄弟爲惡而恥見於世時），但是父母的血緣依然存在，兄弟的名分仍舊不改，這是千古不磨的事實。

其次，還有一些看似可以由人自主，而實際上也是有上天在裁奪的人際關係，如夫婦、朋友、君臣（長官部屬）、師生等。夫婦的結合，一般人都以爲緣分使然，所謂「有緣千里來相會，無緣見面不相逢」，沒有緣分，強求也強求不來。其實，這裏所說的緣分，也是命。命中註定兩人要成爲夫妻，就會成爲夫妻。《後漢書·逸民傳》說：

梁鴻，字伯鸞，扶風平陵人也。家貧，而尚節介。同縣孟氏有女，肥醜而黑，力舉石臼，擇對不嫁。曰：「欲得賢如梁伯鸞者。」鴻聞而聘之。字之曰德曜，名孟光。至吳，爲賃舂。每歸，妻爲具食，不敢於鴻前仰視，舉案齊眉。

梁鴻、孟光所以會結成如此「美眷」（梁鴻不嫌孟光肥醜而聘娶爲妻；孟光不嫌梁鴻家貧而敬之如賓），豈不是天意？古樂府〈陌上桑〉說：

日出東南隅，照我秦氏樓。秦氏有好女，自名爲羅敷。羅敷善蠶桑，採桑城南隅。青絲爲籠系，桂枝爲籠鉤。頭上倭墮髻，耳中明月珠。緗綺爲下裙，紫綺爲上襦。行者見羅敷，下擔

> 捋髭鬚。少年見羅敷，脱帽著帩頭。耕者忘其犁，鋤者忘其鋤。來歸相怨怒，但坐觀羅敷。使君從南來，五馬立踟躕。使君遣吏往，問是誰家姝？「秦氏有好女，自名爲羅敷。」「羅敷年幾何？」「二十尚不足，十五頗有餘。」使君謝羅敷：「寧可共載不？」羅敷前致詞：「使君一何愚！使君自有婦，羅敷自有夫。東方千餘騎，夫婿居上頭。何用識夫婿，白馬從驪駒。青絲繫馬尾，黃金絡馬頭。腰中鹿盧劍，可值千萬餘。十五府小吏，二十朝大夫。三十侍中郎，四十專城居。爲人潔白皙，鬑鬑頗有鬚。盈盈公府步，冉冉府中趨。坐中數千人，皆言夫婿殊。」

這位使君所以得不到羅敷這般貌美的女子爲妻（那些怨怒自己妻子不如羅敷漂亮的農夫也是一樣），又豈不是天意？

朋友的交往，也是如此。《論語・子路》說：「君子以文會友，以友輔仁。」所謂「以文會友，以友輔仁」，好像懸了一個標準，再去找朋友。事實上，結交朋友也是可遇不可求。《呂氏春秋・本味》說：

> 伯牙鼓琴，鍾子期聽之。方鼓琴，而志在太山。鍾子期曰：「善哉乎鼓琴，巍巍乎若太山！」

少選之間，而志在流水。鍾子期又曰：「善哉乎鼓琴，湯湯乎若流水！」鍾子期死，伯牙破琴絕絃，終身不復鼓琴，以為世無足復為鼓琴者。

《世說新語・德行》說：

管寧、華歆共園中鋤菜，見地有片金。管揮鋤與瓦石不異，華捉而擲去之。又嘗同席讀書，有乘軒冕過門者。寧讀如故，歆廢書出看。寧割席分坐，曰：「子非吾友也。」

伯牙能得到鍾子期這樣的知音，顯然不是強求而來，當中自有命在。而管寧、華歆朋友一場，終因不能相契，鬧到割席分坐，這也是命。《文心雕龍・知音》說：「知音其難哉！音實難知，知實難逢。逢其知音，千載其一乎！」知音千載難逢，如何勉強得來？

君臣的相遇，尤其如此。雖然說「君臣以義合」，合則來，不合則去，但是論到他們的相遇，也是命的安排。《史記・高祖本紀》說：「高祖曰：『列侯諸將無敢隱朕，皆言其情。吾所以有天下者何？項氏之所以失天下者何？』高起、王陵對曰：『陛下慢而侮人，項羽仁而愛人。然陛下使人攻城略地，所降下者因以予人，與天下同利也。項羽妒賢嫉能，有功者害之，賢者疑之，戰勝而不予人功，得地而不予人利，此所以失天下也。』高祖曰：『公知其一，未知其二。夫運籌策帷帳之中，決勝於千里之外，吾不如子房；鎮國家，撫百姓，給餽饟，不絕糧道，吾不如蕭何；連百萬之軍，戰必勝，攻必取，吾不如韓信。此三人者，皆人傑也，吾能用之，此吾所以取天下也。項羽有一范增而不能用，此其所以為我擒也。』」這裏提到兩名謀士，一個范增，一個張良。范增在項羽身邊，項羽雖然尊稱他為「亞父」，但是不免有疑心，最後在急圍滎陽之際，中漢的反間，使范增含恨求去，在返回彭城途中，疽發背而死。張良從項羽不依約遣韓王成就國，又殺之於彭城開始，就一心效忠劉邦，而劉邦也對他言聽計從，終於底定天下，完成統一大業。〈留侯世家〉說：「良數以太公兵法說沛公，沛公善之，常用其策。良為他人言，皆不省。良曰：『沛公殆天授。』故遂從之。」張良的意思是說當初他所以會依從劉邦，是有感於劉邦跟別人不同，大概為天所授。其實，張良的感覺和判斷都是後發的，他們君臣二人相遇，已在命定之中。項羽、范增二人相遇，也是如此，只是人家是一個「成功的遇合」，而他們是一個「失敗的遇合」。這對范增來說，不免有些遺憾。至於同在一個盛世，有人得遇，有人不得遇，這也是命。張載《語錄》說：「賢者在堯舜之世，亦有不得遇者，亦有甚不幸者，是亦有命也。即智之於賢者，不獲知也。」賢者不得遇聖主，反過來就是聖主不得遇賢者，這種事情甚為平常，不必多加舉例。

至於師生的關係，比較特殊，《白虎通．辟雍》說：「師弟子之道有三：《論語》曰『朋友自遠方來』，朋友之道也。又曰『回也，視予猶父也』，父子之道也。以君臣之義教之，君臣之道也。」這是說師生有時像父子，有時像朋友，有時像君臣。《論語．先進》說：「顏淵死，門人欲厚葬之。子曰：『不可。』門人厚葬之。子曰：『回也，視予猶父也；予不得視猶子也。非我也，夫二三子也！』」孔子、顏回雖然沒有父子的名分，而實際上顏回已經視孔子爲父，這時名分就不是頂重要。這是就生對師來說。如果就師對生來說，往往會把他當作朋友看待。〈先進篇〉又說：「子曰：『回也，非助我者也；於吾言無所不說。』」朋友有相助之義，而孔子默許顏回有助於己，顯然孔子已經視顏回爲朋友了。至於君臣一道，是純粹的師生關係，師爲君，生爲臣，他們之間僅止於授受知識技能而已。不論如何，師生的相遇，也是天意。有人會遇到好學上進的學生，有人會遇到桀傲不馴的學生；有人會遇到博學多識的老師，有人會遇到腹笥窘澀的老師。雖然有些時候彼此可以選擇，但是選擇本身也是命。因爲選擇要有互相契合的條件，而彼此能不能契合，就得看天意了。《莊子．德充符》郭象注：「故人之生也，非誤生也；生之所有，非妄有也。天地雖大，萬物雖多，然吾之所遇，適在於是……故凡所不遇，弗能遇也；其所遇，弗能不遇也。其所不爲，弗能爲也；其所爲，弗能不爲也。」因此，遇好是命，遇不好也是命，一切莫不是命。

貴賤天先定

人類初降，怎樣度過漫漫長日，已經無從考知，也許像禽獸一樣，晝出夜伏，但圖飽腹苟活而已。以後心思逐漸轉密，不滿於過往的生活，而開始了更多欲望的追求。《荀子・王霸》說：「夫人之情，目欲綦色，耳欲綦聲，口欲綦味，鼻欲綦臭，心欲綦佚。此五綦者，人情之所必不免也。」這五種欲望不只是「人情之所必不免」，可以說人類的一切努力最後都爲了滿足這五種欲望。只是在滿足欲望的過程中，不免會互相攘奪利益，而流於殘酷的爭戰。因此，人類不得不協商法規，訂定制度，來分配利益，以安定秩序。然而利益永遠不可能做到完全合理公平的分配，人間的攘奪爭戰自然會繼續進行下去，終於引發貧賤和富貴的對立衝突。

處在上位而享有較多利益的人，我們稱他爲富貴；處在下位而享有較少利益的人，我們稱他爲貧賤。在一般的情況下，人類都希冀富貴而厭棄貧賤。《史記・蘇秦列傳》說：

(蘇秦)出游數歲，大困而歸。兄弟嫂妹妻妾竊皆笑之，曰：「周人之俗，治產業，力工商，逐什二以爲務。今子釋本而事口舌，困，不亦宜乎？」蘇秦聞之而慚，自傷，乃閉室不出，出其書徧觀之，曰：「夫士業已屈首受書，而不能以取尊榮，雖多亦奚以爲？」於是得周書

《陰符》，伏而讀之。期年，以出揣摩，曰：「此可以說當世之君矣。」

又〈李斯列傳〉說：

（李斯）乃從荀卿學帝王之術。學已成，度楚王不足事，而六國皆弱，無可爲建功者，欲西入秦。辭於荀卿曰：「斯聞得時無怠，今萬乘方爭時，游者主事。今秦王欲吞天下，稱帝而治，此布依馳騖之時，而游說者之秋也。處卑賤之位而不計爲者，此禽鹿視肉，人面而能彊行者耳。故詬莫大於卑賤，而悲莫甚於窮困。久處卑賤之位、困苦之地，非世而惡利，自託於無爲此非士之情也。故斯將西說秦王矣。」

蘇秦、李斯等人，可以說是典型的厭棄貧賤而希冀富貴的人。這是人之常情，古詩十九首〈今日良宴會〉說：「今日良宴會，歡樂難具陳。彈箏奮逸響，新聲妙入神。令德唱高言，識曲聽其眞。齊心同所厭，含意俱未伸。人生寄一世，奄忽若飆塵。何不策高足，先據要路津？無爲守窮賤，轗軻長苦辛。」長處貧賤，轗軻而苦辛，這不是說明了大家所以想據高位而取富貴的原因嗎？由於古來貧賤的多，富貴的少，所以富貴就顯得特別珍貴，已經變成衆人競相追逐的對象。胃口大一點的人，爭帝王產業，像劉邦、項羽；胃口小一點的人，爭高官厚爵，像蘇秦、李斯。可是帝位只有一個，官爵也極爲有限，由誰獲得，是一個很大的問題。

以帝王來說，有的是打天下得來的，有的是世襲得來的，有的是革命得來的，有的是禪讓得來的，有的是陰謀得來的，有的是造反得來的，有的搶奪得來的，有的是莫名其妙得來的，而這些人也不一定有什麼足以服人的條件，只因爲夤緣際會得到了帝位。既然帝位是夤緣際會得到的，那麼這也是命了。不信，舉例來看。

這裏先把上列得到帝位的情況，約略分成兩類：一類是無意爲帝王而不得不爲帝王；一類是有意爲帝王而終得帝王。第一類顯然不由自主，純粹是天命。這可以藉范縝的話來說。《梁書．范縝傳》說：

> 縝初在齊世，嘗侍竟陵王子良。子良精信釋教，而縝盛稱無佛。子良問曰：「君不信因果，世間何得有富貴？何得有貧賤？」縝答曰：「人之生，譬如一樹花，同發一枝，俱一開蒂。隨風而墜，自有拂簾幌，墜於茵席之上；自有關籬牆，落於糞溷之側。墜茵席者，殿下是也；落糞溷者，下官是也。貴賤雖復殊途，因果竟在何處？」……縝退論其理，著〈神滅論〉。

佛家有所謂前世、今世、來世之說，而前世、今世、來世互爲因果，人就在這因果循環中輪迴。這也是命的一種說法，大家稱它爲「以業識言命」。以業識言命，當然有別於傳統的天命說，范縝在竟陵王子良前盛稱無佛，大概是從這一分別上來談。不過，范縝不說天命，而說偶遇。他以樹上的花來作比喻，當風一吹，有的花墜落在茵席上，有的花墜落在糞溷中；墜落在茵席上的爲富貴，墜落在糞溷中的爲貧賤。這跟傳統的天命說，實在沒有什麼差別。因爲偶遇本身不是人力所能主宰，它也是命。所以想要富貴的固然不一定能得到富貴，不想要富貴的也不一定能去掉富貴。《莊子・讓王》說：「越人三世弒其君，王子搜患之，逃乎丹穴。而越國無君，求王子搜不得，從之丹穴。王子搜不肯出，越人薰之以艾，乘以王輿。王子搜援綏登車，仰天而呼曰：『君乎！君乎！獨不可以舍我乎？』」這不是一個明顯的例子嗎？

第二類看來是自主，不假天命。其實不然。比如說劉邦、項羽都有意角逐帝位，《史記・高祖本紀》說：「高祖常繇咸陽，縱觀，觀秦皇帝，喟然太息曰：『嗟乎，大丈夫當如此也！』」又〈項羽本紀〉說：「秦始皇帝游會稽，渡浙江，梁與籍俱觀。籍曰：『彼可取而代也。』」在他們合力推翻秦政後，不久就形成兩雄爭霸的局面。只是劉邦常處於下風，有幾次幾乎成爲項羽的階下囚，像鴻門宴、彭城之戰、滎陽之戰，劉邦無不是在極爲驚險的情況中逃脫。其中最離奇的要數彭城之戰，《史記・項羽本紀》說：

春，漢王部五諸侯兵，凡五十六萬人，東伐楚。項王聞之，即令諸將擊齊，而自以精兵三萬人南從魯出胡陵。四月，漢皆已入彭城，收其貨寶美人，日置酒高會。項王乃西從蕭，晨擊漢軍而東，而彭城。日中，大破漢軍。漢軍皆走，相隨入穀、泗水，殺漢卒十餘萬人。漢卒皆南走山，楚又追擊至靈壁東睢水上。漢軍卻，爲楚所擠，多殺，漢卒十餘萬人皆入睢水，睢水爲之不流。圍漢王三匝。於是大風從西北而起，折木發屋，揚沙石，窈冥晝晦，逢迎楚軍。楚軍大亂，壞散，而漢王乃得與數十騎遁去。欲過沛，收家室而西。楚亦使人追之沛，取漢王家。家皆亡，不與漢王相見。漢王道逢得孝惠、魯元，乃載行。楚騎追漢王，漢王急，推墮孝惠、魯元車下，滕公常下收載之。如是者三。曰：「雖急不可以驅，奈何棄之？」於是遂得脫。

劉邦被楚軍重重圍住，眼看求生無望，那知道一陣狂風吹來，飛沙走石，衝散了楚軍，而讓他乘隙逃逸，難道這不是天意嗎？後來項羽反被困於垓下，四面楚歌，自度大勢已去，準備最後決戰，而慨然的對部屬說：「此天之亡我，非戰之罪也！」這句話聽來令人心酸！莫非項羽也領悟到了天命不可違抗？

謀取帝位的結果，如此令人難以逆料，那麼謀取官爵又如何？《論衡．逢遇》說：

昔周人有仕數不遇，年老白首，泣涕於塗者。人或問之：「何為泣乎？」對曰：「吾仕數不遇，自傷年老失時，是以泣也。」人曰：「仕奈何不一遇也？」對曰：「吾年少之時，學為文，文德成就，始欲仕宦，人君好用老。用老主亡，後主又用武，吾更武；武節始就，武主又亡。少主始立，好用少年，吾年又老。是以未嘗一遇。

《漢武故事》說：

顏駟不知何許人，漢文帝時為郎，至武帝嘗輦過郎署，見駟尨眉皓髮。上問曰：「叟何時為郎？何其老也？」答曰：「臣文帝時為郎，文帝好文，而臣好武。至景帝好美，而臣貌醜。陛下即位好少，而臣已老。是以三世不遇，故老於郎署。」

像顏駟等人，想要當官而苦無機會，這不是證明了官爵榮銜也由命定？所以《論衡．逢遇》又說：

「仕宦有時，不可求也。夫希世准主，尚不可為，況節高志妙，不為利動，性定質成，不為主顧者乎？」

如果你生在門第謹嚴的時代，不幸落在寒族，那麼當官的機會就更加渺茫了。《宋書・恩幸傳》說：

漢末喪散，魏武始基，軍事倉卒，權立九品，蓋以論人才優劣，非為世族高卑。因此相沿，遂為成法，自魏至晉，莫之能改。州都郡正，以才品人，而舉人才，升降蓋寡，徒以馮藉世資，用相陵駕。都正俗士，斟酌時宜，品目少多，隨事俯仰。劉毅所謂「下品無高門，上品無賤族」者也。歲月遷譌，斯風漸篤。凡厥衣冠，莫非上品。自此以還，遂成卑庶。

即使你生在「公平」競爭的科舉時代，通過考試就有希望晉身，但是有沒有機會報考，以及能不能考取，往往也由不得自主。唐人趙匡〈選舉議〉說：

舉人大率二十人方收一人，故沒齒不登科者甚衆，而雜色之流，廣通其路，此一彼十，故受官多低下之人，修業抱後時之歎，待不才者何厚？待有才者何薄？崇末抑本，啓昏窒明，故士子舍學業而趨末技，其弊四也。

又說：

貧窶之士，在遠方欲力赴京師，而所冀無際，以此揆度，遂致沒身，使茲人有抱屈之恨，國家有遺才之缺，其弊八也。

貧窶之士，不巧身處偏遠，就無緣赴京報考；而錄取名額受限，總有許多人要望榜興嘆。這一切不也顯示了官爵利祿，自有天命，不是人力所能強求的？如果官爵利祿可以強求，那麼就不會有沒齒老翁還在披星戴月奔走於場屋；也不會有年輕落第生常以詩歌傾訴他絕望、悔恨的心聲了。

智愚命不同

也許有人說富貴貧賤不全在天命，也要靠人力。比如應舉，你不先折節向學，厚植根基，人家「十年寒窗苦讀書」、「一朝成名天下知」，你「年年名在孫山外」、「門庭冷落車馬稀」，很顯然是你的功夫不夠，好機會都拱手讓給別人。以前有人撰聯譏笑老童生說：「行年八十尚稱童，可云壽考；到老五經猶未熟，不愧書生。」讀不熟五經，考不上舉人，終身與富貴絕緣，這又能怪誰？

又如劉邦所以得到帝位，是因爲他胸襟豁達、知人善任，項羽所以失掉帝位，是因爲他猜忌鑱刻、剛愎自用。班彪〈天命論〉說：「蓋在高祖，其興也有五：一曰帝堯之苗裔；二曰體貌多奇異；三曰神武有徵應；四曰寬明而仁恕；五曰知人善任使。加之以信誠好謀，達於聽受；見善如不及，用人如由己；從諫如順流，趣時如響起。」班彪所說前三項，多屬附會，其他可以說是劉邦獲得天下的關鍵。相對的，項羽就缺乏這樣的條件，所以霸王事業終究毀於一旦。

依此類推，你沒有遇到好伴侶，是因爲你格於「男大當娶，女大當嫁」、「不孝有三，無後爲大」的陋規，隨便找個人結婚，以致婚後不諧，後悔不已。如果你知道婚姻不同兒戲，愼重選擇，總有遇到知心人的一天。又你沒有交到好朋友，是因爲你沒有用心觀察，《論語・季氏》說：「孔子曰：『益者三友，損者三友。友直、友諒、友多聞，益矣；友便辟、友善柔、友便佞，損矣。』」世上儘有益友，你不去結交，偏偏遇到損友，可見是你的識見有所不足。又君臣不能相契，是因爲君不知虛己以下人，臣不知盡忠以事上；俗語說：「伴君如伴虎。」君既然變成虎，又如何虛己以下人？俗語又說：「下不訕上。」臣既然訕上自賢，又如何盡忠以事上？所以君臣不能合作無間，也是咎由自取。又師生不能投合，是因爲老師缺乏道德學問以服學生，學生缺乏好學精神以向老師；《孟子・公孫丑》說：「以德服人者，中心悅而誠服也，如七十子之服孔子也。」《論語・子罕》說：「顏淵喟然歎曰：『仰之彌高，鑽之彌堅；瞻之在前，忽焉在後。夫子循循然善誘人，博我以文，約我以禮。欲罷不能，既竭吾才，如有所立，卓爾；雖欲從之，末由也已！』」老師能涵養這種道德學問，如何能不令學生心悅誠服？《禮記・學記》說：「善學者，師逸而功倍，又從而庸之。」《論語・學而》說：「子曰：『賜也，始可與言詩已矣；告諸往而知來者。』」又〈八佾篇〉說：「子曰：『起予者商也，始可與言詩已矣。』」學生能激發這種向學精神，如何能不令老師傾囊相授？所以師生不能善始善終，也是人爲所致。

照這樣看來，前面所說的似乎都要推翻了。其實不然。人的心力有所不逮，根源於智慧有所不及，而智慧有所不及，卻是命中註定。這可以藉宋儒的話來印證，朱熹《語錄》說：「有是理而後有是氣，有是氣則必有是理。但稟氣之清者爲聖爲賢，如寶珠在清冷水中；稟氣之濁者爲愚爲不肖，如珠在濁水中。」又說：「稟得精英之氣，便爲聖爲賢，便是得理之全，理之正；稟得清明者，便英爽；稟得敦厚者，便溫和；稟得清高者，便貴；稟得豐富者，便富；稟得久長者，便壽；稟得衰頽薄濁者，便爲愚不肖，爲貧賤。」朱熹說了那麼多，其實可以用一句話來概括：人的稟賦、脾性、壽夭、富貴貧賤等，都來自氣稟，而氣稟又來自天理。而天理就是這裏所說的天命。那麼人或智或愚，都是天命的決定，自己無從加以改變。所以應舉失敗，是命中註定他缺乏智慧以進取；項羽潰亡，是命中註定他缺乏智慧以成事；而婚姻不諧、朋友不歡、君臣不樂、師生不愜，都是命中註定他們缺乏智慧以全節。

也許還有人說後天環境的良窳，對於人的智愚也有影響。生在注重教育的家庭，容易受到感發；處在文化氣息濃厚的地方，也容易受到激勵。但是事實又如何？王安石〈傷仲永〉說：

金谿民方仲永，世隸耕。仲永生五年，未嘗識書具，忽啼求之。父異焉，借旁近與之，即書詩四句，並自爲其名。其詩以養父母收族爲意。傳一鄉秀才觀之，自是指物作詩立就，其文理皆有可觀者。邑人奇之，稍稍賓客其父，或以錢幣丐之。父利其然也，日扳仲永環謁於邑人，不使學。予聞之也久，明道中，從先人還家，於舅家見之，十二三矣。令作詩，不能稱前時之聞。又七年，還自揚州，復到舅家問焉，曰：「泯然衆人矣！」王子曰：「仲永之通悟，受之天也。其受之天也，賢於材人遠矣。卒之爲衆人，則其受於人者不至也。彼其受之天也，如此其賢也；不受之人，且爲衆人。今夫不受之天，固衆人；又不受之人，得爲衆人而已耶！」

這是說方仲永本來有天賦，因爲家庭關係，沒有受到栽培，以至跟衆人無異。但是古來家境不好，自知奮勉，終於嶄露頭角的人，不在少數，如披蒲編抄《尚書》的溫舒、削竹簡抄《春秋》的公孫弘、囊螢取光的車胤、藉映雪光的孫康、採樵將書懸擔的朱買臣、牧牛將書掛角的李密等，這又怎麼說？是不是方仲永根本就缺乏天賦，無法自行力爭上游，像溫舒他們一樣成就一番事業？至於當時偶然一現的靈光，也只能說是奇蹟，跟他平生的凡庸並沒有絲毫的關聯。而他家人的愚行，也無礙於他一無所成。相對的，注重教育的家庭，他們的孩子又如何？陶淵明〈責子詩〉說：

> 白髮被兩鬢，肌膚不復實。雖有五男兒，總不好紙筆。阿舒已二八，懶惰故無匹。阿宣行志學，而不好文術。雍端年十三，不識六與七。通子垂九齡，但覓梨與栗。天運苟如此，且進杯中物。

陶淵明一代詩人，對於五個男兒，想必盡過一番心力教導，但是各人資質不同，或庸惰無匹，或別無好惡，令他頗感失望，以至在嘆息「天運苟如此」之餘，不免要「且進杯中物」以爲排憂遣悶了。這不也說明了人的智愚原有命定，家教無從著力？《列女傳‧母儀》說：

> 鄒孟軻之母也，號孟母。其舍近墓，孟子之少也，嬉遊爲墓間之事，踴躍築埋。孟母曰：「此非吾所以居處子。」乃去，舍市旁，其嬉戲爲賈人衒賣之事。孟母又曰：「此非吾所以居處

子也。」復徙舍學宮之傍，其嬉戲乃設俎豆揖讓進退。孟母曰：「眞可以居吾子矣。」遂居。及孟子長，學六藝，卒成大儒之名。

這是說孟子能成爲一名大儒，是因爲從小孟母爲他選擇了一個好環境。我們不能否認孟子的成就跟環境有密切的關係，但是使他在環境中知所惕勵、勤奮進取的智慧，都是得自天賦。不然，古來那麼多同樣在好環境中的人，都應該成爲大儒，爲什麼反而庸庸碌碌終其一生？《史記・孔子世家》說：「孔子以詩書禮樂教，弟子蓋三千焉，身通六藝者七十有二人。」三千人同在聖人門下受業，只有七十二人身通六藝，不也證明了智者自爲智、愚者自爲愚，全在天命，人力無從改變？

其次，緣智愚而來的有賢不肖。智者爲賢，愚者爲不肖。《荀子・勸學》說：「君子之學也，入乎耳，箸乎心，布乎四體，形乎動靜，端而言，蝡而動，一可以爲法則。小人之學也，入乎耳，出乎口，口耳之間則四寸耳，曷足以美七尺之軀哉？古之學者爲己，今之學者爲人。君子之學也以美其身，小人之學也以爲禽犢。」韓愈〈師說〉說：「嗟乎蝡，師道之不傳也久矣！欲人之無惑也難矣！古之聖人，其出人也遠矣，猶且從師而問焉；今之衆人，其下聖人也亦遠矣，而恥學於師。是故聖益聖，愚益愚，聖人之所以爲聖，愚人之所以爲愚，其皆出於此乎？」荀子、韓愈這些話如果是在鼓勵人學爲君子、聖人，個人沒有異議；如果是在責備人，那就有味於智愚賢不肖本爲天定之義了。因爲這些話聽在智者、賢者耳裏，自然會更加感發志意，汲汲於謀求自處之道；聽在愚者、不肖者耳裏，不但無動於衷，還可能嫌他們喧嚷不休呢！

緣智愚而來的還有善惡。智者爲善，愚者爲惡。不過，善惡的認定沒有一定的標準，常常有爭論。如殺人爲惡，而上戰場殺人則爲善；盜越財貨爲惡，而劫富濟貧則爲善；說謊騙人爲惡，而對重患隱瞞病情則爲善；原諒他人過錯爲善，而鄉愿不辨是非則爲惡。總之，善惡的判斷，必須因時因地而制宜，必須依情依理依法爲準據，執著一端，難有公允的論斷。雖然如此，智者必能反躬自省，趨善而避惡。《論語・學而》說：「曾子曰：『吾日三省吾身：爲人謀而不忠乎？與朋友交而不信乎？傳不習乎？』」又〈季氏〉說：「孔子曰：『君子有三戒：少之時，血氣未定，戒之在色；及其壯也，血氣方剛，戒之在鬥；及其老也，血氣既衰，戒之在得。』」像這樣不時心存戒慎恐懼，不時省察行爲的得失，怎麼可能捨善而爲惡？至於愚者，沒有自省的能力，也沒有戒愼恐懼的觀念，日日行惡而不自知。這難道不也是天意嗎？

最後談到禍福。禍福也跟善惡一樣，不大容易分辨得清楚。通常的看法是有利於己的爲福，不利於己的爲禍。對人來說，無不喜歡避禍而求福。只是禍福也有命在，不能隨便讓人予取予求。《淮南子・人間訓》說：

夫禍福之轉相生，其變難見也。近塞上之人有善術者，馬無故亡而入於胡，人皆弔之。其父曰：「此何遽不爲福乎？」居數月，其馬將胡駿馬而歸，人皆賀之。其父曰：「此何遽不爲禍乎？」家富良馬，其子好騎，墮而折其髀，人皆弔之。其父曰：「此何遽不爲福乎？」居一年，胡人大入塞，丁壯者引弦而戰，近塞之人，死而十九，此獨以跛之故，父子相保。故福之爲禍，禍之爲福，化不可極，深不可測也。

「塞翁失馬，焉知非福」，「塞翁得馬，焉知非禍」；可見禍福不是人力所能預見。既然禍福不是人力所能預見，那麼只有等待天命了。其次，禍福跟人的智愚、賢不肖、行善行惡，也沒有關係。《史記・伯夷列傳》說：

或曰：「天道無親，常與善人。」若伯夷、叔齊，可謂善人者非邪？積仁絜行如此而餓死！且七十子之徒，仲尼獨薦顏淵爲好學，然回也屢空，糟糠不厭，而卒蚤夭！天之報施善人，其何如哉？盜蹠日殺不辜，肝人之肉，暴戾恣睢，聚黨數千人橫行天下，竟以壽終，是遵何德哉？此其尤大彰明較著者也。若至近世，操世不軌，專犯忌諱，而終身逸樂，富厚累世不絕。或擇地而蹈之，時然後出言，行不由徑，非公正不發憤，而遇禍災者，不可勝數也。余甚惑焉，儻所謂天道，是邪非邪？

太史公在這裏藉機會發了一頓牢騷。他以為沒有德行的人，不應該長壽富貴，卻長壽富貴；有德行的人，應該長壽富貴，卻不得長壽富貴，這是什麼道理？如果有所謂天道，那麼天道又何在？這番話聽在我們耳裏，自然倍感憤恨不平。可是這能怪得了誰？《莊子・德充符》說：「死生、存亡、窮達、貧富、賢與不肖、毀譽、饑渴、寒暑，是事之變，命之行也。」一切都是命，你又有什麼辦法？

知命篇：憂愁不起心

對人類來說，生命出自何處，又歸向何處，完全矇然無知，可以說是一件非常遺憾的事。尤其可悲的，他根本無法預見頃刻以後，自己會變成什麼樣子。所以要活下去，只有期待上天的憐愛。如果上天不憐愛，期盼落空，一切就要化為烏有。面對這樣殘酷的現實，可以想見人類的心情多麼複雜。再加上成長過程中種種不可捉摸的變化，以及悲歡離合層出不窮的侵擾，人類也實在不知如何是好。因為一切都是天命，誰有本事去改變它？

當然，人類不會這樣平白的屈服於天命，他會想辦法加以抗拒。首先，他要抗拒天命所裁定的人生太過短暫。所謂「人生一世，如白駒過隙耳」，如白駒過隙的人生，到底有什麼意思？而想爲現實盡點心力，又能有什麼作爲？陳師道《後山詩話》說：「昔之黠者，滑稽以玩世。曰彭祖八百歲而死，其婦哭之慟。其鄰里共解之曰：『人生八十不可得，而翁八百矣，尚何尤？』婦謝曰：『汝輩自不諭爾，八百死矣，九百猶在也。』世以癡爲九百，謂其精神不足也。」從表面看來，這是個笑話，但是內裏還不是在表達人類共同的心聲？彭婦爲她的夫婿不得九百歲而慟哭，其他人也同樣爲他的親人不得長壽而慟哭；而哭別人等於哭自己。王羲之〈蘭亭集序〉說：「每覽昔人興感之由，若合一契；未嘗不臨文嗟悼，不能喻之於懷。固知一死生爲虛誕，齊彭殤爲妄作。後之視今，亦猶今之視昔，悲夫！」王羲之斥責莊子「一死生」之說爲虛誕，「齊彭殤」之舉爲妄作，不正是人類無法坐視生命受限的心理寫照嗎？

縮小範圍來說，爲了生命受限，不但已經擁有富貴而想要永保富貴的人，不會甘心，連視富貴如浮雲而想有一番作爲的人，也不會甘心。《史記・封禪書》說：

> 自威、宣、燕昭使人入海求蓬萊、方丈、瀛洲。此三神山者，其傅在勃海中，去人不遠；患且至，則船風引而去。蓋嘗有至者，諸僊人及不死之藥皆在焉。其物禽獸盡白，而黃金銀爲

宮闕。未至，望之如雲；及到，三神山反居水下。臨之，風輒引去，終莫能至云。世主莫不甘心焉！及至秦始皇並天下，至海上，則方士言之不可勝數。始皇自以爲至海上而恐不及矣，使人乃齎童男女入海求之。船交海中，皆以風爲解，曰未能至，望見之焉。其明年，始皇復游海上，至琅邪，過恆山，從上黨歸。後三年，游碣石，考入海方士，從上郡歸。後五年，始皇南至湘山，遂登會稽，並海上，冀遇海中三神山之奇藥。不得，還至沙丘崩。

《禮記．檀弓》說：

孔子蚤作，負手曳杖消搖於門，歌曰：「太山其穨乎？梁木其壞乎？哲人其萎乎？」既歌而入，當戶而坐。子貢聞之曰：「太山其穨，則吾將安仰？梁木其壞，則吾將安杖？哲人其萎，則吾將安放？夫子殆將病也！」遂趨而入。夫子曰：「賜，爾來何遲也？夏后氏殯於東階之上，則猶在阼也；殷人殯於兩楹之間，則與賓主夾之也；周人殯於西階之上，則猶賓之也。而丘也，殷人也，予疇昔之夜夢，坐奠於兩楹之間。夫明王不興，而天下其孰能宗予？予殆將死也！」蓋寢疾七日而沒。

已經擁有富貴而想永保富貴的人，到處訪求不死之藥；視富貴如浮雲而想有所作爲的人，不斷發出悲哀之鳴，不都是在抗拒天命所裁定的人生太過短暫嗎？

其次，他要抗拒天命給人疲癃殘疾的身體和闇晦蔽塞的心靈。張載〈西銘〉說：「凡天下疲癃殘疾惸獨鰥寡，皆吾兄弟之顚連而無告者也。」疲癃殘疾惸獨鰥寡，都是天底下顚連無告的人，如果論及痛苦，惸獨鰥寡遠不及疲癃殘疾。畢竟由寂寞而來的煎熬，還可以藉外物排遣；而由罹患而來的折磨，只得空對上天強呼號了。東方朔〈七諫〉說：「身被疾而不閒兮，心沸熱其苦湯。冰炭不可以相並兮，吾固知乎命之不長。哀獨苦死之無樂兮，惜余年之未央！」身染疾病，已經這樣叫苦連天，那生來殘廢的人，就更不必說了。然而，世上又有多少人能免於疲癃殘疾？能免於疲癃殘疾的人，恐怕少之又少。不要說那些接踵求助醫門的病患，就說每天摩肩奔走於路途的人，又何嘗有一個十足健康的？想必彼此只是殘疾的輕重不等，痛楚的大小不一罷了。因此，人生沒有恆久的快樂，無疑是大家共同的感受。可是，人類甘願忍受上天這樣的折騰嗎？顯然不是。平常他會傾其所能的求得飲食來養護身體；當飲食不足以勝任時，他又會不計一切的延醫診治以保命長壽。爲了養護身體而去尋找飲食，爲了保命長壽而去求醫治病，不也是在抗拒天命所給人的疲癃殘疾的身體嗎？

至於人類生來，所知有限，也讓他深感不滿，而不停想辦法要去開拓視野、獲得新知。當年屈原〈天問〉所以窮對上天發出一百七十二個問題，不就是由於這個緣故嗎？《莊子・養生主》說：「吾生也有涯，而知也無涯。以有涯隨無涯，殆已；已而為知者，殆而已矣！」雖然以有限的生命追求無限的知識，會大量耗損精神體力，是一件危險的事，但是人類不畏危險，「上窮碧落下黃泉」，鍥而不捨的去探索宇宙的奧妙，顯然也是在抗拒天命所給人的闇晦蔽塞的心靈。

然而，人類抗拒天命的結果又如何？那些別無方術，只是憂傷悲鳴的歷代聖賢，固然翻不出上天的命限；那些藉重方術、辟穀服食丹藥的累世君王，還不是翻不出上天的命限。古詩十九首〈驅車上東門〉說：「驅車上東門，遙望郭北墓。白楊何蕭蕭，松柏夾廣路。下有陳死人，杳杳即長暮。潛寐黃泉下，千載永不寤。浩浩陰陽移，年命如朝露。人生忽如寄，壽無金石固。萬歲更相送，賢聖莫能度。服食求神仙，多為藥所誤。不如飲美酒，被服紈與素。」「萬歲更相送，賢聖莫能度」「服食求神仙，多為藥所誤」，想來不免令人心灰意冷！

至於對抗身體的疲癃殘疾，人類相繼嘗試了幾千年，依然無法除去它的痛苦折磨；對抗心靈的闇晦蔽塞，人類也相繼努力了幾千年，仍然解不開生命的潛在奧祕。這似乎只有藉楊萬里〈曉登萬花川谷看海棠〉詩「準擬今春樂事濃，依然枉卻一東風。年年不帶看花眼，不是愁中即病中。」以及陳子昂〈登幽州臺歌〉「前不見古人，後不見來者。念天地之悠悠，獨愴然而涕下！」才能表達我們的沈痛無奈於萬一。

天命不可抗拒，已經是事實，那麼人類又該如何？《莊子．達生》說：「達生之情者，不務生之所無以爲；達命之情者，不務知之所無奈何。」、「不務生之所無以爲」、「不務知之所無奈何」，就是要人類不再盲目的抗拒天命。換句話說，人類應該相信生命的種種限制，都是天意，不必心存非分之想。這就是古人所說的「知命」。「知命」是要我們承認天命的存在，而不是要我們窮究天命的本身。因爲天命本身無可窮究，只能讓人有所「感覺」而已。人類能知命，就不會貪生怕死。《列子．天瑞》說：

杞國辭人憂天地崩墜，身亡所寄，廢寢食者。又有憂彼之所憂者，因往曉之。曰：「天積氣耳，亡處亡氣，若屈伸呼吸，終日在天中行止，奈何憂崩墜乎？」其人曰：「天果積氣，日月星宿不當墜邪？」曉之者曰：「日月星宿，亦積氣中之有光耀者，只使墜亦不能有所中傷。」其人曰：「奈地壞何？」曉者曰：「地積塊耳，充塞四虛，亡處亡塊，若躇步跐蹈，終日在地上行止，奈何憂其壞？」其人舍然大喜。……子列子聞而笑曰：「言天地壞者亦謬，言天地不壞者亦謬。壞與不壞，吾所不能知也。雖然，彼一也，此一也。故生不知死，死不知生，來不知去，去不知來。壞與不壞，吾何容心哉？」

「生不知死，死不知生」「來不知去，去不知來」，一切歸之於天命，而人貪生怕死，豈不是枉費心機？列子不以生死容心，可見他對天命有相當的體認。

人類能知命，也不會見死而過度悲傷。《莊子．至樂》說：

莊子妻死，惠子弔之。莊子則方箕踞，鼓盆而歌。惠子曰：「與人居，長子，老身死，不哭，亦足矣，又鼓盆而歌，不亦甚乎？」莊子曰：「不然！是其始死也，我獨何能無槪然！察其始，而本無生；非徒無生也，而本無形；非徒無形也，而本無氣。雜乎芒芴之間，變而有氣，氣變而有形，形變而有生，今又變而之死，是相與爲春秋冬夏四時行也。人且偃然寢於巨室，而我噭噭然隨而哭之，自以爲不通乎命，故止也。」

生命來自無形，又歸於無形，其中自有天意，不因爲人的悲喜而有所改變。今天見死而慟哭哀號，固然情有不忍，但是天人兩隔已成事實，慟哭哀號又有何用？莊子妻死，一反常情，箕踞鼓盆而歌，不過在表明他能知命而已。

人類能知命，也不會爲疲癃殘疾而過度恐懼。《莊子．大宗師》說：

子祀、子輿、子犁、子來，四人相與語曰：「孰能以無爲首，以生爲脊，以死爲尻，孰知死生存亡之一體者，吾與之友矣。」四人相視而笑，莫逆於心，遂相與爲友。俄而子輿有病，子祀往問之。曰：「偉哉！夫造物者將以予爲此拘拘也！曲僂發背，上有五管，頤隱於齊，肩高於頂，句贅指天。」陰陽之氣有沴，其心閒而無事，跰𨇤而鑑於井，曰：「嗟乎！夫造物者又將以予爲此拘拘也！」子祀曰：「女惡之乎？」曰：「亡，予何惡？浸假而化予之左臂以爲雞，予因以求時夜；浸假而化予之右臂以爲彈，予因以求鴞炙；浸假而化予之尻以爲輪，以神爲馬，予因以乘之，豈更駕哉？且夫得者時也，失者順也；安時而處順，哀樂不能入也。此古之所謂縣解也，而不能自解者，物有結之。且夫物不勝天久矣，吾又何惡焉？」俄而子來有病，喘喘然將死，其妻子環而泣之。子犁往問之，曰：「叱！避！無怛化。」倚其户與之語，曰：「偉哉！造化又將奚以汝爲？將奚以汝適？以汝爲鼠肝乎？以汝爲蟲臂乎？」子來曰：「父母於子，東西南北，唯命之從。陰陽於人，不翅於父母。彼近吾死，而我不聽，我則悍矣，彼何罪焉？夫大塊載我以形，勞我以生，佚我以老，息我以死。故善吾生者，乃所以善吾死也。今之大冶鑄金，金踴躍曰『我且必爲鏌鋣』，大冶必以爲不祥之金。今一犯人之形，而曰『人耳人耳』，夫造化者必以爲不祥之人。今一以天地爲大鑪，以造化爲大冶，惡乎往而不可哉？」成然寐，蘧然覺。

疲癃殘疾爲天所命，人因爲難以消受，想到命將不得長久，而不時心生恐懼，本來情有可原，可是天命已定，恐懼無濟於事。不如子輿、子來二人能看透此義，安生順死，無往而不可，使其身心痛苦逐漸減輕，以至完全解脫。

人類能知命，也不會爲闇昧蔽塞而過度勞神。《莊子‧秋水》說：

秋水時至，百川灌河，涇流之大，兩涘渚崖之間，不辯牛馬。於是焉河伯欣然自喜，以天下之美爲盡在己。順流而東行，至於北海，東面而視，不見水端，於是焉河伯始旋其面目，望洋向若而歎曰：「野語有之曰『聞道百以爲莫己若者』，我之謂也。且夫我嘗聞少仲尼之聞，而輕伯夷之義者，始吾弗信。今我睹子之難窮也，吾非至於子之門則殆矣，吾長見笑於大方之家！」北海若曰：「井鼃不可以語於海者，拘於虛也；夏蟲不可以語於冰者，篤於時也；曲士不可以語於道者，束於教也。今爾出於崖涘，觀於大海，乃知爾醜，爾將可與語大理矣。天下之水，莫大於海，萬川歸之，不知何時止而不盈；尾閭泄之，不知何時已而不虛；春秋不變，水旱不知。此其過江河之流，不可爲量數。而吾未嘗以此自多者，自以比形於天地而受氣於陰陽，吾在於天地之間，猶小石小木之在大山也，方存乎見少，又奚以自多？計四海之在天地之間也，不似礨空之在大澤乎？計中國之在海內，不似稊米之在太倉乎？號物之數謂之萬，人處一焉；人卒九州，穀食之所生，舟車之所通，人處一焉；此其比萬物也，不似豪末之在於馬體乎？五帝之所連，三王之所爭，仁人之所憂，任士之所勞，盡此矣。伯夷辭之以爲名，仲尼語之以爲博，此其自多也，不似爾向之自多於水乎？」

天地之大，萬物之多，已經不可究詰，何況它們更來自天命？既然天命要使人闇昧蔽塞，再努力窮思冥索，還是不脫井底之蛙，所知終究有限。這樣看來，世上有知有識的人，跟無知無識的人，也實在相去不遠。那麼有知有識的人，對無知無識的人，應當是「如得其情，則哀矜而勿喜」，不然隨便嘲弄，豈不變成「五十步笑百步」了？至於執意要窮究萬事萬物道理的人，也該有心理準備，以免在泅過知識的大海後，發現仍在原處打轉，而頓生「自暴自棄」的念頭。

陶淵明〈神釋〉詩說：「大鈞無私力，萬物自森著。人爲三才中，豈不以我故？與君雖異物，生而相依附。結託既喜同，安得不相語？三皇大聖人，今復在何處？彭祖愛永年，欲留不得住。老少同一死，賢愚無復數。日醉或能忘，將非促齡具。立善常所欣，誰當爲汝譽？甚念傷吾生，正宜委運去。縱浪大化中，不喜亦不懼。應盡便須盡，無復獨多慮。」人類想「縱浪大化中，不喜亦不懼」「應盡便須盡，無復獨多慮」，已經不是一件容易的事，何況還有心靈問題尚未解決？

因此，人類無疑的要對天命有這一番體認，才能冷靜的去找尋自處之道。

敵對轉相親

上天的牽合，使人類結成父子、兄弟、夫婦、朋友、君臣（長官部屬）、師生等幾層親疏不等的關係，暫時得以慰藉不知生命本然的遺憾，以及減輕面對生命短促的恐懼。只是這種牽合不能盡人滿意，經常有人漠然對待或設法逃避，以至人間再度出現另一種紛擾。

這種紛擾不同於抗拒生命受限，也不同於抗拒身體疲癃殘疾和心靈闇晦蔽塞，它涉及人際關係的緊張和惡化，而可能牽起社會的大變動，給自己增添無數的災禍。《史記．周本紀》說：

周后稷，名棄。其母有邰氏女，曰姜原。姜原爲帝嚳元妃。姜原出野，見巨人跡，心忻然說，欲踐之，踐之而身動如孕者。居期而生子，以爲不祥，棄之隘巷，馬牛過者皆辟不踐；徙置之林中，適會山林多人，遷之；而棄渠中冰上，飛鳥以其翼覆薦之。姜原以爲神，遂收養長之。初欲棄之，因名曰棄。

又〈五帝本紀〉說：

舜父瞽叟盲，而舜母死，瞽叟更娶妻而生象，象傲。瞽叟愛後妻子，常欲殺舜，舜逃避；及有小過，則受罪……舜年二十以孝聞。三十而帝堯問可用者，四嶽咸薦虞舜，曰可。於是堯乃以二女妻舜以觀其內……堯乃賜舜絺衣，與琴，爲築倉廩，予牛羊。瞽叟尚復欲殺之，使舜上塗廩，瞽叟從下縱火焚廩。舜乃以兩笠自扞而下，去，得不死。後瞽叟又使舜穿井，舜穿井爲匿空旁出。舜既入深，瞽叟與象共下土實井，舜從匿空出，去。瞽叟、象喜，以舜爲已死。象曰：「本謀者象。」象與其父母分，於是曰：「舜妻堯二女，與琴，象取之。牛羊倉廩予父母。」象乃止舜宮居，鼓其琴。舜往見之。象鄂不懌，曰：「我思舜正鬱陶！」舜曰：「然，爾其庶矣！」舜復事瞽叟愛弟彌謹。

原爲骨肉，卻因他故而想斷絕關係（甚至置於死地），這種事也夠悲慘的了。看來上天並沒有給他們一個好的牽合，徒讓他們陷於萬般掙扎之中。《晏子春秋．內篇雜上》說：

晏子爲齊相，出。其御之妻，從門閒而闚其夫爲相御，擁大蓋，策駟馬，意氣揚揚，甚自得也。既而歸，其妻請去。夫問其故。妻曰：「晏子長不滿六尺，身相齊國，名顯諸侯。今者妾觀其出，志念深矣，常有以自下者。今子長八尺，迺爲人僕御。然子之意，自以爲足，妾是以求去也。」其後夫自抑損，晏子怪而問之，御以實對。晏子薦以爲大夫。

《漢書・朱買臣傳》說：

朱買臣……家貧，好讀書，不治產業，常艾薪樵，賣以給食，擔束薪，行且誦書。其妻亦負戴相隨，數止買臣毋歌嘔道中。買臣愈益疾歌，妻羞之，求去。買臣笑曰：「我年五十當富貴，今已四十餘矣。女苦日久，待我富貴報女功。」妻恚怒曰：「如公等，終餓死溝中耳，何能富貴?」買臣不能留，即聽去……後數歲……會邑子嚴助貴幸，薦買臣，召見，説《春秋》，言《楚詞》，帝甚説之，拜買臣爲中大夫，與嚴助俱侍中……上拜買臣會稽太守……入吳界，見其故妻、妻夫治道。買臣駐車，呼令後車載其夫妻，到太守舍，置園中，給食之。居一月，妻自經死，買臣乞其夫錢，令葬。

夫妻一場，卻因信念相左而告仳離，不幸落得羞恨難當（甚至自戕以謝世人），給人間再添一樁憾事。上天這隻造化手，也未免拙劣了一點，不盡給人美滿的姻緣。《論語・公冶長》說：

子張問曰：「……崔子弒齊君，陳文子有馬十乘，棄而違之。至於他邦，則曰：『猶吾大夫崔子也！』違之。之一邦，則又曰：『猶吾大夫崔子也！』違之。何如？」子曰：「清矣。」曰：「仁矣乎？」曰：「未知，焉得仁？」

《史記・越王句踐世家》說：

范蠡遂去，自齊遺大夫種書曰：「蜚鳥盡，良弓藏；狡兔死，走狗烹。越王爲人長頸鳥喙，可與共患難，不可與共樂。子何不去？」種見書，稱病不朝。人或讒種且作亂，越王乃賜種劍，曰：「子教寡人伐吳七術，寡人用其三而敗吳，其四在子，子爲我從先王試之。」種遂自殺。

君臣相處，卻因志意不同（或利害關係）而勉強求去，以至留下臣所「事」非君、君所「用」非臣的惡例。上天這般安排，也眞教人百思莫解。此外，兄弟、朋友、師生又何嘗沒有這種情況？就以師生來說，通達如孔子、孟子，都難免有「不屑教誨」的時刻，《論語・陽貨》說：「孺悲欲見孔子，孔子辭以疾。將命者出戶，取瑟而歌，使之聞之。」《孟子・告子》說：「教亦多術矣。予不屑之教誨也者，是亦教誨之而已矣。」可見天命的「錯置」，的確令人難以忍受，而不禁要抗拒到底。就因爲人類要抗拒天命的「錯置」，不時演出倫常破滅（甚至牽連社會變動）的悲劇，使一部人類的歷史沾染斑斑的血迹。這是誰的過錯？是上天？還是人類自己？

朱敦儒〈西江月〉詞說：「世事短如春夢，人情薄似秋雲。何須計較苦勞心？萬事原來有命。幸運三杯酒美，況逢一朵花新。片時歡笑且相親，明日陰晴未定。」「萬事原來有命」，歸根結柢，不好的遇合還是源於天命，人類強爲抗拒，只好自取其咎。這樣說來，造成倫常破滅慘劇的元兇，就是人類自己了。《莊子・秋水》說：「惠子相梁，莊子往見之。或謂惠子曰：『莊子來，欲代子相。』於是惠子恐，搜於國中，三日三夜。莊子往見之，曰：『南方有鳥，其名爲鵷鶵，子知之乎？夫鵷鶵發於南海，而飛於北海，非梧桐不止，非練實不食，非醴泉不飲。於是鴟得腐鼠，鵷鶵過之，仰而視之，曰：「嚇！」今子欲以子之梁國而嚇我邪？』」《史記・汲鄭列傳》贊說：「夫以汲、鄭之賢，有勢則賓客十倍，無勢則否，況衆人乎？下閺翟公有言，始翟公爲廷尉，賓客闐門；及廢，門外可設雀羅。翟公復爲廷尉，賓客欲往，翟公乃大署其門曰：『一死一生，乃知交情。一貧一富，乃知交態。一貴一賤，交情乃見。』汲、鄭亦云，悲夫！」朋友見利而忘義，或利盡而交疏，出現「劍拔弩張」的態勢，後果仍然要自己來承擔。由此往上看，父子骨肉的乖離、兄弟手足的鬩牆、夫婦姻情的斷裂，以及往下看，君臣聯誼的破敗、師生恩屬的疏遠，無不是人類在自作自受，「怨」不得上天。

既然這樣，人類爲什麼不「片時歡笑且相親」，獨獨要跟天命「抗衡」？其實，由「敵對」轉爲「相親」，並不難做到。《說苑》說：

閔子騫母死，其父更娶，復有二子。子騫爲其父御車，失轡。父持其手，衣甚單。父歸，呼其後母兒，持其手，衣甚厚溫。即謂其婦曰：「吾所以娶汝，乃爲吾子，今汝欺我。去，無留！」子騫曰：「母在，一子單；母去，三子寒。」其父默然。故曰孝哉閔子騫，一言其母還，再言三子溫。

閔子騫不因後母刻薄而跟她決裂，這同舜不因親父別愛而怠於事奉一樣，都是化敵對爲相親的好例子。辛延年〈羽林郎〉詩說：

昔有霍家奴，姓馮名子都。依倚將軍勢，調笑酒家胡。胡姬年十五，春日獨當壚。長裾連理帶，廣袖合歡襦，頭上藍田玉，耳後大秦珠。兩鬟何窈窕，一世良所無；一鬟五百萬，兩鬟千萬餘。不意金吾子，娉婷過我廬。銀鞍何煜爚，翠蓋空踟躕。就我求清酒，絲繩提玉壺。就我求珍肴，全盤鱠鯉魚。貽我青銅鏡，結我紅羅裙。不惜紅羅裂，何論輕賤軀？男兒愛役婦，女子重前夫。人生有新故，貴賤不相踰。多謝金吾子，私愛徒區區。

嫌貧愛富，俗婦不免，而胡姬卻能忠於前夫，拒斥霍家奴的誘惑，可以推測那些會破壞婚姻而使夫妻轉爲敵對的變數，都能在人的一念之間化解，而益加相親。《史記・管晏列傳》說：

管仲曰：「吾始困時，嘗與鮑叔賈，分財利多自與，鮑叔不以我爲貪，知我貧也。吾嘗爲鮑叔謀事而更窮困，鮑叔不以我爲愚，知時有利有不利也。吾嘗三仕三見逐於君，鮑叔不以我爲不肖，知我不遭時也。吾嘗三戰三走，鮑叔不以我爲怯，知我有老母也。公子糾敗，召忽死之，吾幽囚受辱，鮑叔不以我爲無恥，知我不羞小節而恥功名不顯于天下也。生我者父母，知我者鮑子也。」

管仲、鮑叔牙初交，管仲多虧「友道」，換作常人，恐怕早已謝絕往來，而鮑叔牙卻始終不以爲忤，竟是難得。然而，管仲、鮑叔牙能，我們爲什麼不能？《論語・微子》說：

柳下惠為士師，三黜。人曰：「子未可以去乎？」曰：「直道而事人，焉往而不三黜？枉道而事人，何必去父母之邦？」

臣遭君罷黜，頓成敵對，而柳下惠仍然直道而行，希冀有所奉獻，豈不比類此而生怨嗟或訕訐的人，更勝一著？可見上天的「錯置」，非議無益，只有不知轉為相親的人，徒然喪失「良機」，令人浩嘆！陶淵明〈雜詩〉說：「人生無根蒂，飄如陌上塵。分散逐風轉，此已非常身。落地為兄弟，何必骨肉親？得歡當作樂，斗酒聚比鄰。盛年不重來，一日難再晨。及時當勉勵，歲月不待人。」杜甫〈貧交行〉詩說：「翻手作雲覆手雨，紛紛輕薄何須數？君不見管鮑貧時交，此道今人棄如土。」這裏顯出兩種截然不同的態度：一種如陶淵明隨時珍惜友道（四海之內皆兄弟），一種如杜甫所論的人隨時可以捐棄友道（利盡交疏）。朋友如此，父子、兄弟、夫婦、君臣、師生又何嘗不如此？只是想到「人生無根蒂，飄如陌上塵」，珍惜上天所主意的遇合，已經稍嫌不及，那有閑暇去計較上天的「疏忽」（或偏袒），而強與人「作對」？顯然人類不能不在這方面有所省悟；否則，如何進一步去思考人生的意義和價值？

仰看浮雲過

富貴和貧賤鮮明的對比，開啓了人間不少的爭端。原因就在不滿於自己貧賤，而別人富貴。去貧賤以就富貴，也就成爲理所當然的事了。誠如《戰國策・齊策》載譚拾子所說「事之必至者，死也。理之固然者，富貴則就之，貧賤則去之。此事之必至，理之固然者」。因此，類似「死生有命，富貴在天」（《論語・顏淵》）「命當貧賤，雖富貴之，猶涉禍患矣；命當富貴，雖貧賤之，猶逢福善矣」（《論衡・命祿》），只能是少數達觀的人藉來自慰慰人的話，大多數人仍然不會甘心屈守貧賤的。

然而，不甘心屈守貧賤的又如何？左思〈詠史〉詩說：「鬱鬱澗底松，離離山上苗。以彼徑寸莖，蔭此百尺條。世胄躡高位，英俊沈下僚。地勢使之然，由來非一朝。金張藉舊業，七葉珥漢貂。馮公豈不偉，白首不見招。」王勃〈滕王閣序〉說：「嗟乎！時運不齊，命途多舛。馮唐易老，李廣難封。屈賈誼於長沙，非無聖主；竄梁鴻於海曲，豈乏明時？」左思、王勃「借他人酒杯，澆自己胸中塊壘」（詩文中馮唐、李廣、賈誼、梁鴻都是不得志的人），也只是發發牢騷，又何益於「應得」的貧賤？《論語・里仁》說：「富與貴，是人之所欲也；不以其道，得之不處也。貧與賤，是人之所惡也；不以其道，得之不去也。」孔子所說的「其道」到底是什麼，個人不知道。個人只知道貧賤常不可去，而富貴常不可得。想求得富貴的人，必然要擔一些風險。這可以藉「螳螂捕蟬」的故事來說明。《韓詩外傳》說：

園中有榆，其上有蟬。蟬方奮翼悲鳴，欲飲清露，不知螳螂之在後曲其頸欲攫而食之也；螳螂方欲食蟬，而不知黃雀在後舉其頸欲啄而食之也；黃雀方欲食螳螂，不知童子挾彈丸在下迎而欲彈之；童子方欲彈黃雀，不知前有深坑後有窟也。此皆言前之利而不顧後害者也。

富貴好比「禁臠」，人人想分而食之。先求得的人，未必能「安」於所得，因為旁邊還有人在虎視眈眈，稍不留神，就會被攫奪過去，一如螳螂捕蟬而黃雀在後，隨時有意外狀況發生。古來多少宦海浮沈，以及帝王產業的轉移，不都是這樣的嗎？

大致上，很少有人能恆得富貴。而得富貴的人，也是命中該得富貴，跟人事智巧沒有關係。《呂氏春秋．知分》說：「命也者，不知所以然而然者也，人事智巧以舉錯者，不得與焉。」富貴（貧賤）跟人「結緣」，正是如此。因此，儘管「天下熙熙，皆為利（富貴）來；天下攘攘，皆為利（富貴）往」，仍然只有少數命中註定得利的人得利，其他人都得望利興嘆！

既然富貴是在未定之天（該有的不會少，不該有的強求也沒有用），大家只好看開一點。《列子・楊朱》說：「生民之不得休息，爲四事故：一爲壽，二爲名，三爲位，四爲貨。有此四者，畏鬼畏人，畏威畏刑，此謂之遁人也。可殺可活，制命在外，不逆命，何羨壽？不矜貴，何羨名？不要勢，何羨位？不貪富，何羨貨？此之謂順民也。」能這樣想，有沒有富貴也就不關緊要了。

其實，不論命中是否有富貴，只要決心去追求，就會變成人的負擔。《列子・楊朱》說：「百年壽之大齊，得百年者，千無一焉。設有一者，孩抱以逮昏老，幾居其半矣。夜眠之所弭，晝覺之所遺，又幾居其半矣。痛疾哀苦，亡失憂懼，又幾居其半矣。量十數年之中，逌然而自得，亡介焉之慮者，亦亡一時之中爾。則人之生也奚爲哉？奚樂哉？爲美厚爾，爲聲色爾。而美厚復不可常厭足，聲色不可常翫聞，乃復爲刑賞之所禁勸，名法之所進退，遑遑爾競一時之虛譽，規死後之餘榮，偊偊爾慎耳目之觀聽，惜身意之是非，徒失當年之至樂，不能自肆於一時，重囚纍梏，何以異哉？」競逐富貴，不啻自陷於重囚纍梏，如何能得至樂？因此，「太古之人，知生之暫來，知死之暫往，故從心而動，不違自然所好，當身之娛，非所去也，故不爲名所勸。從性而游，不逆萬物所好，死後之名，非所取也，故不爲刑所及。名譽先後，年命多少，非所量也。」（同上）看來只有這麼辦，才能獲得「解脫」。這一點，莊子的作法，頗爲可取。《史記・老子韓非列傳》〈老子韓非列傳〉說：

楚威王聞莊周賢，使使厚幣迎之，許以爲相。莊周笑謂楚使者曰：「千金，重利；卿相，尊位也。子獨不見郊祭之犧牛乎？養食之數歲，衣以文繡，以入大廟。當是之時，雖欲爲孤豚，豈可得乎？子亟去，無汚我。我寧游戲汚漬之中自快，無爲有國者所羈，終身不仕，以快吾志焉。」

這跟「不仕無義。長幼之節，不可廢也；君臣之義，如之何其廢之？欲潔其身而亂大倫！君子之仕也，行其義也」（《論語·微子》）的儒者的態度，截然不同。本來各有各的道理，但論及快人心志，恐怕後者怎麼也算不上。

另外，有一種寬慰不得富貴的作法，也很有意思。《列子·周穆王》說：

周之尹氏大治產，其下趣役者，侵晨昏而弗息。有老役夫，筋力竭矣，而使之彌勤，晝則呻呼而即事，夜則昏憊而熟寐，精神荒散。昔昔夢爲國君，居人民之上，總一國之事，遊燕宮觀，恣意所欲，其樂無比。覺則復役。人有慰喻其懃者，役夫曰：「人生百年，晝夜各分。吾晝爲僕虜，苦則苦矣；夜爲人君，其樂無比，何所怨哉？」尹氏心營世事，慮鍾家業，心形俱疲，夜亦昏憊而寐。昔昔夢爲人僕，趨走作役，無不爲也；數罵杖撻，無不至也。眠中唫囈呻呼，徹旦息焉。尹氏病之，以訪其友。友曰：「若位足榮身，資財有餘，勝人遠矣。夜夢爲僕，苦逸之復，數之常也。若覺夢兼之，豈可得邪？」尹氏聞其友言，寬其役夫之程，減己思慮之事，疾並少閒。

老役夫日值貧賤，趣役勞苦，夜享富貴，快樂無比。兩相權衡，毫無虧欠。而比起那位日營夜役的尹氏，似乎要勝一籌。

如果沒有更好處理富貴和貧賤問題的辦法，「不汲汲於富貴，不戚戚於貧賤」（《漢書．揚雄傳》），倒是值得信守的「法門」。或者像孔子「不義而富且貴，於我如浮雲」（《論語．述而》）那樣「瀟灑」的絕去富貴的誘惑，也是極美的事。至於已經擁有富貴的人，不妨「韜光養晦」，以免遭忌。只要大家依《莊子．德充符》所說「素富貴行乎富貴，素貧賤行乎貧賤」，人間自然無爭，天下就會太平。畢竟富貴不會使人生增色，而貧賤也不會使人生減價。人生是否有價值，還要看其他表現，而跟富貴貧賤全然無關。

輸贏何必今

生命不可久恃，倫常不宜惡化，富貴不必強求，這是一個通達的人所不可不知的。此外，有關人生價值的追求、生命意義的締造，也在必知的範圍。而這一切都需要智慧，而智慧的根源又在上天。於是人間不得不再增加一樁不平事，因爲上天並不給人相同的智慧。《晏子春秋·內篇雜下》說：

晏子使楚。楚人以晏子短，爲小門于大門之側，而延晏子。晏子不入，曰：「使狗國者，從狗門入，今臣使楚，不當從此門入。」儐者更道，從大門入。見楚王。王曰：「齊無人耶？使子爲使。」晏子對曰：「齊之臨淄三百閭，張袂成陰，揮汗成雨，比肩繼踵而在，何爲無人？」王曰：「然則何爲使子？」晏子對曰：「齊命使，各有所主，其賢者使使賢主，不肖者使使不肖主，嬰最不肖，故宜使楚矣。」

《世說新語·規箴》說：

漢武帝孔母嘗於外犯事，帝欲申憲，乳母求救東方朔。朔曰：「此非脣舌所爭，爾必望濟者。將去時，但當屢顧帝，愼勿言，此或可萬一冀耳。」乳母既至，朔亦侍側，因謂曰：「汝癡耳！帝豈復憶汝乳哺時恩邪？」帝雖才雄心忍，亦深有情戀，乃悽然愍之，即敕免罪。

《呂氏春秋‧察今》說：

楚人有涉江者，其劍自舟中墜於水，遽契其舟，曰：「是吾劍之所從墜。」舟止，從其所契者入水求之。舟已行矣，而劍不行，求劍若此，不亦惑乎？

《韓非子‧外儲說左上》說：

鄭人有欲買履者，先自度其足，而置之其坐。至之市，而忘操之。已得履，乃曰：「吾忘持度。」反歸取之，及反市罷，遂不得履。人曰：「何不試之以足？」曰：「寧信度，無自信也。」

前兩則故事中的晏嬰和東方朔，應事巧妙，智慧高人一等；後兩則故事中的楚人和鄭人，自度無方，智慧遜於常人。這不也顯示上天不能無私，而人間不能無憾嗎？再看看某些頂尖人物的特殊表現，畢生凡庸的人，豈能不感到心灰意冷？

雖然如此，能意識到自我凡庸的人，並非眞正缺乏智慧（只是較少智慧）。《莊子・天地》說：「知其愚者，非大愚也。知其惑者，非大惑也。大惑者，終身不解。大愚者，終身不靈。」眞正缺乏智慧的人，連自己是否有智慧都不知道，更遑論見到智者而「自慚形穢」？因此，值得「計較」的是智慧的多寡，而不是智慧的有無。智慧的多寡，必須經由比較才可看出。《論語・公冶長》說：

子謂子貢曰：「女與回也孰愈？」對曰：「賜也何敢望回？回也聞一以知十；賜也聞一以知二。」子曰：「弗如也！吾與女弗如也。」

《世說新語・捷悟》說：

魏武嘗過曹娥碑，楊脩從。碑背上見題作「黃絹幼婦，外孫齏臼」八字。魏武謂脩曰：「解不？」答曰：「解。」魏武曰：「卿未可言，待我思之。」行三十里，魏武乃曰：「吾已得。」令脩別記所知。脩曰：「黃絹，色絲也，於字爲絶；幼婦，少女也，於字爲妙；外孫，女子也，於字爲好；齏臼，受辛也，於字爲辭。所謂絶妙好辭也。」魏武亦記之，與脩同，乃歎曰：「我才不及卿，乃覺三十里。」

子貢自覺不如顏回，曹操自覺不如楊脩，都是由比較而來。單獨一人，無所謂高下。然而，人「聞道有先後，術業有專攻」，有時也很難比較優劣。於是計較智慧的多寡，也不免變成無謂的舉動了。那麼還有什麼值得我們注意的？

這可以分兩方面來說：第一，上天賦給人多少智慧潛能，沒有人知道，只有在人努力學習或表現之後，才能略爲分辨。因此，人人都擁有一個共同的起點，就是不知道自己有多少智慧潛能。這樣我們就沒有理由一逕羨慕別人的成就，而疏於努力求進。《孟子・告子》說：「人皆可以爲堯舜。」《荀子・性惡》說：「塗之人，可以爲禹。」這都說明了只要肯努力，就可以把潛能發揮到極致（堯舜禹是預設的理想目標）。第二，上天只賦給人智慧，並沒有賦給人如何使用智慧，以及使用智慧的目的何在。這一切得靠我們自己來設想。大致上，人使用智慧的目的就在「安身」和「立命」兩件事上。前者表現在不久恃生命、不糟蹋倫常和不貪求富貴上；後者表現在尋找人生的意義和價值上，《論語・公冶長》說：「顏淵、季路侍。子曰：『盍各言爾志？』子路曰：『願車馬衣裘，與朋友共，敝之而無憾。』顏淵曰：『願無伐善，無施勞。』子路曰：『願聞子之志。』子曰：『老者安之，朋友信之，少者懷之。』」《孟子・盡心》說：「墨子兼愛，摩頂放踵，利天下爲之。」《左傳》襄公二十四年載叔孫豹說：「豹聞之太上有立德，其次有立功，其次有立言，雖久不廢，此之謂不朽。」張載《語錄》說：「爲天地立心，爲生民立命，爲往聖繼絕學，爲萬世開太平。」范仲淹〈岳陽樓記〉說：「先天下之憂而憂，後天下之樂而樂。」以上就是試圖在尋找人生的意義和價值的例子。而兩相比較，「立命」要複雜於「安身」。這是因爲「安身」爲自己著想的多，爲別人著想的少；「立命」爲自己著想的少，爲別人著想的多。爲別人著想的多的，必然要多費心思。而這一部分，也正考驗著人類是否能「突破」萬物共有的命定，開創出專屬於人類的文化。

幾千年來，人類在這條路上走得很辛苦，不但尋尋覓覓少有結果，而且不時有「歧路亡羊」的感嘆（不知歸向何處）。有人乾脆就以「遺忘」來對待這件事。《列子・周穆王》說：

宋陽里華子，中年病忘，朝取而夕忘，夕與而朝忘，在塗則忘行，在室則忘坐，今不識先，後不識今。闔室毒之，謁史而卜之，弗占。謁巫而禱之，弗禁。謁醫而攻之，弗已。魯有儒生，自媒能治之。華子之妻子，以居產之半請其方。儒生曰：「此固非卦兆之所占，非祈請之所禱，非藥石之所攻。吾試化其心，變其慮，庶幾其瘳乎？」於是試露之而求衣，飢之而求食，幽之而求明。儒生欣然告其子曰：「疾可已也。然吾之方密傳世，不以告人。試屏左右，獨與居室七日。」從之，莫知其所施為也。而積年之疾，一朝都除。華子既悟，迺大怒，黜妻罰子，操戈逐儒生。宋人執而問其以，華子曰：「曩吾忘也，蕩蕩然不覺天地之有無；今頓識，既往數十年來，存亡得失，哀樂好惡，擾擾萬緒起矣。吾恐將來之存亡得失、哀樂好惡之亂吾心如此也。須臾之忘，可復得乎？」

不論華子是眞遺忘，還是假遺忘，遺忘確實是厭於應世的良方。可是人眞有辦法遺忘一切嗎？如果沒有辦法遺忘一切，而仍得設法解決「立命」的問題，何不坦然些，更認眞的來面對它？呂坤《去僞齋文集》說：「呼吸一過，萬古無輪迴之時；形神一離，千年無再生之我。悠悠一世，終成甚人？試一思之，可為慟哭！」、「悠悠一世，終成甚人」？這眞是人生最嚴肅的問題，豈能容許我們逃避？

當然，這也跟人類探索萬事萬物道理以祛除心靈的闇昧蔽塞一樣，不必急於一時，也不必貪求近功。好好把智慧「磨光」，所要解決的問題，自然會一一的「水到渠成」。怕只怕人類將智慧用來「畫地自限」或「黨同伐異」或「損人利己」，這就枉費本文這一番眞誠而艱苦的論析了。

參考文獻

一、論著部分

丁　敏，〈聖嚴法師佛教事業的經營形態〉，佛光大學籌備處主辦「佛教現代化學術研討會」論文，一九九四年十月。

丁　敏，〈臺灣社會變遷中的新興尼僧團——香光尼僧團的崛起〉，佛光大學宗教文化研究中心等主辦「第一屆宗教文化國際學術會議」論文，一九九六年一月。

丁仁傑，〈現代社會中佛教組織的組織轉型與組織制度化有關問題之探討：以臺灣佛教慈濟功德會的發展爲例〉，佛光大學宗教文化研究中心等主辦「第一屆宗教文化國際學術會議」論文，一九九六年一月。

王　瑤，《中古文學史論》，臺北，長安，一九八六年。
王志成，《解釋與拯救——宗教多元哲學論》，上海，學林，一九九六年。
王岳川，《後現代主義文化研究》，臺北，淑馨，一九九三年。
王岳川等編，《後現代主義文化與美學》，北京，北京大學，一九九三年。
丹尼肯，《文明的歷程》（徐興譯），臺北，世界文物，一九七四年
內政部編，《宗教論述專輯㈡：社會教化篇》，臺北，內政部，一九九五年。
文史知識編輯部編，《道教與傳統文化》，北京，中華，一九九二年。
天下文化出版公司等編，《新競爭時代的經營策略》，臺北，天下，一九九五年。
皮　柏，《相信與信仰》（黃藿譯），臺北，聯經，一九八五年。
田力克，《信仰的動力》（魯燕萍譯），臺北，桂冠，一九九四年。
尼布爾，《基督教倫理學詮釋》（關勝渝等譯），臺北，桂冠，一九九二年。
卡西勒，《人論》（結構羣審譯），臺北，結構羣，一九八九年。
巨克毅，〈論宗教的入世精神與社會正義〉，佛光大學宗教文化研究中心等主辦「第一屆宗教文化國際學術會議」論文，一九九六年一月。
史美舍，《社會學》（陳光中等譯），臺北，桂冠，一九九一年。

史基納，《行為主義的「烏托邦」》（文榮光譯），臺北，志文，一九九〇年。
史密斯，《人類的宗教——佛學篇》（舒吉譯），臺北，慧炬，一九九一年。
司馬風，《禪學式管理部下技巧》，臺北，漢宇，一九九六年。
布洛曼，《未來英雄》（汪仲等譯），臺北，大塊，一九九七年。
布瑞格等，《混沌魔鏡》（王彥文譯），臺北，牛頓，一九九四年。
布魯格，《西洋哲學辭典》（項退結編譯），臺北，華香園，一九八九年。
弗羅門，《心理分析與宗教》（林錦譯），臺北，慧炬，一九九二年。
矢內原忠雄，《基督教入門》（張漢裕譯），臺北，協志，一九九二年。
尼葛洛龐帝，《數位革命》（齊若蘭譯），臺北，天下，一九九八年。
成中英，《中國哲學的現代化與世界化》，臺北，聯經，一九八九年。
成中英，《C理論——易經管理哲學》，臺北，東大，一九九五年。
牟宗三，《中國哲學的特質》，臺北，學生，一九八七年。
托佛勒，《大未來》（吳迎春譯），臺北，時報，一九九一年。
托佛勒，《新企業報告》（潘祖銘譯），臺北，時報，一九九四年。
托多洛夫，《批評的批評——教育小說》（王東亮等譯），臺北，久大、桂冠，一九九〇年。

朱維之主編，《希伯來文化》，臺北，淑馨，一九九二年。
希　克，《宗教哲學》（錢永祥譯），臺北，三民，一九九一年。
呂　澂，《印度佛教史略》，臺北，新文豐，一九八三年。
呂大吉主編，《宗教學通論》，臺北，博遠，一九九三年。
吳永猛，〈現代寺院經濟之探討〉，佛光大學籌備處主辦「佛教現代化學術研討會」論文，一九九四年十月。
吳永猛，〈臺灣寺廟募款與現代社會的互動關係〉，佛光大學宗教文化研究中心等主辦「第一屆宗教文化國際學術會議」論文，一九九六年一月。
吳寧遠，〈由批判理論早期宗教思想來解釋臺灣幾個現象〉，佛光大學宗教文化研究中心等主辦「第一屆宗教文化國際學術會議」論文，一九九六年一月。
吳寧遠，〈天主教與救贖觀〉，於《宗教哲學》第三卷第四期，一九九七年十月。
宋光宇編譯，《人類學導論》，臺北，桂冠，一九九〇年。
宋光宇，《宗教與社會》，臺北，東大，一九九五年。
李亦園等編著，《現代化與中國化論集》，臺北，桂冠，一九八五年。
李亦園，《文化的圖像（下）》，臺北，允晨，一九九二年。

李志夫，〈現代臺灣宗教與社會變遷之因果關係〉，佛光大學宗教文化研究中心等主辦「第一屆宗教文化國際學術會議」論文，一九九六年一月。
李明輝，《儒學與現代意識》，臺北，文津，一九九一年。
村松暎，《儒教之毒》（吳昆鴻譯），臺北，東初國際，一九九四年。
何秀煌，《傳統・現代與記號學──語言・文化與理論的移植》，臺北，東大，一九九七年。
阮昌銳，《中國民間宗教之研究》，臺北，臺灣省立博物館，一九九〇年。
沈清松，〈從現代到後現代〉，於《哲學雜誌》第四期，一九九三年四月。
芮基洛，《實用思考指南》（游恆山譯），臺北，遠流，一九八八年。
杜普瑞，《人的宗教向度》（傅佩榮譯），臺北，幼獅，一九九六年。
邢福泉，《臺灣的佛教與佛寺》，臺北，商務，一九九二年。
江燦騰，《臺灣佛教與現代社會》，臺北，東大，一九九二年。
沃德羅普，《複雜──走在秩序與混沌邊緣》（齊若蘭譯），臺北，天下，一九九五年。
拉　達，《經理人禪》（余國芳譯），臺北，韜略，一九九三年。
孟　樊等主編，《後現代學科與理論》，臺北，生智，一九九七年。
林　曦，《希克》，臺北，生智，一九九七年。

林文元，〈談佛光山的「人間佛教」——佛陀衆生結緣共渡〉，於《統領雜誌》第一一三期，一九九四年十二月。
林天民，《基督教與現代世界》，臺北，商務，一九九四年。
林本炫編譯，《宗教與社會變遷》，臺北，巨流，一九九三年。
林清玄，《平常心有情味》，臺北，圓神，一九九六年。
林朝成，〈生態公道與宗教實踐——以佛教森林保育思想爲核心的探討〉，佛光大學宗教文化研究中心等主辦「第一屆宗教文化國際學術會議」論文，一九九六年一月。
林雯玲，〈慈濟功德會善款從何來——滴水不漏的募款組織網〉，於《統領雜誌》第一一三期，一九九四年十二月。
林毓生，《思想與人物》，臺北，聯經，一九八三年。
周之郎，《企業禪》，臺北，大村，一九九三年。
周學信，〈解讀新紀元運動思潮〉，於《曠野》第二期，一九九七年四月。
周慶華，〈談終極關懷〉，於《新紀元》第十四期，一九九三年七月。
周慶華，《佛學新視野》，臺北，東大，一九九七年。
周慶華，《語言文化學》，臺北，生智，一九九七年。

金玉泉，〈回教與生命禮俗〉，靈鷲山般若文教基金會所屬國際佛學研究中心主辦「宗教與生命禮俗學術研討會」論文，一九九四年九月。
金耀基等，《中國現代化的歷程》，臺北，時報，一九九〇年。
武金正，《解放神學──脈絡中的詮釋》，臺北，光啓，一九九三年。
奈思比等，《二〇〇〇年大趨勢》（尹萍譯），臺北，天下，一九九二年。
波寇克，《文化霸權》（田心渝譯），臺北，遠流，一九九一年。
松野宗純，《禪中學取經營心》（王光正譯），臺北，圓神，一九九六年。
韋伯，《中國的宗教：儒教與道教》（簡美惠譯），臺北，遠流，一九八九年。
韋伯，《支配的類型：韋伯選集（Ⅲ）》（康樂等編譯），臺北，遠流，一九九一年。
韋伯，《宗教與世界：韋伯選集（Ⅱ）》（康樂等編譯），臺北，遠流，一九九二年。
韋伯，《宗教社會學》（康樂等編譯），臺北，遠流，一九九三年。
柏拉圖，《柏拉圖文藝對話集》（朱光潛選譯），臺北，蒲公英，一九八六年。
柏拉圖，《柏拉圖理想國》（侯健譯），臺北，聯經，一九八九年。
柯雲路，《顯現的靈光──談禪與人生》，臺北，永穗，一九九六年。
柯拉柯夫斯基，《宗教：如果沒有上帝……》（楊德友譯），北京，三聯，一九九七年。

馬鄰翼，《伊斯蘭教概論》，臺北，商務，一九九六年。
苗豐強，《雙贏策略──苗豐強策略聯盟的故事》，臺北，天下，一九九七年。
南懷瑾，《禪宗叢林制度與中國社會》，臺北，作者自印，一九六四年。
柳田聖山，《中國禪思想史》（吳汝鈞譯），臺北，商務，一九九二年。
約翰斯通，《社會中的宗教》（尹今黎等譯），成都，四川人民，一九九一年。
夏　普，《比較宗教學──一個歷史的考察》（呂大吉等譯），臺北，久大、桂冠，一九九一年。
孫志文主編，《人與宗教》，臺北，聯經，一九八四年。
孫廣德，《晉南北朝隋唐俗佛道爭論中之政治課題》，臺北，中華，一九七二年。
袁定安，《猶太教概論》，臺北，商務，一九九六年。
高師寧等編，《基督教文化與現代化》，北京，中國社會科學，一九九六年。
秦家懿等，《中國宗教與西方神學》（吳華主譯），臺北，聯經，一九九三年。
容肇祖，〈讀抱朴子〉，於《魏晉思想（甲編五種）》，臺北，里仁，一九八四年。
涂爾幹，《宗教生活的基本形式》（芮傳明等譯），臺北，桂冠，一九九二年。
張　綏，《中世紀基督教會史》，臺北，淑馨，一九九六年。
張　灝，《幽暗意識與民主傳統》，臺北，聯經，一九八九年。

張志剛，《走向神聖——現代宗教學的問題與方法》，北京，人民，一九九五年。
張曼濤，《思想・宗教・信仰》，臺北，大乘，一九七九年。
莫里斯，《宗教人類學導讀》（張慧端譯），臺北，國立編譯館，一九九六年。
陳秉璋等，《邁向現代化》，臺北，桂冠，一九八八年。
陳郁夫，《人類的終極關懷》，臺北，幼獅，一九九五年。
陳榮捷，《現代中國的宗教趨勢》（廖世德譯），臺北，文殊，一九八七年。
陳麟書，《宗教學基本理論》，成都，四川人民，一九九四年。
陳麟書，〈現代宗教世俗化趨勢的革新意義〉，佛光大學宗教文化研究中心等主辦「第一屆宗教文化國際學術會議」論文，一九九六年一月。
梁美靈等，《童心與發現——混沌與均衡縱橫談》，北京，三聯，一九九六年。
梁基恩，《神意與天命——一個法學家的宗教觀》，臺北，允晨，一九九六年。
曼紐什，《懷疑論美學》（古城里譯），臺北，商鼎，一九九二年。
梅納德等，《第四波——二十一世紀企業大趨勢》（蔡伸章譯），臺北，牛頓，一九九四年。
郭蒂尼，《信仰的生命》（林啓藩譯），臺北，聯經，一九八四年。
郭崑謨，《管理中國化導論——「管理外管理」導向》，臺北，華泰，一九九〇年。

連福隆，〈宗教的對話・對話的宗教〉，於《曠野》第二期，一九九七年四月。
麥克唐納，《言說的理論》（陳墇津譯），臺北，遠流，一九九〇年。
湯一介主編，《中國宗教：過去與現在》，臺北，淑馨，一九九四年。
湯用彤，《漢魏兩晉南北朝佛教史》，臺北，駱駝，一九八七年。
湯林森，《文化帝國主義》（馮建三譯），臺北，時報，一九九四年。
黃　衛等，《創意經營》，臺北，新雨，一九九八年。
黃天中，《臨終關懷理論與發展》，臺北，業強，一九八八年。
黃天中，〈不知死，焉知生——死亡教育的莊嚴意義〉，於《中央日報》第五版，一九九四年六月十日。
黃光國，《儒家思想與東亞現代化》，臺北，巨流，一九八八年。
黃伯和，《宗教與自決——臺灣本土宣教初探》，臺北，稻鄉，一九九〇年。
黃紹倫編，《中國宗教倫理與現代化》，臺北，商務，一九九二年。
華玉洪，《生存的沈思——當代科技進步與全球性問題》，臺北，淑馨，一九九五年。
曾仰如，《宗教哲學》，臺北，商務，一九九三年。
勞思光，《中國文化路向問題的新檢討》，臺北，東大，一九九三年。

雲格爾，《死論》（林克譯），香港，三聯，一九九五年。

項退結，《中國哲學之路》，臺北，東大，一九九一年。

傅偉勳，《從西方哲學到禪佛教——「哲學與宗教」一集》，臺北，東大，一九八六年。

傅偉勳，《批判的繼承與創造的發展——「哲學與宗教」二集》，臺北，東大，一九八六年。

傅偉勳，《從創造的詮釋到大乘佛教——「哲學與宗教」四集》，臺北，東大，一九九〇年。

傅偉勳，《死亡的尊嚴與生命的尊嚴——從臨終精神醫學到現代生死學》，臺北，正中，一九九三年。

傅偉勳，《佛教思想的現代探索——「哲學與宗教」五集》，臺北，東大，一九九五年。

傅勤家，《中國道教史》，臺北，商務，一九八八年。

普里戈金，《混沌中的秩序》（沈力譯），臺北，結構羣，一九九〇年。

堺屋太一，《世紀末啓示》（王彥花等譯），臺北，宏觀，一九九六年。

聖　吉等，《領導大未來》（王秀華譯），臺北，洪建全基金會，一九九六年。

路　況，《虛無主義書簡——歷史終結的遊牧思考》，臺北，唐山，一九九三年。

塞　爾，《宗教與當代西方文化》（衣俊卿譯），臺北，桂冠，一九九五年。

葉　闖，《科學主義批判與技術社會批判》，臺北，淑馨，一九九六年。

雷夫金，《能趨疲：新世界觀——二十一世紀人類文明的新曙光》（蔡伸章譯），臺北，志文，一九八八年。
溫公頤，《哲學概論》，臺北，商務，一九八三年。
葛兆光，《道教與中國文化》，臺北，東華，一九八九年。
葛雷易克，《混沌——不測風雲的背後》（林和譯），臺北，天下，一九九一年。
塔辛曼，《勇於創新——組織的改造與重生》（周旭華譯），臺北，天下，一九九八年。
董芳苑，《原始宗教》，臺北，久大，一九九一年。
董芳苑，《探討臺灣民間信仰》，臺北，常民，一九九六年。
楊曾文，〈當代宗教面臨的課題〉，佛光大學宗教文化研究中心等主辦「第一屆宗教文化國際學術會議」論文，一九九六年一月。
楊惠南，《當代學人談佛教》，臺北，東大，一九九〇年。
楊惠南，《當代佛教思想展望》，臺北，東大，一九九一年。
楊惠南，〈當代臺灣佛教環保理念的省思——以「預約人間淨土」和「心靈環保」爲例〉，佛光大學宗教文化研究中心等主辦「第一屆宗教文化國際學術會議」論文，一九九六年十月。

楊國樞等主編，《中國人的管理觀》，臺北，桂冠，一九九一年。
鈴木大拙，《禪天禪地》（徐進夫譯），臺北，志文，一九八一年。
鈴木大拙，《禪與生活》（劉大悲譯），臺北，志文，一九八一年。
鈴木大拙，《耶教與佛教的神祕教》（徐進夫譯），臺北，志文，一九九二年。
趙有聲等，《生死・享樂・自由——道家和道教的關係及人生理想》，臺北，雲龍，一九九一年。
廖炳惠，《形式與意識形態》，臺北，聯經，一九九〇年。
榮泰生，《管理學》，臺北，五南，一九九四年。
嘉戴爾斯編，《世紀末》（薛絢譯），臺北，立緒，一九九七年。
劉　康，《對話的喧聲——巴赫汀文化理論述評》，臺北，麥田，一九九五年。
劉守華，《道教與中國民間文學》，臺北，文津，一九九一年。
劉欣如，《經營禪話——經營管理與禪的智慧》，臺北，添翼，一九九六年。
劉宗坤，《等待上帝，還是等待戈多？——後現代主義與當代宗教》，北京，中國社會，一九九〇年。
劉述先，《中國哲學與現代化》，臺北，時報，一九八六年。
劉啓良，〈圓離之辨——儒耶之比較與中西文化精神的再認識〉，於《哲學雜誌》第二十三期，一九九八年二月。
劉華傑，《混沌之旅》，濟南，山東教育，一九九六年。
滕守堯，《對話理論》，臺北，揚智，一九九五年。
鄭志明，《臺灣的宗教與祕密教派》，臺北，臺原，一九九三年。
樊和平，《中國人文管理》，臺北，五南，一九九五年。
蔣原倫等，《歷史描述與邏輯演繹——文學批評文體論》，昆明，雲南人民，一九九四年。
蔡國山，〈什麼是正信的宗教〉，於《曠野》第二期，一九九七年四月。
鮑　克，《死亡的意義》（商戈令譯），臺北，正中，一九九四年。
韓　默等，《改造企業（Ⅱ）》（林彩華譯），臺北，牛頓，一九九六年。
蕭武桐，《禪的智慧ｖｓ現代管理》，高雄，佛光，一九九三年。
蕰德爾，《女性主義神學景觀——那片流淌著奶和蜜的土地》（刁承俊譯），香港，三聯，一九九四年。
藍吉富等主編，《敬天與親人——中國文化新論．宗教禮俗篇》，臺北，聯經，一九九三年。
魏承思，《佛教的現代啓示》，香港，中華，一九九三年。
龍冠海主編，《雲五社會科學大辭典．社會學》，臺北，商務，一九八八年。

瞿海源，《臺灣宗教變遷的社會政治分析》，臺北，桂冠，一九九七年。
譚安傑，《中國企業新體制——督導機制與企業現代化》，香港，商務，一九九八年。
顏澤賢，《現代系統理論》，臺北，遠流，一九九三年。
懷德海，《宗教的創生》（蔡坤鴻譯），臺北，桂冠，一九九七年。
釋依仁，《僧團制度之研究》，中華學術院印度研究所碩士論文，一九八五年。
釋淨心等，《宗教論述專輯(二)》，臺北，內政部，一九九五年。
釋聖嚴，《比較宗教學》，臺北，東初，一九九三年。
嚴耀中，《中國宗教與生存哲學》，上海，學林，一九九六年。
龔鵬程，《道教新論》，臺北，學生，一九九一年。

二、典籍部分

《尚書》，十三經注疏本，臺北，藝文，一九八二年。
《禮記》，十三經注疏本，臺北，藝文，一九八二年。
《左傳》，十三經注疏本，臺北，藝文，一九八二年。

《論語》，十三經注疏本，臺北，藝文，一九八二年。
《孟子》，十三經注疏本，臺北，藝文，一九八二年。
《大戴禮記》，增訂漢魏叢書本，臺北，大化，一九八八年。
《史記》，新校本，臺北，鼎文，一九八三年。
《漢書》，新校本，臺北，鼎文，一九八三年。
《後漢書》，新校本，臺北，鼎文，一九八三年。
《宋書》，新校本，臺北，鼎文，一九八三年。
《梁書》，新校本，臺北，鼎文，一九八三年。
《隋書》，新校本，臺北，鼎文，一九八三年。
《舊唐書》，新校本，臺北，鼎文，一九八三年。
《老子》，新編諸子集成本，臺北，世界，一九七八年。
《莊子》，新編諸子集成本，臺北，世界，一九七八年。
《孔子家語》，新編諸子集成本，臺北，世界，一九七八年。
《荀子》，新編諸子集成本，臺北，世界，一九七八年。
《晏子春秋》，新編諸子集成本，臺北，世界，一九七八年。

《韓非子》，新編諸子集成本，臺北，世界，一九七八年。
《呂氏春秋》，新編諸子集成本，臺北，世界，一九七八年。
《淮南子》，新編諸子集成本，臺北，世界，一九七八年。
《說苑》，增訂漢魏叢書本，臺北，大化，一九八八年。
《論衡》，新編諸子集成本，臺北，世界，一九七八年。
《列子》，新編諸子集成本，臺北，世界，一九七八年。
《白虎通》，增訂漢魏叢書本，臺北，大化，一九八八年。
《風俗通義》，增訂漢魏叢書本，臺北，大化，一九八八年。
《列女傳》，臺北，中華，一九八七年。
《世說新語》，新編諸子集成本，臺北，世界，一九七八年。
《說文解字》，段注本，臺北，南嶽，一九七八年。
《文心雕龍》，范注本，臺北，開明，一九八一年。
《文選》，六臣注本，臺北，華正，一九七九年。
《古文辭類纂》，臺北，華正，一九七九年。
《唐會要》，臺北，商務，一九八六年。

《太平御覽》，臺北，商務，一九八六年。
《文獻通考》，臺北，新大豐，一九八六年。
《四庫全書總目提要》，臺北，商務，一九八五年。
《抱朴子》，新編諸子集成本，臺北，世界，一九七八年。
《神仙傳》，增訂漢魏叢書本，臺北，大化，一九八八年。
《太平經》，《正統道藏》第四十一冊，臺北，新文豐，一九八八年。
《枕中書》，增訂漢魏叢書本，臺北，大化，一九八八年。
《雲笈七籤》，《正統道藏》第三十七冊，臺北，新文豐，一九八八年。
《三洞珠囊》，《正統道藏》第四十二冊，臺北，新文豐，一九八八年。
《眞靈位業圖》，《正統道藏》第五冊，臺北，新文豐，一九八八年。
《洞玄靈寶自然九天生神章經》，《正統道藏》第十冊，臺北，新文豐，一九八八年。
《正一法文天師教戒科經》，《正統道藏》第三十冊，臺北，新文豐，一九八八年。
《金色王經》，《大正藏》第三冊，臺北，佛陀教育基金會，一九九〇年。
《金光明最勝王經》，《大正藏》第十六冊，臺北，佛陀教育基金會，一九九〇年。
《三慧經》，《大正藏》第十七冊，臺北，佛陀教育基金會，一九九〇年。

《圓覺經》，《大正藏》第十七冊，臺北，佛陀教育基金會，一九九〇年。
《大方廣如來祕密藏經》，《大正藏》第十七冊，臺北，佛陀教育基金會，一九九〇年。
《優婆塞戒經》，《大正藏》第二十四冊，臺北，佛陀教育基金會，一九九〇年。
《四分律》，《大正藏》第二十二冊，臺北，佛陀教育基金會，一九九〇年。
《大智度論》，《大正藏》第二十五冊，臺北，佛陀教育基金會，一九九〇年。
《六祖壇經》，《大正藏》第四十八冊，臺北，佛陀教育基金會，一九九〇年。
《無門關》，《大正藏》第四十八冊，臺北，佛陀教育基金會，一九九〇年。
《宗鏡錄》，《大正藏》第四十八冊，臺北，佛陀教育基金會，一九九〇年。
《佛祖統紀》，《大正藏》第四十九冊，臺北，佛陀教育基金會，一九九〇年。
《弘明集》，《大正藏》第五十二冊，臺北，佛陀教育基金會，一九九〇年。
《廣弘明集》，《大正藏》第五十二冊，臺北，佛陀教育基金會，一九九〇年。
《聖經》，新標點和合本，香港，聖經公會，一九九六年。

新時代的宗教　Cultural Map 02

著　　者／周慶華
出 版 者／揚智文化事業股份有限公司
發 行 人／葉忠賢
總 編 輯／孟　樊
執行編輯／鄭美珠
登 記 證／局版北市業字第 1117 號
地　　址／台北市新生南路三段 88 號 5 樓之 6
電　　話／(02)2366-0309　2366-0313
傳　　真／(02)2366-0310
E-mail／ufx0309@ms13.hinet.net
印　　刷／偉勵彩色印刷股份有限公司
法律顧問／北辰著作權事務所　蕭雄淋律師
初版一刷／1999 年 4 月
ISBN／957-8637-97-7
定　　價／新台幣 270 元
郵政劃撥／14534976

南區總經銷／昱泓圖書有限公司
地　　址／嘉義市通化四街 45 號
電　　話／(05)231-1949　231-1572
傳　　真／(05)231-1002

國家圖書館出版品預行編目資料

新時代的宗教 / 周慶華著. -- 初版. -- 台北
市：揚智文化，1999 [民 88]
面；　公分. --（Cultural Map ；2）
參考書目：面
ISBN　957-8637-97-7（平裝）

1. 宗教 - 比較研究 2. 宗教與社會

211　　88002302